D1668132

MIT **ARBEITS HILFEN** ONLINE

Exklusiv und kostenlos für Buchkäufer!

Ihre Arbeitshilfen online:

- Rechner
- Checklisten
- Gesetze

Und so geht's:

- Einfach unter www.haufe.de/arbeitshilfen den Buchcode eingeben
- Oder direkt über Ihr Smartphone bzw. Tablet auf die Website gehen

Buchcode: 6HZ-4W2T

www.haufe.de/arbeitshilfen

Schnelleinstieg Finanzmanagement und Liquiditätssteuerung

Planung des Kapitalbedarfs und Sicherung der Zahlungsfähigkeit

Professor Dr. Helmut Geyer

Haufe Gruppe
Freiburg · München

Bibliographische Information der Deutschen Nationalbibliothek
Die Deutsche Nationalbibliothek verzeichnet diese Publikation in der Deutschen
Nationalbibliografie; detaillierte bibliografische Daten sind im Internet über
http://dnb.d-nb.de abrufbar.

Print: ISBN: 978-3-648-03201-5	Bestell-Nr. 01491-0001
EPUB: ISBN: 978-3-648-03202-2	Bestell-Nr. 01491-0100
EPDF: ISBN: 978-3-648-03203-9	Bestell-Nr. 01491-0150

Prof. Dr. Helmut Geyer
Schnelleinstieg Finanzmanagement und Liquiditätssteuerung
© 2013, Haufe-Lexware GmbH & Co. KG, Munzinger Straße 9, 79111 Freiburg

Redaktionsanschrift: Fraunhoferstraße 5, 82152 Planegg/München
Telefon: (089) 895 17-0
Telefax: (089) 895 17-290
Internet: www.haufe.de
E-Mail: online@haufe.de
Produktmanagement: Dipl.-Kfm. Kathrin Menzel-Salpietro

Lektorat: Hans-Jörg Knabel, 77731 Willstätt
Satz: kühn & weyh Software GmbH, 79110 Freiburg
Umschlag: RED GmbH, 82152 Krailling
Druck: Bosch-Druck GmbH, 84030 Ergolding

Inhaltsverzeichnis

Grundlagen

Bevor man sich mit Finanzmanagement im engeren Sinne befasst, sollte man sich über die Hintergründe und die Rahmenbedingungen der Unternehmensfinanzierung klar werden.

- **Wozu braucht man überhaupt eine Finanzierung?**
- **Wie ist die Interessenlage der Kapitalgeber?**
- **Warum wird immer wieder auf die Kapitalbindung hingewiesen?**
- **Wie ist die Sichtweise der Eigentümer und wie ist die Finanzierung aus Sicht des Unternehmens zu sehen?**

Auf diese Fragen gibt der Teil „Grundlagen" des vorliegenden Buches eine Antwort. Darüber hinaus beschäftigt er sich mit wesentlichen Begriffen der Finanzwirtschaft und ihrer Abgrenzung. Breiten Raum nimmt außerdem die Darstellung der Eigenschaften von Eigen- und Fremdkapital ein. Sie erfahren, dass Eigenkapital keinesfalls kostenlos zu haben ist und welche Rolle Finanzintermediäre bei der Kapitalbeschaffung spielen.

Im Kapitel über das Fremdkapital wird speziell auf die Finanzierung durch Kredite, Anleihen und die zinslose Überlassung von Fremdkapital eingegangen.

1   Die Finanzierung eines Unternehmens

In diesem ersten Kapitel befassen wir uns u. a. mit den Fragen, was unter „Finanzierung" zu verstehen ist, wieso ein Unternehmen überhaupt eine Finanzierung braucht und aus welchen grundsätzlichen Quellen das benötigte Kapital beschafft werden kann.

Ursprünglich fiel unter den Begriff „Finanzwesen" ausschließlich die Staatsfinanzierung. Erst zu Beginn des 20. Jahrhunderts wurde der Begriff „Finanzierung" auch auf Unternehmen übertragen. Dabei bestand die Notwendigkeit, ein Unternehmen finanzieren zu müssen, eigentlich schon immer, nur hat man das Problem des benötigten Geldes bis dahin eher pragmatisch gelöst, ohne es inhaltlich zu durchdringen. Demzufolge wollen wir als erstes die grundsätzliche Frage beantworten:

Weshalb benötigt ein Unternehmen in einer marktwirtschaftlichen Umgebung Geld – also eine Finanzierung?

Um uns der Beantwortung dieser Frage zu nähern, sollten wir uns zuerst vergegenwärtigen, wie ein Unternehmen in die marktwirtschaftlichen Prozesse eingebunden ist.

1.1   Wieso braucht man eine Finanzierung?

Jedes Unternehmen hat einen bestimmten Zweck, nämlich die Herstellung und den Verkauf bestimmter Produkte oder Dienstleistungen. „Produktion" im betriebswirtschaftlichen Sinne kann also sowohl eine materielle Produktion in herkömmlicher Weise als auch das Erstellen von Dienstleistungen, das Erarbeiten von Projekten oder Ähnliches sein. Gekennzeichnet ist beides dadurch, dass es auf einem Markt, dem Absatzmarkt, auf Nachfrage trifft und demzufolge verkauft wird. Die Nachfrage muss als „kaufkräftig" eingeschätzt werden, es muss also jemand bereit sein, Geld für die Produkte oder Dienstleistungen auszugeben. Durch Angebot und Nachfrage bildet sich auf einem funktionierenden Markt der Preis.

Um etwas herstellen zu können, benötigt man die sog. Produktionsfaktoren, die sich ein Unternehmen auf den entsprechenden Beschaffungsmärkten kauft. Das sind:

- Arbeit
  Die Arbeit als Produktionsfaktor tritt in zwei grundsätzlichen Formen auf:
  — in Form von operativer Arbeit direkt an den Produkten bzw. Dienstleistungen;
  — in Form von dispositiver Arbeit, wie Führungstätigkeit, Verwaltung usw., aber auch als Arbeit in den Neben- und Hilfsprozessen wie Transport und Ähnliches.
- Betriebsmittel
  Betriebsmittel sind Maschinen, Anlagen, Gebäude, Grundstücke usw. — also die Dinge, die für den Produktionsprozess benötigt werden, aber nicht körperlich in die Produkte eingehen oder direkt verbraucht werden.
- Werkstoffe
  Bei den Werkstoffen handelt es sich um Material (Roh- und Hilfsmaterialien) oder Energie. Sie gehen entweder körperlich in die Produkte ein oder werden verbraucht.

Würde man diese Produktionsfaktoren einfach nebeneinanderstellen, passierte gar nichts. Durch ihre Kombination im betrieblichen Produktionsprozess jedoch werden Werte geschaffen, es entstehen die dem Unternehmenszweck zuzuordnenden Produkte und Dienstleistungen, die dann wiederum auf dem Absatzmarkt abgesetzt werden. Durch den Verkauf erlöst das Unternehmen Geld. Dieses Geld sind die Einnahmen des Unternehmens in Form von Umsatzerlösen.

Damit ist der materielle Prozess beschrieben, von der Beschaffung der Produktionsfaktoren über ihre Kombination in der Produktion bis hin zum Absatz.

Dieser materielle Prozess wird begleitet durch entsprechende Finanztransaktionen. Die aus dem materiellen Prozess erlösten Einnahmen führen zu einem

Cashflow in das Unternehmen hinein (oft auch als „positiver Cashflow" bezeichnet). Dieser Cashflow ist u. a. eine notwendige Voraussetzung dafür, die Produktionsfaktoren auf dem Beschaffungsmarkt kaufen zu können.

Bei einer genaueren Betrachtung fällt auf: Die Richtungen dieser Prozesse, des materiellen und des finanziellen, sind gegenläufig. Der materielle Prozess beginnt mit der Beschaffung der Güter und endet mit dem Absatz. Der finanzielle Prozess beginnt mit den Einnahmen auf dem Absatzmarkt und endet mit den Ausgaben für die Beschaffung.

Diese beiden Prozesse sind nicht nur in ihrer Richtung gegenläufig, sie laufen auch zeitlich versetzt ab. Der materielle Prozess muss abgeschlossen sein, ehe Einnahmen zu erwarten sind.

Um die hier genannten Diskrepanzen ausgleichen zu können, wird ein dritter Markt benötigt, der die entsprechenden finanziellen Mittel zur Verfügung stellt. Hierbei handelt es sich um den Finanzmittelmarkt, der Kapital in Form von Beteiligungskapital (Eigenkapital) oder in Form von Krediten (Fremdkapital) zur Verfügung stellt. Auf die inhaltliche Unterscheidung dieser beiden Kapitalquellen gehen wir im weiteren Verlauf des Buches noch ausführlich ein.

Der Staat als ein weiterer Akteur stellt die Rahmenbedingungen, das heißt, die gesetzliche Sphäre für die wirtschaftliche Tätigkeit. Aber auch ein Staatswesen muss sich finanzieren. Das tut der Staat in der Regel in Form von Steuern, die er erhebt.

Der gesetzliche Rahmen wird für diese Ausführungen als gegeben angenommen. Steuern spielen bei wirtschaftlichen Überlegungen eine wichtige Rolle. Aus Gründen der Vereinfachung wird hier ein Modell angenommen, das einen einheitlichen und unveränderten Steuersatz vorsieht. Das können beispielsweise 40 Prozent von Einkommen und Ertrag sein. Den tatsächlichen komplizierten Gegebenheiten des deutschen Steuerrechts entspricht eine solche Vereinfachung natürlich nicht, für finanzwirtschaftliche Entscheidungen reicht es in einer ersten Näherung aber regelmäßig aus, auf diese Weise vorzugehen. Wichtig ist, dass das Wirken von Steuern überhaupt berücksichtigt wird.

Das bisher Gesagte spiegelt sich in der folgenden Abbildung wider, die man in gleicher oder ähnlicher Form in der Wirtschaftsliteratur finden kann:

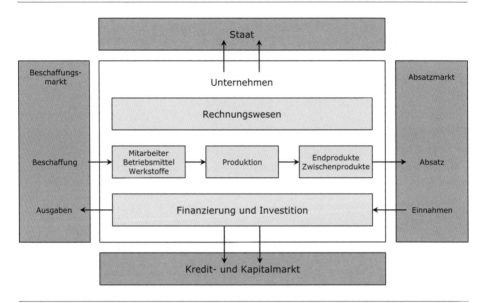

Abb. 1: Finanzprozesse im Unternehmen (Quelle: Geyer/Ahrendt: Crashkurs BWL. Freiburg 2002.)

Was können wir aus den bisher grundlegend zusammengestellten wirtschaftlichen Vorgängen schließen?

Die einzige Stelle, an der dauerhaft Gelder in ein Unternehmen fließen, sind die Einnahmen durch den Verkauf der im Unternehmen hergestellten Produkte und Dienstleistungen. Diese Einnahmen sind die Umsatzerlöse des Unternehmens.

! ACHTUNG: Einnahmen aus nicht betriebsnotwendigem Vermögen

Neben den Umsatzerlösen, die aus der gewöhnlichen Geschäftätigkeit resultieren, gibt es hin und wieder auch andere Einnahmen, beispielsweise aus dem Verkauf von nicht (mehr) betriebsnotwendigem Vermögen. Diese Einnahmen sind finanziell wirksam. Das heißt: Sie führen zu einer Veränderung der Kontostände. Allerdings erfolgen sie nicht regelmäßig, sondern sporadisch und haben auch nicht unbedingt etwas mit der eigentlichen betrieblichen Tätigkeit zu tun.

Das bedeutet aber auch, dass sämtliche Ausgaben — auch wenn sie scheinbar nichts mit der betrieblichen Tätigkeit zu tun haben — über die Umsatzerlöse „verdient" werden müssen. Der Umsatz wird determiniert durch die abgesetzten Mengen und durch die Preise, die auf dem Markt erzielt werden können. Demnach ist es in diesem Zusammenhang die Aufgabe des Finanzmanagements, sämtliche Aufwendungen zu kalkulieren und nach Möglichkeit sicherzustellen, dass diese Aufwendungen auf dem Markt auch honoriert werden.

1.2 Die Interessenlage der Kapitalgeber

Das für die Finanzierung erforderliche Kapital wird von Kapitalgebern zur Verfügung gestellt. Je nach der Stellung der Kapitalgeber zum Unternehmen handelt es sich

- um Fremdkapital oder
- um Eigenkapital.

Fremdkapitalgeber (im einfachsten Fall kann man sich darunter die Hausbank vorstellen) erhalten für die Kapitalüberlassung vertragsgemäß ein Entgelt: die Bankzinsen. Die Höhe der Zinsen wird vertraglich festgelegt und ist abhängig von der Dauer der Kapitalüberlassung, den Rückzahlungsmodalitäten, der Bonität des Schuldners und ähnlichen Kriterien. Nicht in die Höhe der zu zahlenden Zinsen fließt aber der Erfolg des Unternehmens ein.

▶ **BEISPIEL: Gewinnunabhängige Zinszahlungen**

Die S&R GmbH hat einen Investitionskredit i. H. v. 750.000 EUR aufgenommen, der Zinssatz beträgt 6 Prozent p. a. Die jährlichen Zinszahlungen belaufen sich demnach auf 45.000 EUR. Diese Zahlung ist vertraglich vereinbart und nicht abhängig davon, ob das die S&R GmbH einen ausreichenden Gewinn erwirtschaftet. Gesetzt den Fall, das EBIT beträgt 30.000 EUR, führen die Zinszahlungen zu einem negativen Jahresergebnis. Das entbindet die S&R GmbH aber nicht von der Verpflichtung, auch weiterhin die vereinbarten Zinsen zu zahlen. Erst bei einer Zahlungsunfähigkeit und einer daraus resultierenden Insolvenz werden auch keine Zinsen mehr **an die Bank** gezahlt.

Fremdkapitalgeber sind also vorrangig daran interessiert, ihr eingesetztes Kapital vertragsgemäß zurückzuerhalten. Als „Belohnung" für ihren zeitweiligen Verzicht auf das Kapital stehen ihnen die Zinsen zu, die unabhängig vom wirtschaftlichen Ergebnis des Schuldners gezahlt werden müssen.

Eigenkapitalgeber beteiligen sich an einem Unternehmen, sie sind demzufolge Eigentümer oder Miteigentümer. Die Form der Beteiligung kann auf unterschiedliche Art und Weise erfolgen und hängt im Wesentlichen von der Rechtsform des Unternehmens ab.

- **Personengesellschaften**
Bei Personengesellschaften (Eingetragener Kaufmann, OHG, Kommanditgesellschaft usw.) wird das Eigenkapital aus dem Privatvermögen des Gesellschafters auf ein Firmenkonto transferiert und bilanztechnisch als Kapitalkonto des jeweiligen Gesellschafters auf der Passivseite der Bilanz geführt. Kapitalerhöhungen werden durch Einzahlungen bzw. durch Nichtentnahme von Gewinnen durchgeführt. Privatentnahmen für den persönlichen Verbrauch sind grundsätzlich möglich (der Unternehmer muss ja seinen Lebensunterhalt bestreiten) und reduzieren das vorhandene Eigenkapital.

- **Kapitalgesellschaften**
Bei Kapitalgesellschaften (Aktiengesellschaft, GmbH, KG auf Aktien) ist das Prozedere stärker reglementiert. Auch hier erwerben die Gesellschafter Anteile an der Gesellschaft, und zwar in Form von GmbH-Anteilen oder in Form von Aktien. Kapitalherabsetzungen durch Entnahmen sind aber nicht so ohne Weiteres möglich, sondern unterliegen speziellen Regelungen, beispielsweise des Aktienrechts[1].

---

[1] Vgl. Aktiengesetz (AktG) §§ 222–228.

! ACHTUNG: Handel von Aktien und GmbH-Anteilen

Der Handel von Aktien, z. B. an der Börse, hat zunächst keinen Einfluss auf das Unternehmen. Es erfolgt lediglich ein Wechsel der Eigentümer. An die Stelle des bisherigen Aktionärs tritt ein neuer, der in die Rechte des Altaktionärs eintritt.

Gleiches gilt sinngemäß beim Kauf/Verkauf eines GmbH-Anteils.

- **Genossenschaften**

Etwas abweichende Regeln gibt es für eingetragene Genossenschaften. Hier ist insbesondere zu erwähnen, dass das Stimmrecht immer „nach Köpfen" ausgeübt wird. Das bedeutet: Jedes Mitglied der Genossenschaft hat in der Hauptversammlung *eine* Stimme, unabhängig davon, wie viele Genossenschaftsanteile er erworben hat. Ansonsten kann die finanzwirtschaftliche Behandlung von Genossenschaften jedoch in den meisten Fällen mit der von Kapitalgesellschaften gleichgesetzt werden. Allerdings können Genossenschaftsanteile nicht ohne Weiteres an andere Personen weitergegeben werden. Hierzu ist die Zustimmung der Genossenschaft erforderlich, weil die Eigenkapitalgeber Mitglieder der Genossenschaft werden. Andererseits können die Anteile unter Einhaltung bestimmter Fristen durch das Mitglied auch gekündigt werden.

Die „Belohnung" für das Einbringen des Eigenkapitals ist — abgesehen von den mit einer Beteiligung verbundenen Rechten der Mitwirkung, Aufsicht der Geschäftsführung usw. — der Anspruch auf einen Teil des Gewinns. Hier tritt nun der wesentliche Unterschied zum Fremdkapitalgeber zutage: Der Eigenkapitalgeber erhält sein Entgelt für die Überlassung von Kapital in Abhängigkeit vom wirtschaftlichen Ergebnis des Unternehmens. Vereinfacht gesagt heißt das: Je höher der Gewinn ist, desto höher fällt auch die mögliche Belohnung aus. Im Gegenzug heißt das aber auch: Je niedriger der Gewinn ist, desto niedriger sind die Ausschüttungsmöglichkeiten bis hin zu dem Fall, dass kein ausschüttungsfähiger Gewinn zur Verfügung steht — der Kapitaleinsatz also nicht honoriert wird.

Nun ist noch zu klären, wie Gewinne zu betrachten sind, die nicht an die Gesellschafter ausgeschüttet werden sollen. Die Entscheidung darüber, ob ein Gewinn ausgeschüttet werden soll oder nicht, steht grundsätzlich den

Eigentümern zu. Entschließen sie sich, den gesamten erwirtschafteten Gewinn eines Jahres oder auch Teile davon zu thesaurieren[2], erhöht sich der Wert ihres Anteils am Unternehmen. Die Gesellschafter erleiden also keinen Vermögensverlust, können diesen Gewinnteil allerdings nicht direkt für den privaten Konsum verwenden. Bilanziell erhöht sich dadurch das im Unternehmen vorhandene Eigenkapital. Das erfolgt in der Regel durch die Einstellung in die Gewinnrücklagen.

Zusammenfassend kann gesagt werden:

- Das Kapital des Unternehmens kommt entweder von den Eigentümern (Gesellschaftern) und ist damit Eigenkapital oder von Banken bzw. anderen Fremdkapitalgebern und ist damit Fremdkapital. Je nach Stellung der Kapitalgeber zum Unternehmen ergeben sich aus der Kapitalüberlassung unterschiedliche Rechte.
- Unabhängig von der konkreten Ausgestaltung der Rechte erwartet jeder Kapitalgeber für die Kapitalüberlassung ein Entgelt. Dafür spricht allein die wirtschaftliche Vernunft. Das Entgelt besteht einerseits aus den vertraglich vereinbarten Zinsen und andererseits aus den Gewinnen des Unternehmens. Die Frage der Gewinnverwendung (Thesaurierung oder Ausschüttung) ist hier sekundär, weil sich in beiden Fällen das Vermögen des Kapitalgebers erhöht.
- Die Erwirtschaftung des Entgelts für eine Kapitalüberlassung erfolgt durch die Wertschöpfung im Unternehmen. Die Einnahmen aus dem Verkauf der Produkte und Dienstleistungen müssen also die Ausgaben für die Beschaffung der Produktionsfaktoren übersteigen.

1.3 Die unterschiedlichen Risiken der Eigen- und Fremdkapitalgeber

Lässt man die bisherigen Aussagen Revue passieren, erkennt man, dass aus der Stellung der Kapitalgeber zum Unternehmen auch unterschiedliche Ri-

---

[2] Thesaurieren = ansammeln. Gewinnthesaurierung heißt also, dass der Gewinn nicht ausgeschüttet wird, sondern im Unternehmen verbleibt (angesammelt wird).

siken erwachsen. Eine relativ komfortable Situation haben dabei die Fremdkapitalgeber. Sie sind Gläubiger in einem vertraglich geregelten Verhältnis. Damit sind — wie bereits ausgeführt wurde — die Zahlungen an sie (Zinsen und Tilgung der Schuld) relativ unabhängig von der aktuellen wirtschaftlichen Situation des Kreditnehmers. Bei finanziellen Engpässen müssen in unserem Rechtssystem die Gläubiger zuerst bedient werden. Auf eventuelle Vorrechte einzelner Gläubigergruppen gehen wir später noch genauer ein.

> **!** **ACHTUNG: Nicht nur Banken sind Gläubiger**
>
> Der Begriff der Gläubiger geht über die Bank als Kapitalgeber hinaus. Jeder, dem das Unternehmen Geld schuldet, ist ein Gläubiger. Neben den rein finanziellen Prozessen spielen auch realwirtschaftliche Vorgänge eine Rolle. Insbesondere zu nennen sind hier die Handelskredite in Form der Verbindlichkeiten aus Lieferungen und Leistungen.

> **▶** **BEISPIEL: Verbindlichkeiten aus Lieferungen und Leistungen**
>
> Die S&R GmbH ist seit geraumer Zeit ein Zulieferer der ABM AG. Monatlich liefert sie Waren im Wert von 300.000 EUR an ABM. Die Marktgepflogenheiten bringen es mit sich, dass ein Zahlungsziel von 30 Tagen gewährt wird. Finanztechnisch bedeutet das, dass die S&R GmbH der ABM AG einen (unverzinsten) Kredit i. H. v. 300.000 EUR gewährt, und das auf unbestimmte Zeit — nämlich so lang, wie diese Lieferbeziehung besteht.

Auch wenn es sich *nicht um permanente* Lieferbeziehungen handelt, bleibt es dabei: Das Gewähren eines Zahlungsziels führt zu einem Gläubiger-Schuldner-Verhältnis.

Worin besteht nun das Risiko der Gläubiger? Es könnte sein, dass ihr Vertragspartner, also der Schuldner, nicht mehr willens oder nicht mehr in der Lage ist, den Kredit zu bedienen. Bei einem Geldkredit heißt das, dass er die vereinbarten Raten nicht mehr leistet, bei einem Handelskredit, dass er die Rechnung nicht wie vereinbart bezahlt. Das Risiko der Fremdkapitalgeber liegt also im Ausfall des Schuldners — es handelt sich um ein **Adressenausfallrisiko**. Möglich sind dabei

- zeitliche Verschiebungen,
- Kürzungen der Zahlungen (Teilausfall),
- komplette Einstellung der Zahlungen.

Im deutschen Recht werden Gläubiger allerdings insofern besonders geschützt, als Zahlungen an sie Vorrang vor eventuellen Rückzahlungen des Eigenkapitals haben und die Regelungen des Rechnungswesens nach dem Handelsgesetzbuch vor allem die Gläubigerinteressen in den Mittelpunkt stellen. Das Gläubigerrisiko ist dementsprechend überschaubar und vor allem niedriger, als das Risiko der Eigenkapitalgeber. Gläubiger werden im Zusammenhang mit der Kreditierung nicht wirtschaftlich tätig, sie gehen demzufolge kein unternehmerisches Risiko ein.

Das Eigenkapital steht dem Unternehmen grundsätzlich zeitlich unbefristet zur Verfügung, es muss also nicht zurückgezahlt werden. Das Entgelt für die Überlassung ist der Anspruch auf den Gewinn, den ein Unternehmen erwirtschaftet. Das bedeutet aber auch: Sowohl die Zahlungen an die Fremdkapitalgeber als auch die Steuerzahlungen an den Staat mindern den Gewinn. Der Staat und die Fremdkapitalgeber müssen also zuerst bedient werden, bevor die Eigenkapitalgeber ihren Anteil erhalten.

Eigentümer eines Unternehmens, die ihm Eigenkapital zur Verfügung gestellt haben, erhalten also den „Rest" — der Fachbegriff heißt „Residualzahlung" — des Jahresüberschusses. Je nach Gewinnsituation kann dieser Rest groß, klein oder aber auch nicht mehr vorhanden sein, weil nach den Anteilen der anderen Berechtigten nichts mehr übrig geblieben ist.

Das Hauptrisiko der Eigenkapitalgeber besteht demnach in der Sicherheit des wirtschaftlichen Erfolgs des Unternehmens, er hat also vor allem ein **Erfolgsrisiko**. Dieses Erfolgsrisiko ist das klassische Unternehmerrisiko. Da die Eigentümer erst *nach* den Fremdkapitalgebern bedient werden, ist ihr Risiko größer als das Risiko der Gläubiger. Kompensiert wird dieses höhere Risiko durch höhere Gewinnchancen — auch über die Höhe der durchschnittlichen Kreditzinsen hinaus.

1.4 Die Bedeutung der Kapitalbindung

1.4.1 Die beiden Dimensionen der Kapitalbindung

Kapital, das in ein Unternehmen geflossen ist, steht dem Kapitalgeber aktuell nicht für den privaten Verbrauch (Konsum) zur Verfügung. Es erfolgt also ein Tausch von Vermögenswerten — Geld wird zu Sachvermögen.

Wird einem Unternehmen Kapital zur Verfügung gestellt, hat dieser Vorgang zwei Dimensionen:

- die *Menge* des zur Verfügung gestellten Kapitals und
- die *Zeitdauer*, in der das Kapital im Unternehmen gebunden ist.

Daraus folgt, dass der absolute Unterschied zwischen den Einnahmen einerseits und den Ausgaben andererseits immer im Zusammenhang zu sehen ist

- mit der Kapitalsumme, die im Unternehmen investiert ist, und
- mit der Zeitdauer, bis das Kapital über die Umsatzerlöse wieder zurückgeflossen ist.

▶ **BEISPIEL: Dimensionen der Kapitalbindung**

Die beiden Gesellschafter der Schall und Rauch OHG haben zusammen 10.000 EUR aufgebracht, die sie in ihr Unternehmen investieren. Fremdkapital benötigen sie zunächst nicht. Nach drei Monaten verkaufen sie ihr erstes Produkt und haben auf diese Weise Umsatzerlöse von 10.500 EUR erzielt. Die Wertschöpfung beträgt also 5 Prozent. Die Umsatzerlöse werden verwendet, um neues Material zu kaufen, und nach drei Monaten gibt es den nächsten Umsatz in gleicher Höhe usw. Innerhalb eines Jahres schlägt sich das eingesetzte Kapital vier Mal um (der Einfachheit halber gehen wir davon aus, dass die in jedem Quartal erwirtschafteten 500 EUR ausgeschüttet werden). Damit ergibt sich eine Rendite auf das eingesetzte Kapital (von 10.000 EUR) i. H. v. 20 Prozent.

Die Zeitdauer, bis das investierte Kapital wieder zu Geld wird (also die Rückverwandlung von Sachvermögen in Geld), findet ihren Ausdruck in der Kennzahl *Umschlagsdauer des Kapitals* (ein Zeitausdruck) oder *Kapitalumschlagshäufigkeit* (dimensionslos). Im obigen Beispiel beträgt die Umschlagsdauer des Kapitals drei Monate, die Kapitalumschlagshäufigkeit 4. Rein rechnerisch schlägt sich das investierte Kapital vier Mal pro Jahr um. Die wirtschaftliche Aussage beider Kennzahlen ist gleich.

1.4.2 Bilanzielle Darstellung

Kapital wird in Sachvermögen gebunden. Das Sachvermögen setzt sich aus den unterschiedlichsten Bestandteilen zusammen. Es taucht in der Bilanz auf der Aktivseite auf, und zwar in Form von Beständen. Hierbei handelt es sich um Bestände an

- Anlagevermögen in Form von Sachanlagen (Maschinen, Anlagen, Grundstücke usw.), also den vorhandenen Betriebsmitteln;
- Umlaufvermögen in Form von
  - Materialvorräten,
  - Vorräten an unfertigen Erzeugnissen bzw. Leistungen,
  - Vorräten an Fertigerzeugnissen.

Relativ leicht verständlich ist das bei den *Betriebsmitteln*. Sie werden zu den Anschaffungs- oder Herstellungskosten aktiviert. Dieser Wert wird dann jedes Jahr um die Abschreibungen reduziert. In den Betriebsmitteln ist also immer Kapital in Höhe des aktuellen bilanziell ausgewiesenen Werts gebunden.

! **ACHTUNG: Bilanziell erfasster Wertverlust**

Hier wird stillschweigend unterstellt, dass der bilanziell erfasste Wertverlust der Betriebsmittel dem tatsächlichen wirtschaftlichen Wertverlust entspricht. Ist das nicht der Fall (beispielsweise dann, wenn eine Maschine länger genutzt werden kann, als die Abschreibungsdauer vorsieht) müsste man nicht die bilanziellen Abschreibungen, sondern den tatsächlichen kalkulatorischen Wertverlust als Basis verwenden. Den kalkulatorischen Wertverlust genau zu beziffern, ist in der Praxis jedoch schwer. Deshalb geht man zumeist davon aus, dass die bilanziellen Abschreibungen die tatsächlichen Wertverluste mit hinreichender Genauigkeit widerspiegeln.

Die Anschaffung von *Werkstoffen (Material)* führt zunächst zu entsprechenden Lagerbeständen, die mit den Einstandspreisen bewertet werden. Auch das ist nicht sonderlich schwierig.

Problematisch ist allerdings die Bewertung von *unfertigen Erzeugnissen* bzw. *Leistungen*. Hierzu müssen sämtliche Aufwendungen erfasst werden, die bis zum jeweilig erreichten Fertigungsstand angefallen sind. Dazu gehören auch die aufgewendeten Löhne und Gehälter und Teile der Gemeinkosten. Die Bewertung erfolgt hier in der Regel anhand der technologischen Unterlagen auf der Basis einer Inventur.

TIPP: Auch in unfertigen Dienstleistungen ist Kapital gebunden

Besonders bei Dienstleistungen entstehen oft keine materiellen Bestände. Das heißt aber nicht, dass in ihnen kein Kapital gebunden ist. Bis beispielsweise eine Architektenleistung, ein ingenieurtechnisches Projekt oder eine Wirtschaftsprüfung abgerechnet sind, wird auch der Dienstleister Werkstoffe verbrauchen und Betriebsmittel nutzen. Auf diese Weise wird in diesen angearbeiteten Projekten ebenfalls Kapital gebunden.

Vorräte an *Fertigerzeugnissen* werden — wie die unfertigen Erzeugnisse — mit den Aufwendungen bewertet, die für ihre Fertigstellung erforderlich waren. Absatzkosten und Gewinnanteile dürfen allerdings nicht berücksichtigt werden.

1.4.3 Bestimmung der Kapitalbindung anhand des Cashflows

Die in Teil „Grundlagen", Kapitel „Bilanzielle Darstellung" vorgestellte Bewertung der Kapitalbindung hat den Nachteil, dass sie nach den Regeln des Handelsgesetzbuches oder anderer Rechnungslegungsvorschriften erfolgt, und dabei durchaus Differenzen zwischen der tatsächlichen und der ausgewiesenen Kapitalbindung auftreten können. Objektiver wäre die Bestimmung der Kapitalbindung anhand des Cashflows[3].

Wie könnte man hier vorgehen?

Zu unterscheiden wäre zunächst nach der Sichtweise, nämlich der

- der Kapitalgeber oder
- der des Unternehmens.

Perspektive der Kapitalgeber

Aus der Perspektive der Kapitalgeber gilt generell Folgendes: Das Kapital wird dem Unternehmen zur Verfügung gestellt und demzufolge aus der unmittelbaren Verfügungsgewalt der Kapitalgeber entfernt. Mit der Rückzahlung des Kapitals endet diese Kapitalbindung.

▶ **BEISPIEL: Bindung von Kapital**

- Der Käufer einer Anleihe stellt sein privates liquides Vermögen dem Unternehmen zur Verfügung. Es ist so lange gebunden, bis die Anleihe zurückgezahlt wird.
- Kreditkapital ist aus Sicht der Bank so lange gebunden, bis der Kredit zurückgezahlt wird.
- Eigenkapital ist so lange gebunden, bis das Unternehmen aufgelöst und die Eigenkapitalgeber ausgezahlt werden.

Die Rendite auf das Kapital bestimmt sich demnach aus dem absoluten Überschuss, den der Kapitalgeber erhält, und aus dem Zeitraum, für den er das Kapital zur Verfügung gestellt hat.

Diese Sichtweise wird hier nicht weiter verfolgt. In der Regel wird die Rendite auf das eingesetzte Kapital berechnet, indem man den auf die jeweilige Kapitalposition entfallenden Wertzuwachs eines Jahres erfasst und zum eingesetzten Kapital dieser Position ins Verhältnis setzt.

---

[3] Auf den Cashflow als Kennzahl gehen wir in Teil „Planung und Steuerung der Unternehmensfinanzen" genauer ein.

Perspektive des Unternehmens

Aus der Perspektive des Unternehmens stellt sich der Sachverhalt ein wenig anders dar. Kapital wird gebunden durch die Beschaffung von Produktionsfaktoren. Die Kapitalbindung beginnt also mit dem Auszahlungs-Cashflow zur Beschaffung der Produktionsfaktoren, und zwar in Höhe der Zahlungen, die an die Lieferanten fließen und die für Löhne und Gehälter erforderlich sind. Die Kapitalbindung endet mit der Einzahlung der Umsatzerlöse.

!   **ACHTUNG: Kapitalbindung**

Bei dieser Sichtweise ist es nicht relevant, wann der Umsatz buchtechnisch entstanden ist (mit der Rechnungsstellung), sondern wann die Forderung zahlungswirksam auf dem eigenen Konto eingegangen ist. Ebenso gilt als Beginn der Kapitalbindung die Auszahlung aus dem Unternehmen an den Vorlieferanten — also ggf. nach Ausnutzung eines gewährten Zahlungsziels.

Kapital ist also immer in Höhe der Differenz zwischen den Einzahlungen in das Unternehmen und den Auszahlungen aus dem Unternehmen gebunden.

Der Vorteil der Cashflow-Sichtweise besteht u. a. darin, dass Bewertungsspielräume und Bilanzpolitik keinen Einfluss mehr haben. Berücksichtigt wird ebenfalls die Bindung von Kapital im Working Capital[4].

Kapitalbindung ist also der Einsatz finanzieller Mittel für betriebliche Zwecke, indem Material und Betriebsmittel gekauft werden. Je mehr Kapital in diesen Wirtschaftsgegenständen gebunden ist und je länger dieses Kapital gebunden ist, umso größer muss die absolute Differenz zwischen den Einnahmen und den Ausgaben sein.

Bei der Nutzung von Maschinen (oder anderen Betriebsmitteln) wird Material unter Einsatz von Arbeit zu Erzeugnissen verarbeitet, die abgesetzt werden. In den Preis einkalkuliert sein sollten *alle* Aufwendungen, also nicht nur diejenigen für das Material und die Löhne und Gehälter, sondern auch Gegen-

---

[4] Working Capital ist das langfristig finanzierte Umlaufvermögen, d. h. der „Bodensatz" der ständig erforderlichen Vorräte.

werte für die Wertminderungen der Betriebsmittel. Diese Gegenwerte sind die Abschreibungen, die nicht liquiditätswirksam sind. Mit jedem Verkauf von Produkten oder Dienstleistungen fließen die Gegenwerte zu den Aufwandsgrößen wieder ins Unternehmen. Das Sachvermögen wird wieder zu Geld.

Fazit

- Wegen der Gegenläufigkeit des materiellen Güterstroms und des Zahlungsstroms bei der unternehmerischen Tätigkeit ist als Ausgleich ein Finanzmittelmarkt erforderlich, der das notwendige Kapital zur Verfügung stellt.
- Je nach Stellung der Kapitalgeber zum Unternehmen handelt es sich um Eigenkapital oder um Fremdkapital.
- Kapital wird unter wirtschaftlichen Gesichtspunkten nur dann zur Verfügung gestellt, wenn die Kapitalgeber dafür ein Entgelt erhalten. Hierbei kann es sich entweder um Fremdkapitalzinsen oder um Anteile am Gewinn des Unternehmens handeln.
- Aus der Stellung der Kapitalgeber zum Unternehmen ergeben sich verschiedene Risiken, die in unterschiedliche Renditeerwartungen münden.
- Das Kapital wird in den Beständen des Unternehmens gebunden.
- Durch die Wertschöpfung im Unternehmen ist es möglich, dass die aus dem Absatz resultierenden Einnahmen (Einzahlungen in das Unternehmen) größer sind als die Ausgaben (Auszahlungen) für die Beschaffung der Produktionsfaktoren.
- Die Differenz zwischen den Einzahlungen einerseits und den Auszahlungen andererseits muss in absoluten Werten umso größer sein, je mehr Kapital und je länger das Kapital in Sachwerten gebunden ist.

2 Blickwinkel der Unternehmensfinanzierung

In diesem Kapitel soll kurz verdeutlicht werden, dass unterschiedliche Sichtweisen auf die Finanzierung unterschiedliche Beurteilungen nach sich ziehen. Wir wollen also die Finanzierungsformen an sich betrachten und versuchen, sie zu systematisieren. Dabei spielt es eine wesentliche Rolle, ob man die Finanzierungsformen aus der Sicht des Unternehmens oder aus der Sicht der Eigentümer betrachtet.

2.1 Unternehmenssicht

Zunächst kann man davon ausgehen, dass eine Finanzierung grundsätzlich die Menge des zur Verfügung stehenden Kapitals erhöht. Das gilt uneingeschränkt, wenn das Unternehmen von Kapitalgebern zusätzliches Kapital erhält. Aus der Sicht des Unternehmens ist es also wichtig, ob ihm frisches Kapital von außen zugeführt wird. In diesem Fall handelt es sich um eine *Außenfinanzierung*. Die Frage, ob es sich dabei um Eigenkapital oder um Fremdkapital handelt, ist aus der Sicht des Unternehmens grundsätzlich erst einmal sekundär. Das zur Verfügung stehende Kapital kann genutzt werden, um Vermögensgegenstände zu beschaffen, die für die betriebliche Tätigkeit erforderlich sind. Ein Mehr an Kapital führt also zu einem Mehr an betriebsnotwendigem Vermögen — allein das zählt.

Mit der Zuführung von Kapital sind allerdings in aller Regel auch Pflichten des kapitalsuchenden Unternehmens verbunden, die dann wiederum zu unterschiedlich wirksamen Zahlungen an die Kapitalgeber führen. Auf den zweiten Blick hat die Frage Eigen- oder Fremdkapital also doch eine wirtschaftliche Bedeutung. Das wird in Teil „Grundlagen", Kapitel „Eigentümersicht" genauer betrachtet.

Aber auch in anderen Fällen kann es zu einer Erhöhung des zur Verfügung stehenden Kapitals kommen, nämlich dann,

- wenn erwirtschaftete Gewinne einbehalten werden und dann,
- wenn Gegenwerte für unbare Aufwendungen (Rückstellungen, Abschreibungen) in den Preisen berücksichtigt und diese Preise auf dem Markt akzeptiert werden.

Das sind Formen der *Innenfinanzierung*. In den genannten Ausprägungen führt auch sie zu einer Kapitalerhöhung.

Selbstfinanzierung durch das Einbehalten von Gewinnen
Aus Sicht des Unternehmens ist es immer sinnvoll, Gewinne nicht auszuschütten, sondern im Unternehmen anzusammeln. Diese Thesaurierung von Gewinnen wird auch als „Selbstfinanzierung" des Unternehmens bezeichnet. Dem Cashflowüberschuss aus den Einzahlungen aus Umsätzen stehen dann keine Auszahlungen an die Eigentümer gegenüber — das Vermögen des Unternehmens erhöht sich.

Gegenwerte für unbare Aufwendungen
Unter den Gegenwerten für unbare Aufwendungen kann man Folgendes verstehen: Die Abschreibungen sind — ebenso wie die Bildung von Rückstellungen — Aufwendungen. Diese Aufwendungen führen aber nicht zu einer Auszahlung aus dem Unternehmen, sie sind unbar. Werden sämtliche Aufwendungen — also auch diejenigen, die nicht zu einem Auszahlungs-Cashflow führen — im Preis der Produkte oder Dienstleistungen, die abgesetzt werden, berücksichtigt, erhöht sich das Vermögen des Unternehmens ebenfalls.

▶ **BEISPIEL: Berücksichtigung der unbaren Aufwendungen**

Die S&R GmbH macht einen Umsatz von 1.000.000 EUR. Dieser Umsatz ist zahlungswirksam, führt also zu Einzahlungen in das Unternehmen. Um ihn zu erzielen, waren Auszahlungen für Material sowie für Löhne und Gehälter erforderlich, und zwar i. H. v. 500.000 EUR. Darüber hinaus sind Abschreibungen i. H. v. 100.000 EUR angefallen und es wurden Rückstellungen von 20.000 EUR gebildet.

All das zusammen führt zu einem Jahresüberschuss (Gewinn) i. H. v. 380.000 EUR. Betrachtet man jedoch den Cashflow, stehen den Einzahlungen i. H. v. 1.000.000 EUR lediglich Auszahlungen i. H. v. 500.000 EUR gegenüber — der Zahlungsüberschuss beträgt 500.000 EUR.

Anders sieht es aus, wenn man die unbaren Aufwendungen zwar kalkuliert, sie aber vom Markt nicht akzeptiert werden. Das heißt, dass ein Preis, der anhand der angefallenen Kosten gebildet wurde, nicht durchsetzbar ist.

▶ BEISPIEL: Nicht durchsetzbare Preisvorstellungen

Die A&B AG fasst die Aufwendungen für ihr Produkt „Schreibtischgarnitur" wie folgt zusammen:

- Material, Löhne und Gehälter, anteilige sonstige Gemeinkosten: 80 EUR
- Auf ein Stück Schreibtischgarnitur verrechnete Abschreibungen: 16 EUR
- Unter Berücksichtigung eines angestrebten Gewinns von 4 EUR wird ein Preis von 100 EUR pro Stück festgelegt.

Aufgrund der Konkurrenzsituation können die Schreibtischgarnituren aber nur für 90 EUR pro Stück verkauft werden. Das führt zu folgender Rechnung:

Preis pro Stück (90 EUR) abzüglich der Aufwendungen (96 EUR) ergibt einen Verlust von 6 EUR pro Stück. Trotzdem fließt Geld in die Kasse, nämlich 10 EUR pro verkauftem Stück. Allerdings hat die A&B AG bei dieser Konstellation ihre Abschreibungen „nicht verdient". Geht man davon aus, dass die Abschreibungen dem tatsächlichen Wertverlust entsprechen, verringert sich das Vermögen des Unternehmens, obwohl der Cashflow positiv ist.

Im weiteren Sinne zählt es auch zur Innenfinanzierung, wenn bisher gebundenes Kapital wieder freigesetzt wird, beispielsweise durch einen Verkauf von nicht betriebsnotwendigem Vermögen. In diesem Fall erhöht sich aber das zur Verfügung stehende Kapital nicht, es wird lediglich die Kapitalbindung aufgehoben — damit steht neue Liquidität für weitere Investitionen zur Verfügung. Dem Plus an liquidem Vermögen steht allerdings ein Minus an Sachvermögen in gleicher Höhe gegenüber.

Fazit zur Finanzierung aus *Unternehmenssicht*
Aus Sicht des Unternehmens unterscheidet man also zwischen

- Innenfinanzierung und
- Außenfinanzierung.

2.2 Eigentümersicht

Die Sichtweise der Eigentümer ist eine andere: Die Hauptfrage, die einen Eigentümer bewegt, ist: Ist das Kapital unser eigenes, steht es also dem Unternehmen zeitlich unbefristet zur Verfügung, oder muss es in irgendeiner Form wieder zurückgezahlt werden, ist es also Fremdkapital?

Das *Bruttovermögen* ist das in der Bilanz ausgewiesene Gesamtvermögen des Unternehmens. Der durch Fremdkapital (Schulden) finanzierte Teil des Vermögens wird (rein rechnerisch) zur Tilgung dieser Schulden herangezogen, nur der Rest steht den Eigentümern zu.

Das vorhandene Eigenkapital repräsentiert also das *Nettovermögen* der Eigentümer (bezogen auf den Betrieb, eventuell darüber hinaus vorhandenes Privatvermögen geht hier nicht in die Betrachtung ein). Dieses Nettovermögen wurde durch das Kapital, das der Eigentümer zur Verfügung gestellt hat, finanziert. Seine Mehrung führt letztlich zur Rendite auf das eingesetzte Eigenkapital.

Fazit zur Finanzierung aus *Eigentümersicht*
Aus Sicht der Eigentümer unterscheidet man also zwischen

- Eigenfinanzierung und
- Fremdfinanzierung.

2.3 Zusammenfassung der Finanzierungsformen

In der folgenden Abbildung sind die einzelnen Finanzierungsformen nochmals systematisiert:

		Unternehmenssicht	
		Außenfinanzierung	**Innenfinanzierung**
Sicht der Eigentümer	**Eigenfinanzierung**	Beteiligungen	Selbstfinanzierung (Thesaurierung von Gewinnen)
	Fremdfinanzierung	Kredite, Anleihefinanzierung	Gegenwerte von Rückstellungen

Abb. 2: Finanzierungsformen im Überblick

Beteiligungen an einem Unternehmen (beispielsweise durch den Verkauf von Aktien im Rahmen einer Kapitalerhöhung oder durch die Aufnahme neuer Gesellschafter) sind demnach eine Form der Außenfinanzierung — es wird neues Kapital von außen zugeführt — und gleichzeitig eine Form der Eigenfinanzierung. Es handelt sich um das eigene Kapital der Gesellschafter, das nicht zurückgezahlt werden muss, sondern dem Unternehmen zeitlich unbefristet zur Verfügung steht. In gleicher Weise kann man auch die übrigen Beispiele interpretieren.

Betrachten wir die obige Abbildung, fällt auf, dass nicht alle bereits angesprochenen Finanzierungsformen darin auftauchen. So fehlt beispielsweise die Finanzierung durch Abschreibungsgegenwerte. Woran liegt das?

Es ist in aller Regel nicht möglich, im Nachhinein exakt festzustellen, welche Vermögensgegenstände ursprünglich in welchem Maß mit Eigen- oder mit Fremdkapital finanziert wurden. Könnte man das bei einer einzelnen Maschine vielleicht noch nachvollziehen, ist die Zuordnung bei komplexen Fertigungen kaum möglich und vor allem nicht mehr sinnvoll. Man begnügt sich also damit festzustellen, dass es Finanzierungsvarianten gibt, die keine eindeutige Zuordnung mehr ermöglichen.

Finanzierung ist im Allgemeinen verbunden mit der Erhöhung der dem Unternehmen zur Verfügung stehenden finanziellen Mittel. Im weiteren Sinne gehört dazu auch das Freisetzen von Finanzmitteln durch den Verkauf von Betriebsvermögen. Unter der Voraussetzung, dass in diesen Vermögenswerten keine stillen Reserven verborgen sind, ist ein solcher Vorgang nicht mit einer Erhöhung des Vermögens verbunden.

! **ACHTUNG: Stille Reserven**

Streng genommen erhöht sich das Vermögen eines Unternehmens auch dann nicht, wenn stille Reserven bei einem Verkauf „gehoben" werden. Das Vermögen war schließlich schon vorher vorhanden, nur eben nicht in dieser Höhe bilanziell ausgewiesen.

3 Wesentliche Grundbegriffe

In diesem Kapitel klären wir einige Begriffe, die für das Finanzcontrolling und die Finanzplanung wichtig sind. Das mag ein wenig „theoretisch" erscheinen, ist aber für das weitere Verständnis unerlässlich. Erfahrungsgemäß führt die ungenaue Verwendung dieser Begriffe schnell zu Fehlinterpretationen.

Begonnen wird das Kapitel mit einigen Sätzen zur Finanzierung und der Art und Weise, wie Kapital in ein Unternehmen eingebracht werden kann. Danach wenden wir uns Begriffen zu, die zwar ähnlich klingen, bei einer Verwechslung aber schnell zu Konfusion führen. So werden beispielsweise die Unterschiede zwischen Ausgaben, Auszahlungen, Aufwendungen, Betriebsaufwendungen und Kosten dargestellt. Die Notwendigkeit zur Abgrenzung dieser Begriffe ergibt sich aus den unterschiedlichen betrieblichen Rechnungen und auch aus den unterschiedlichen gesetzlichen Grundlagen (z. B. Handelsrecht und Steuerrecht), denen sie entstammen.

Abgeschlossen wird das Kapitel über die wesentlichen Grundbegriffe mit der Klärung des Begriffs „Kapital" und den Formen seiner Veränderung.

3.1 Finanzierung als Zahlungsstrom

Im Kapitel „Die Finanzierung eines Unternehmens" haben wir festgestellt, dass die Finanzierung eines Unternehmens inhaltlich im Ausgleich von Güter- und Zahlungsstrom begründet ist. Grundsätzlich müssen die Zahlungen betrieblich verursacht sein, damit sie in diesem Kontext berücksichtigt werden können. Aber das dürfte selbstverständlich sein.

! **ACHTUNG: Begriff der Finanzierung**

Die Finanzierung ist also ein Vorgang, der mit einer Einzahlung in ein Unternehmen beginnt, die später Auszahlungen an die Kapitalgeber nach sich zieht. In den meisten Fällen ist die Einzahlung in das Unternehmen (die „Finanzierung" im herkömmlichen Sinne) eine Einmalzahlung oder eine geringe Anzahl von Einzelzahlungen. Die Rückzahlung dagegen ist oft aufgesplittet in eine Vielzahl von Zahlungen.

▶ **BEISPIEL: Unterschiedliche Finanzierungsvorgänge**

Bei **Fremdkapital** ist der übliche Ablauf der folgende: Es wird ein Kredit ausgezahlt, der z. B. zur Finanzierung einer Investition dient. Die Kapitalrückführung erfolgt dann in einzelnen Raten. Gleiches gilt für Zinszahlungen, die beispielsweise monatlich, quartalsweise oder jährlich erfolgen.

Bei **Eigenkapital** erfolgt die Kapitalzufuhr durch eine Einzahlung aus dem Privatvermögen (auf ein Kapitalkonto des Unternehmens) oder durch den Erwerb von Gesellschaftsanteilen (Einzahlung für einen GmbH-Anteil oder Zeichnung von Aktien). Die Auszahlung aus dem Unternehmen erfolgt durch die anteiligen Gewinnausschüttungen/Dividendenzahlungen. Das eigentliche Eigenkapital wird nicht wieder zurückgezahlt, es dient aber als Bemessungsgrundlage für die Gewinnzahlungen.

Das Einbringen von Geld

Üblicherweise wird Kapital in Form von Geld in ein Unternehmen eingebracht. In solch einem Fall handelt es sich um eine klassische Einzahlung. Der konkrete Weg der Einzahlung ist u. a. abhängig von der Rechtsform des Unternehmens.

Bei *Personengesellschaften* erfolgt eine Überweisung (in seltenen Fällen auch eine Bareinzahlung) auf das Konto des Unternehmens. Der Betrag wird buchungstechnisch dem Kapitalkonto des Gesellschafters zugeschrieben. Werden keine Gewinne entnommen, werden sie ebenfalls anteilig den Gesellschafterkonten zugeschrieben. Da der Unternehmer auch Mittel für seinen Lebensunterhalt benötigt, kann er auf sein Kapitalkonto in Form von Entnahmen zugreifen. Möglich wird dieses einfache Vorgehen u. a. dadurch, dass der Unternehmer bei Personengesellschaften auch mit seinem Privatvermögen haftet — es gibt rechtlich also keinen Unterschied zwischen dem Firmen- und dem Privatvermögen. Entnahmen an sich mindern also nicht das haftende Vermögen.

> **!** **ACHTUNG: Kündbarkeit von Eigenkapital**
>
> Entnahmen von den Kapitalkonten führen zu einer Reduzierung des dem Unternehmen zur Verfügung stehenden Eigenkapitals. Solange es sich dabei um einbehaltene Gewinne handelt, ist die Entnahme lediglich einer zeitlich verschobenen Gewinnausschüttung gleichzusetzen. Anders verhält es sich aber mit dem ursprünglich zur Verfügung gestellten Kapital. Werden Teile von ihm entnommen, handelt es sich aus Sicht des Unternehmens um einen Kapitalentzug durch die Kündigung von Eigenkapital. Bei Personengesellschaften gilt also das Prinzip der Unkündbarkeit von Eigenkapital nur eingeschränkt.

Bei einer *GmbH* wird von den künftigen Gesellschaftern das Stammkapital, das laut Gesellschaftsvertrag zur Verfügung gestellt werden muss, auf ein für die GmbH in Gründung (GmbH i. G.) eingerichtetes Konto eingezahlt. Der Nachweis dieser Einzahlung ist eine Voraussetzung für den Eintrag der Firma ins Handelsregister. Letztlich ist das eingezahlte Kapital dazu bestimmt, das Unternehmen zu finanzieren. Deshalb verbleibt es sinnvollerweise nicht auf dem Konto, sondern wird eingesetzt, um die erforderlichen Materialien, Maschinen usw. zu erwerben bzw. um andere betrieblich bedingte Ausgaben zu tätigen.

Eine Entnahme wie bei Personengesellschaften ist hier nicht so einfach möglich. Die Eigentümer erhalten — je nach Beschluss der Gesellschafterversammlung — ihren Anteil am Gewinn ausgezahlt. Das Stammkapital bleibt im Unternehmen; ist also nicht kündbar.

Sollen später weitere Eigenkapitalanteile eingezahlt werden, kann das erfolgen durch Nachzahlungen aller oder auch nur eines oder einiger Gesellschafter oder durch die Aufnahmen neuer Gesellschafter. In allen Fällen ist, weil sich die Kapitalverhältnisse ändern, ein Beschluss der Gesellschafter, eine Änderung des Gesellschaftsvertrags und eine Änderung der Eintragung im Handelsregister erforderlich.

Das folgende Vorgehen ist bei einer *Aktiengesellschaft* erforderlich: Wie auch bei einer GmbH bringen die Gründer das erforderliche Stammkapital in Form von Bareinzahlungen/Überweisungen ein. Sie erhalten dafür Aktien, die vom

Grundsatz her handelbar sind.[5] Spätere Zuführungen von Eigenkapital auf dem Wege der Außenfinanzierung erfolgen durch Kapitalerhöhungen. Die Vorgehensweise dabei ist gesetzlich vorgeschrieben.[6] Auch hier ist das Eigenkapital nicht kündbar.

▶ **BEISPIEL: Aktienhandel**

Ein Eigentümer von Aktien (Aktionär) ist an einer Aktiengesellschaft beteiligt. Er hat ihr privates Kapital zur Verfügung gestellt. Verkauft er seine Aktien wieder, ist das keine Kündigung von Eigenkapital. Er erhält den Preis nicht von der Aktiengesellschaft, sondern vom Käufer seiner Aktien. Damit hat zwar ein Eigentümerwechsel (für den von diesen konkreten Aktien repräsentierten Teil des Eigenkapitals) stattgefunden, an den Vermögensverhältnissen der Aktiengesellschaft selbst hat sich jedoch nichts verändert.

Ein ähnliches Vorgehen gilt auch für andere, hier nicht speziell genannte Rechtsformen.

Das Einbringen sonstiger Vermögensgegenstände

Die Zahlung von Geld ist nicht zwingend vorgeschrieben. Man kann auch auf Geld als Vermittler verzichten und andere Vermögensgegenstände direkt in das Unternehmen einbringen. Das könnten z. B. sein

- Forderungen an Dritte,
- Realgüter (Pkw, Immobilien, sonstiges Anlagevermögen),
- eigene Rechte (unter der Voraussetzung, dass sie übertragbar sind) wie z. B. Nutzungsrechte, Lizenzen usw.

---

[5] Die Handelbarkeit von Aktien erleichtert die Kapitalaufnahme deutlich, weil der Aktionär durch den Verkauf seiner Anteilsscheine schnell wieder liquide werden kann. Zu bedenken ist jedoch, dass bei Weitem nicht alle Aktien an der Börse gehandelt werden. Dazu muss sich die Gesellschaft an der Börse registrieren.

[6] Vgl. Aktiengesetz (AktG) §§ 182 ff.

In diesen Fällen werden die Vorgänge

1. Zahlen von Geld und
2. Binden des Geldes in einem realen Vermögensgegenstand

zu einem Vorgang zusammengefasst.

▶ **BEISPIEL: Sacheinlage**

Die S&R GmbH soll neu gegründet werden und benötigt für ihre Geschäftstätigkeit unter anderem einen Pkw. Herr Schall als einer der Gesellschafter besitzt ein entsprechendes Fahrzeug und ist bereit, es der GmbH zur Verfügung zu stellen. Eine Recherche im Internet ergibt, dass das Auto mit 12.000 EUR zu bewerten ist. Mit der Übertragung des Fahrzeugs auf die S&R GmbH hat Herr Schall einen Eigenkapitalbeitrag i. H. v. 12.000 EUR geleistet.

Das vorangegangene Beispiel zeigt, dass es offensichtlich sinnvoller ist, den einzubringenden Vermögensgegenstand zu bewerten und direkt in die Unternehmung einzubringen, als ihn auf dem freien Markt zu verkaufen und dann das Geld einzubringen, nur, um einen adäquaten Gegenstand für das Unternehmen zu kaufen.

! **ACHTUNG: Bewertung**

Nicht immer wird es gelingen, eine objektive Bewertung von Vermögensgegenständen vorzunehmen. Zwar gibt es die Regeln des Rechnungswesens, doch bleibt zumeist ein Ermessensspielraum. Bei solchen Spielräumen sollte man bedenken: Es ist wenig zielführend, einen Vermögensgegenstand im Wert zu hoch anzusetzen, wenn er diesen Wert nicht auch tatsächlich hat. Das würde nur zu überhöhten Abschreibungen führen.

3.2 Finanzwirtschaftliche Begriffspaare

3.2.1 Einnahmen/Ausgaben und Einzahlungen/Auszahlungen

In Teil „Grundlagen", Kapitel „Die Finanzierung eines Unternehmens" wurde bereits verdeutlicht, dass sich Unternehmen aus ihrer Umwelt Produktionsfaktoren beschaffen, sie im Produktionsprozess verändern, dadurch Werte schaffen und die hergestellten Produkte und Leistungen wieder an ihr wirtschaftliches Umfeld abgeben. Die damit im Zusammenhang genannten Begriffe waren

- Einnahmen (aus dem Verkauf) und
- Ausgaben (für die Produktionsfaktoren).

Nun ist allerdings zu unterscheiden, ob die Zahlungen bar erfolgen oder nicht. Barzahlung ist in der Wirtschaftswelt nicht weit verbreitet. Lediglich im Einzelhandel ist die Barzahlung die dominierende Zahlweise, ansonsten erfolgen zumeist unbare Zahlungen. Das bedeutet, dass sich die Verbindlichkeiten gegenüber den Lieferanten bzw. die Forderungen gegenüber den eigenen Kunden verändern.

> **BEISPIEL: Einnahme oder Einzahlung?**
>
> Die S&R GmbH verkauft an die Schwarzpulver AG Zulieferprodukte im Wert von 15.000 EUR. In den Lieferbedingungen ist vereinbart, dass die Rechnung innerhalb von 30 Tagen zu begleichen ist; es wurde also ein entsprechendes Zahlungsziel eingeräumt.
>
> Mit dem Erstellen der Rechnung kann die S&R GmbH eine Einnahme verbuchen, weil sich ihr Geldvermögen erhöht hat. Sie hat gegenüber der Schwarzpulver AG eine Forderung aufgebaut. Einen Zahlungseingang wird sie allerdings erst später auf ihrem Konto feststellen können, nämlich dann, wenn ihr Kunde auch bezahlt.
>
> Gleiches gilt für das Eingehen von Verbindlichkeiten: Wenn die S&R GmbH eine Rechnung mit einem Zahlungsziel erhält, verringert sich in diesem Augenblick ihr Geldvermögen — sie weiß, dass die Rechnung bis zu einem bestimmten Zeitpunkt zu begleichen ist. Dieser Vorgang ist die Ausgabe.

Damit hat sie zwar eine Verbindlichkeit, auf dem Konto tut sich aber zunächst nichts. Die Auszahlung erfolgt später, ist dann aber keine Ausgabe mehr. Die Ausgabe ist in dem Moment erfolgt, als die Verbindlichkeit aufgebaut wurde.

Wir können also feststellen: Bargeldverkehr (oder eine sofortige Überweisung) führen zu

- Einzahlungen und
- Auszahlungen.

Ein- und Auszahlungen verändern demnach den Kontostand auf dem laufenden Konto bzw. die liquiden Mittel. Es erfolgt eine Veränderung des *liquiden Vermögens*.

Davon zu unterscheiden sind die Einnahmen und die Ausgaben. Sie führen zu einer Erhöhung bzw. Verminderung des *Geldvermögens*. Das Geldvermögen setzt sich zusammen aus den folgenden Bestandteilen:

	Liquides Vermögen
+	Ansprüche auf Einzahlungen (Forderungen)
—	Verpflichtungen zu Auszahlungen (Verbindlichkeiten)
=	Geldvermögen

Einnahmen und Ausgaben sind also *weiter* zu fassen, als die Ein- und Auszahlungen.

Beide Begriffspaare zu unterscheiden ist bedeutsam. Für die überlebenswichtige Frage der Liquidität oder eben Illiquidität eines Unternehmens relevant sind nicht die Einnahmen und Ausgaben, sondern die liquiditätswirksamen Ein- und Auszahlungen. Sie entscheiden darüber, ob ein Unternehmen in der Lage ist, seinen Zahlungsverpflichtungen betrags- und termingenau nachzukommen.

> **! ACHTUNG: Zahlungsfähigkeit**
>
> Mögen die Forderungen eines Unternehmens auch noch so hoch sein, sie sichern nicht seine Zahlungsfähigkeit. In der Finanzwirtschaft haben also die Ein- und Auszahlungen gegenüber den Einnahmen und Ausgaben eine dominierende Rolle.

Liquidität ist eines der zentralen finanzwirtschaftlichen Ziele. Sie kann nur durch Zahlungseingänge, die den erforderlichen Auszahlungen gegenüberstehen, gesichert werden.

3.2.2 Weitere Begriffspaare

Es ist nicht nur zwischen Einzahlungen/Auszahlungen und Einnahmen/Ausgaben zu unterscheiden. In der Betriebswirtschaft tauchen auch immer wieder andere Begriffe auf, die auf den ersten Blick vermuten lassen, dass es sich um Synonyme handelt. Bei genauerer Betrachtung werden jedoch die Unterschiede deutlich.

Betriebseinnahmen/Betriebsausgaben

Betriebseinnahmen und Betriebsausgaben sind Kategorien der Gewinn- und Verlustrechnung in der *Steuerbilanz*. Von den o. g. Einnahmen und Ausgaben können sie sich in der steuerlichen Anerkennung unterscheiden.

> **▶ BEISPIEL: Steuerliche Nichtanerkennung von Ausgaben**
>
> Der Besitzer einer Imbissbude, der sich als Dienstfahrzeug einen Bugatti zulegt, wird in diesem Fall wohl Schwierigkeiten haben, die mit diesem Fahrzeug verbundenen Aufwendungen komplett steuerlich als Betriebsausgaben anerkannt zu bekommen.

Die Betriebsausgaben sind geregelt im Einkommensrecht (§ 4, Abs. 4 Einkommensteuergesetz). Für Betriebseinnahmen wird durch den Bundesfinanzhof die Definition „Zugänge von Wirtschaftsgütern in Form von Geld oder Geldeswert, die durch den Betrieb veranlasst sind" verwendet.

Erträge/Aufwendungen

Auch Erträge und Aufwendungen finden sich in der Gewinn- und Verlustrechnung, dieses Mal allerdings in der *Handelsbilanz*. Sie verändern das Gesamtvermögen — nicht nur das Geldvermögen. Worin liegt der Unterschied? Gesamtvermögensveränderungen entstehen auch durch Vorgänge, die nicht zahlungswirksam sind. Als Beispiel seien die Abschreibungen genannt, aber auch die Bildung oder Auflösung von Rückstellungen.

▶ **BEISPIEL: Abschreibungen**

Abschreibungen (z. B. auf ein Kraftfahrzeug) reduzieren den Wert des Fahrzeugs. Üblicherweise wird abhängig vom Zeitablauf der Wertverlust gleichmäßig verteilt. Hat das Fahrzeug 30.000 EUR (netto) gekostet, fallen pro Jahr 5.000 EUR Abschreibungen an. Nach 6 Jahren ist das Fahrzeug abgeschrieben, hat also bilanziell keinen Wert mehr. Die Abschreibungen sind Aufwendungen.

Anders sehen die mit diesem Vorgang verbundenen Zahlungen aus: Beim Kauf des Fahrzeugs reduziert sich der Kontostand um 30.000 EUR[7] (Auszahlung), danach gibt es aber keine Veränderungen mehr auf dem Konto.

Abschreibungen sind also die Entsprechung für Reduzierungen des Vermögens, ohne dass sich die Liquidität verändert.

Leistungen und Kosten

Wie schon ihr Name verrät, finden sich Leistungen und Kosten in der betrieblichen Kosten- und Leistungsrechnung wieder. Das ist eine betriebsinterne Rechnung, in der sämtliche Veränderungen des *betriebsnotwendigen Vermögens* erfasst und kalkuliert werden.

Die genaue Abgrenzung, welche Vermögensteile betriebsnotwendig sind und welche nicht, ist nicht immer ganz eindeutig möglich. Ausgeklammert wird das sog. neutrale Vermögen. Das können beispielsweise Reservegrundstücke sein, aber auch Vermögenswerte, die z. B. freiwilligen sozialen Leistungen des Unternehmens dienen, wie eine Hüpfburg für Kinderfeste und Ähnliches.

---

[7] Von der Umsatzsteuerzahlung an den Händler und das Geltendmachen als Vorsteuer wird hier einmal abgesehen.

Die Kosten- und Leistungsrechnung dient u. a. der Kalkulation von Preisen. Damit umfasst sie auch Leistungen, die für das Unternehmen selbst erbracht werden, und kalkulatorische Kosten, die nicht als Aufwendungen geltend gemacht werden können.

▶ **BEISPIEL: Eigenleistungen**

Die Putzteufel GmbH ist ein Reinigungsunternehmen. Natürlich müssen auch die eigenen Firmenräume gesäubert werden. Die damit betrauten Mitarbeiter erbringen also eine Leistung, die auch verkäuflich wäre. Der damit verbundene Aufwand findet keine direkte Entsprechung in einer Einnahme — man reinigt ja die eigene Immobilie. Diese Leistung geht in die betriebliche Kalkulation ein, nicht jedoch in die Rechnung der Einnahmen.

▶ **BEISPIEL: Kalkulatorische Abschreibungen**

Wenn ein Kraftfahrzeug, das ursprünglich 27.000 EUR gekostet hat, über die üblichen sechs Jahre abgeschrieben wird, ergibt das Abschreibungen i. H. v. 4.500 EUR pro Jahr, die sich als Aufwendungen in der Gewinn- und Verlustrechnung widerspiegeln. Geht man aber davon aus, dass am Ende der Nutzungsdauer ein adäquates Neufahrzeug 30.000 EUR kosten wird, sollte man in seiner internen Kalkulation als Bestandteil der Kosten- und Leistungsrechnung von kalkulatorischen Abschreibungen i. H. v. 6.000 EUR pro Jahr ausgehen. Um nach sechs Jahren ein neues Fahrzeug kaufen zu können, müssen diese 6.000 EUR im Jahr über die Umsätze verdient werden.

Kalkulatorische Abschreibungen orientieren sich am erwarteten Wiederbeschaffungswert und an der voraussichtlich tatsächlichen Nutzungsdauer. Sie können demzufolge von den bilanziellen Abschreibungen, die den Werteverzehr der ursprünglichen Anschaffungskosten repräsentieren, abweichen.

Fazit zu den verwendeten Begriffspaaren
Um als Unternehmen langfristig auf dem Markt bestehen zu können, benötigt man Gewinn. Die Gewinnerzielung muss nicht zwingend jedes Jahr erfolgen, ist aber letztlich die Quelle der Vermögenserhöhung. Die mit der Gewinn- und Verlustrechnung verbundenen Begriffspaare sind die Erträge/Aufwendungen (in der Handelsbilanz) bzw. die Betriebseinnahmen/Betriebsausgaben (in der Steuerbilanz). Beides sind Zahlenwerke des externen Rechnungswesens. Das

bedeutet, dass sie nach gesetzlichen Regeln veröffentlicht werden und ihre Erstellung an genaue Rechtsgrundlagen (Handels- bzw. Steuerrecht) gebunden ist.

Intern wird die Kosten- und Leistungsrechnung erstellt. Sie muss zwar auch den Grundsätzen der ordnungsgemäßen Buchführung entsprechen, kann aber auch kalkulatorische Bestandteile enthalten.

Neben der langfristigen Gewinnerzielungsabsicht hat das Management eines Unternehmens dafür zu sorgen, dass das Unternehmen ständig liquide ist. Liquide sein bedeutet, dass das Unternehmen **seinen Zahlungsverpflichtungen jederzeit betrags- und termingenau nachkommen** muss. Illiquidität wäre ein zwingender Insolvenzgrund. Die mit dieser Zielsetzung verbundenen Begriffspaare sind die Einnahmen und Ausgaben und (für die finanzielle Steuerung wesentlicher) die Einzahlungen und Auszahlungen. Ein- und Auszahlungen sind die Ausgangsgrößen für die Bestimmung des Cashflows, auf den später noch genauer eingegangen wird.

3.3 Kapital und seine Veränderung

Für das Kapital gibt es keine einheitliche Definition. In der klassischen Betriebswirtschaftslehre wird unter Kapital die Summe der Bilanz verstanden. Auf der Aktivseite der Bilanz wird ausgewiesen, in welchen Vermögensgegenständen das Kapital im Unternehmen gebunden ist. Grob gesagt, ist das Kapital in Anlagevermögen und in Umlaufvermögen gebunden. Im Jahresabschluss erfolgt dann eine weitere Untergliederung.

Die Passivseite der Bilanz gibt an, aus welchen Quellen das Kapital stammt. Das kann Eigenkapital oder Fremdkapital sein. Aus dieser Zuordnung ist ersichtlich, in welcher Höhe und in welcher Art Ansprüche an das Unternehmen bestehen. Auch hier erfolgt im Jahresabschluss eine weitere Untergliederung.

Damit kann man die Aktivseite der Bilanz auch als „Vermögensseite" und die Passivseite als „Kapitalseite" (im engeren Sinne) verstehen. Beide Seiten der Bilanz haben die gleiche Summe, eine Bilanz ist demnach immer ausgeglichen.

Bilanz	
Aktiva (Vermögen)	Passiva (Kapital)
Anlagevermögen	Eigenkapital
Umlaufvermögen	Fremdkapital
Bilanzsumme	Bilanzsumme

Abb. 3: Grundgliederung der Bilanz

In der Finanzwirtschaft wird Kapital zumeist gleichgesetzt mit Geldmitteln, die im Unternehmen eingesetzt werden. Speziell bei Fragen der Liquidität wird diese Entsprechung des Begriffs „Kapital" verwendet.

Alle diese Begriffe haben ihre Berechtigung und werden in diesem Buch je nach gegebenem Zusammenhang angewandt.

Betrachtet man das Kapital als die Geldmittel, die im Unternehmen eingesetzt werden, wird deutlich, dass Zahlungen Veränderungen des Kapitals nach sich ziehen oder auch anders herum: Jede Kapitaländerung ist mit Zahlungen verbunden. Hält man sich dies vor Augen, lassen sich die folgenden Kapitalbewegungen beschreiben:

Kapitalbindung
Kapitalbindung bedeutet, dass Geld für die Zwecke des Unternehmens verwendet wird, das zur Verfügung gestellte Kapital wird investiert. Der Begriff der Investition ist hier weiter zu fassen: Investitionen sind die Verwendung von Geld für das Beschaffen der Produktionsfaktoren. In diesem Zusammenhang ist es unerheblich, ob davon Anlagevermögen angeschafft oder ob in Werkstoffe investiert wird. Im engeren Sinne — und im Unternehmen zumeist

in dieser Form verwendet — wären Investitionen lediglich das Beschaffen von Betriebsmitteln und damit die umfangreiche und langfristige Bindung von Kapital. Wir gehen hier ausdrücklich über diese engere Sicht hinaus.

> **!** **ACHTUNG: Geringwertige Wirtschaftsgüter**
>
> Steuerrechtlich hat sich der Staat hinsichtlich der Abschreibungsmöglichkeiten etwas Besonderes einfallen lassen: Beträgt der Preis des Wirtschaftsguts bis zu 410 EUR (ohne Mehrwertsteuer), müssen die Anschaffungskosten nicht auf die Nutzungsdauer verteilt werden (also das Wirtschaftsgut abgeschrieben werden). Sie können auch mit einem Mal als Aufwendungen geltend gemacht werden. Diese Regel soll der Vereinfachung dienen. Durch diverse Änderungen seit dem Jahr 2007 gibt es jetzt bis zu drei verschiedene Varianten, wie mit diesen geringwertigen Wirtschaftsgütern hinsichtlich der steuerlichen Anrechenbarkeit umzugehen ist. Für die finanzwirtschaftliche Betrachtung bleibt es aber dabei: Das Kapital ist in den angeschafften Vermögenswerten so lange gebunden, bis es über den Verkauf von Waren oder Dienstleistungen wieder „verflüssigt" wird.

Kapitalbindung ist also die Verwendung von Kapital für betriebliche Zwecke.

Kapitalfreisetzung

Die Kapitalfreisetzung ist das Gegenstück zur Kapitalbindung. Über den Umsatzprozess erlöst das Unternehmen Geld, und zwar durch den Verkauf seiner Produkte und/oder Dienstleistungen. Das bisher in realen Gütern gebundene Kapital wird wieder zu Geld. Damit wird der Unternehmenszweck erfüllt. Wenn man die Kapitalbindung als Investition bezeichnet, kann man die Kapitalfreisetzung dementsprechend als *Desinvestition* sehen.

Die Kapitalfreisetzung über den Umsatzprozess ist die Hauptform der *Innenfinanzierung*.

Sowohl die Kapitalbindung als auch die Kapitalfreisetzung haben ihre Ursache nicht direkt in finanzpolitischen Entscheidungen, sondern in leistungswirtschaftlichen Prozessen. Das heißt: Sie werden ausgelöst durch die Erfüllung der Sachaufgaben des Unternehmens. Insofern könnte man beide Prozesse als *intern verursachte Kapitalbewegungen* auffassen.

Kapitalzuführung

Werden Gelder von außerhalb des Unternehmens beschafft und dem Unternehmen zugeführt, spricht man von der bereits vorgestellten *Außenfinanzierung*. Durch die Zufuhr von Kapital wird es möglich, Realgüter in Form von Produktionsfaktoren (Betriebsmittel, Werkstoffe, Arbeit) zu kaufen. Die Kapitalzuführung von außen ist als Anschubfinanzierung für jedes Unternehmen bei der Gründung erforderlich. Auch bei einem späteren Wachstum, und dann, wenn die Mittel der Innenfinanzierung nicht ausreichen, benötigt ein Unternehmen Kapital von außen. Quellen können entweder eigene Mittel der Eigentümer (Beteiligungsfinanzierung) oder Fremdmittel (z. B. in Form von Bankdarlehen oder der Finanzierung über Anleihen, die das Unternehmen begibt) sein.

Kapitalentzug

Wird einem Unternehmen Kapital zur Verfügung gestellt, dann mit dem wirtschaftlichen Zweck, es wieder zurückzuerhalten und für die Dauer der Überlassung eine „Belohnung" zu bekommen — Zinsen für das Fremdkapital und Gewinne für das Eigenkapital. Der Abfluss von Kapital nach außen (ohne es für Investitionen einzusetzen) ist ein Kapitalentzug. Er umfasst

- Kapitalrückzahlungen (Tilgung von Krediten/Rückzahlung von Kapital an die Eigentümer),
- Zinszahlungen,
- Gewinnausschüttungen.

> **!**   **ACHTUNG: Rückzahlung von Eigenkapital**
>
> Eigenkapital kann nicht einfach so an die Eigentümer zurückgezahlt werden, das würde die Rechte der Gläubiger schmälern. Bei Kapitalgesellschaften ist dazu eine förmliche Kapitalherabsetzung erforderlich — ein Vorgang, der an eine ganze Reihe von Restriktionen gebunden ist. Leichter ist das bei einer Personengesellschaft, steht hier doch das Privatvermögen der Eigentümer als Haftungsmasse im Hintergrund.

▶ **BEISPIEL: Kapitalherabsetzung**

Angenommen, die S&R AG als kleine Aktiengesellschaft hat ein Stamm-kapital von 100.000 EUR. Rücklagen sind nicht vorhanden. Würden die Gesellschafter jetzt eine Rückzahlung von 50.000 EUR beschließen, wäre zwar das gesetzlich vorgeschriebene Mindestkapital von 50.000 EUR nicht angetastet, aber für die Fremdkapitalgeber (Banken) würde sich das Risiko evident erhöhen: Das als „Haftungspuffer" dienende Eigenkapital hat sich halbiert. Die Gesellschafter haben sich also die Hälfte ihres Kapitals wieder auszahlen lassen und damit ihr Risiko deutlich verringert, ohne ihre Ge-winnchancen zu schmälern.

Kapitalzuführung und Kapitalentzug sind *externe* Zahlungen. Sie beruhen im Gegensatz zur Kapitalbindung und zur Kapitalfreisetzung nicht auf leistungs-wirtschaftlichen Prozessen, sondern sind das *Ergebnis finanzwirtschaftlicher Entscheidungen*.

Fazit

Kapitalbindung und Kapitalfreisetzung sind Vorgänge, die durch die realen leistungswirtschaftlichen Prozesse des Unternehmens verursacht werden. Fi-nanzmittel werden in Realgüter umgewandelt und wieder zurück. Diese Um-wandlung betrifft *interne* Prozesse.

Kapitalzuführung und Kapitalentzug sind Vorgänge, die das Beschaffen von Kapital aus der **Außenwelt** und die spätere Rückzahlung inkl. der Belohnung für die Kapitalüberlassung — Zinsen und Gewinne — zum Inhalt haben. Sie sind finanzwirtschaftlich verursacht.

4 Eigenkapital und seine Eigenschaften

Wie es der Name schon sagt: Eigenkapital ist ein Teil des Kapitals, und zwar derjenige, der dem Unternehmen durch die Eigentümer zur Verfügung gestellt wird. Das geschieht grundsätzlich auf zwei Wegen:

- Im Rahmen einer Beteiligung. Natürliche oder juristische Personen stellen auf je nach Rechtsform unterschiedliche Art und Weise einem Unternehmen Kapital aus ihrem (Privat-)Vermögen zur Verfügung.
- Im Rahmen der Selbstfinanzierung: Gewinne, die ein Unternehmen erwirtschaftet hat, werden nicht entnommen, sondern verbleiben im Unternehmen.

Darauf wurde weiter vorn schon kurz eingegangen. Wir wollen uns in diesem Kapitel vor allem der Frage zuwenden, welche Merkmale, Funktionen bei der Unternehmensfinanzierung und Eigenschaften Eigenkapital hat und was es das Unternehmen kostet, sich mit Eigenkapital zu finanzieren.

Beginnen wir also mit den grundlegenden Merkmalen und Funktionen.

4.1 Merkmale und Funktionen von Eigenkapital

4.1.1 Generelle Merkmale von Eigenkapital

Eigenkapital ist nicht befristet
Aus Unternehmenssicht hat Eigenkapital ein herausragendes Merkmal: Es steht für unbefristete Zeit zur Verfügung, muss also nicht zurückgezahlt werden. Damit ist es eine langfristige Finanzierungsquelle, die das Risiko deutlich reduziert. Darüber hinaus ist es nicht mit regelmäßigen Zinszahlungen verbunden, womit es liquiditätsschonend wirkt. Dass man Eigenkapital trotzdem nicht umsonst bekommt, wird im nächsten Kapitel begründet. Hauptmerkmal des Eigenkapitals ist also die unbefristete Laufzeit.

Eigenkapital begründet einen Leitungsanspruch

Der Eigenkapitalgeber hat noch einen anderen Gesichtspunkt im Auge: Eigenkapital begründet einen Leitungsanspruch. Die Eigenkapitalgeber haben grundsätzlich die Möglichkeit, das Unternehmen zu leiten.

> ### ▶ BEISPIEL: Leitungsanspruch aus Eigenkapital
>
> Je nach Rechtsform ist der Leitungsanspruch unterschiedlich ausgestaltet. Einzelkaufleute haben das alleinige Sagen in ihrem Unternehmen. Das gilt grundsätzlich auch für alle anderen Formen von Personengesellschaften. Bei Kapitalgesellschaften wird die Unternehmensführung an angestellte Personen oder Gremien übertragen, den Geschäftsführer oder den Vorstand. Sie sind für das operative Geschäft zuständig. Gleichzeitig sind sie jedoch abhängig Beschäftigte. Sie werden von den Gesellschaftern (GmbH) oder deren Vertretern (z. B. dem Aufsichtsrat einer AG) berufen. Die Entscheidungen über die Verwendung des Ergebnisses, aber auch über grundlegende strategische Entwicklungen werden vom Aufsichtsrat als dem Vertreter der Eigentümer getroffen.

Das Stimmrecht der Eigentümer steht in direktem Zusammenhang mit ihren Anteil am Eigenkapital.[8]

> ### ▶ BEISPIEL: Stimmrechte in der GmbH
>
> Die S&R GmbH hat ein Stammkapital von 90.000 EUR, wovon Herr Schall 60.000 EUR eingezahlt hat, Herr Rauch 30.000 EUR. Damit hat Herr Schall zwei Drittel der Stimmrechte, Herr Rauch ein Drittel.

> ### ▶ BEISPIEL: Stimmrechte in der Aktiengesellschaft
>
> Eine Aktiengesellschaft muss mindestens einmal im Jahr eine Hauptversammlung einberufen, zu der sämtliche Aktionäre eingeladen werden. Wesentliche Entscheidungen, so z. B. alle Entscheidungen zu Kapitalmaßnahmen (beispielsweise zu einer Kapitalerhöhung) oder zur Verwendung des Jahresergebnisses werden von der Hauptversammlung getroffen.

---

[8] Eine Ausnahme bilden hier die Genossenschaften, bei denen jedes Mitglied unabhängig von der Anzahl der erworbenen Genossenschaftsanteile *eine* Stimme hat.

Weiß man, dass in den großen Aktiengesellschaften das Grundkapital zumeist auf mehrere Millionen Aktien verteilt ist, kann man sich allerdings auch ausrechnen, dass ein einzelner Aktionär mit nur wenigen Aktien kaum einen Einfluss auf die getroffenen Entscheidungen hat.

Grundsätzlich gilt also: Das Eigenkapital gewährt einen quotalen Anspruch darauf, wesentliche Entscheidungen für das Unternehmen zu treffen. Die Frage, inwieweit sich dieser Leitungsanspruch auch auf das operative Geschäft bezieht, ist abhängig von der Rechtsform des Unternehmens.

Eigenkapital begründet weitere quotale Ansprüche
Die wesentlichen Ansprüche, die durch das Eigenkapital noch begründet werden, sind die Ansprüche der Eigenkapitalgeber auf

- den Gewinn,
- die Rücklagen und
- den Liquidationserlös, wenn das Unternehmen aufgelöst wird.

Diese Ansprüche sind in der Regel quotal, das heißt, abhängig vom Anteil des jeweiligen Eigenkapitalgebers am gesamten eingezahlten Eigenkapital. Das gilt übrigens auch für Genossenschaften.

Eigenkapital ist Risikokapital
Verluste mindern zuallererst das Eigenkapital. Damit schützt das Eigenkapital die Ansprüche der Fremdkapitalgeber. Selbst bei einer Insolvenz sind die Ansprüche der Eigenkapitalgeber nachrangig gegenüber den Ansprüchen der Fremdkapitalgeber. Eigenkapitalgeber tragen damit ein nicht zu unterschätzendes Risiko, das Risiko eines Totalverlusts ihrer Einlage.

▶ **BEISPIEL: Minderung des Eigenkapitals durch Verluste**

Die S&R GmbH hat ein bilanzielles Eigenkapital (Stammkapital und Rücklagen) von 120.000 EUR. Kredite von 150.000 EUR stehen ihr ebenfalls zur Verfügung. Leider mussten die Gesellschafter Schall und Rauch feststellen, dass im vergangenen Jahr ein Jahresfehlbetrag von 15.000 EUR erwirtschaftet wurde. Dieser Verlust wird ausgebucht, indem die Rücklagen um 15.000 EUR reduziert werden. Die Kredite bleiben unverändert.

> **! ACHTUNG: Wann ist der Verlust entstanden?**
>
> Ein Verlust entsteht nicht mit der Aufstellung des Jahresabschlusses, sondern wurde im Laufe des vergangenen Geschäftsjahres erwirtschaftet. Das buchtechnische Reduzieren der Rücklagen ist nur ein Nachvollziehen dieser in der Vergangenheit liegenden Vorgänge.
>
> Eine Ausbuchung zu Lasten des Eigenkapitals ist so lange möglich, wie noch Eigenkapital vorhanden ist. Ist es verbraucht, muss neues Eigenkapital von außen zugeführt werden, ansonsten wäre das Unternehmen überschuldet und damit insolvent.

„Belohnung" der Eigenkapitalgeber

Eigenkapitalgeber erhalten keine regelmäßige Verzinsung. Ihr Nutzen besteht in dem ihnen zustehenden Gewinn. Das heißt aber auch: Wenn kein Gewinn erwirtschaftet wird, erhalten sie keinen Lohn für die Kapitalüberlassung. Bei Verlusten wird — wie oben dargestellt — Eigenkapital verbraucht.

4.1.2 Funktionen des Eigenkapitals

Eigenkapital ist eine Finanzierungsquelle

Auch Eigenkapital dient der Bereitstellung von Kapital für betriebliche Aufgaben. Darin unterscheidet es sich erst einmal nicht vom Fremdkapital.

> **▶ BEISPIEL: Finanzierungsfunktion**
>
> Wenn Sie nach der Gründung eines Unternehmens einen Transporter benötigen, werden Sie ihn wahrscheinlich kaufen. Die Frage, vor der Sie stehen, ist: Woher nehme ich das Geld? Angenommen, vom Gründungskapital sind noch 5.000 EUR auf dem Konto verblieben, dann können Sie dieses Geld für den Kauf des Transporters einsetzen. Die Restsumme können Sie nun beispielsweise über einen Kredit des Autohauses bezahlen. Das Fahrzeug wurde damit gemischt aus Eigen- und Fremdkapital finanziert. In beiden Fällen ist Kapital von außen in das Unternehmen geflossen, einmal von Ihnen als Eigentümer und einmal von der Bank des Autohauses in Form eines Kredits.

Gründungskapital

Um ein Unternehmen in Gang setzen zu können, wird Eigenkapital benötigt. Bei bestimmten Rechtsformen, nämlich den Kapitalgesellschaften GmbH und Aktiengesellschaft, ist die Einzahlung von einer gesetzlich vorgeschriebenen Mindestsumme[9] Stammkapital die rechtliche Voraussetzung, um das Unternehmen überhaupt ins Leben rufen zu können.

! **ACHTUNG: Bleibt das Gründungskapital auf einem Konto?**

Grundsätzlich könnten Sie das Kapital, das bei der Unternehmensgründung durch die Eigentümer eingezahlt wurde, auf einem betrieblichen Konto liegen lassen. Sie erhalten dafür Zinsen. Aber wirtschaftlich sinnvoll ist das nicht. Das von den Gründern eingebrachte Kapital soll im Unternehmen „arbeiten". Das bedeutet, dass es für die Anschaffung von Produktionsfaktoren verwendet wird, mit denen hoffentlich eine höhere Rendite erzielt wird, als bei der Geldanlage auf dem Bankkonto.

Eigenkapital haftet und sichert die Existenz

Wie bereits zuvor erörtert wurde, steht das Eigenkapital schützend vor dem von den Gläubigern zur Verfügung gestellten Fremdkapital. Bei Verlusten wird es zuerst aufgezehrt. Wenn kein Eigenkapital mehr vorhanden ist, ist das Reinvermögen (Reinvermögen ist das Gesamtvermögen abzüglich der Schulden, also des Fremdkapitals) des Unternehmens negativ. Die vorhandenen Vermögenswerte sind geringer, als die aufgelaufenen Schulden. In solch einer Situation muss eine Kapitalgesellschaft gezwungenermaßen Insolvenz anmelden.

Aus Sicht der Gläubiger erhöht sich also die Sicherheit, je mehr Eigenkapital vorhanden ist. Aber auch für den Eigentümer hat das Eigenkapital eine Schutzfunktion. Tritt nämlich der Fall einer Überschuldung ein, verliert er sämtliche Rechte an seinem Unternehmen. Der Insolvenzverwalter bekommt das Sagen im Unternehmen. Nur in dem unwahrscheinlichen Fall, dass nach Abschluss des Insolvenzverfahrens noch Vermögen übrig geblieben ist, steht das dem Eigentümer zu. Ein gutes Eigenkapitalpolster hat also auch eine Existenzsicherungsfunktion für den Eigentümer.

---

[9] Aktuell bei der GmbH 25.000 EUR, bei der Aktiengesellschaft 50.000 EUR.

Eigenkapital macht unabhängig

Eigenkapital begründet die Verfügungsgewalt über das Vermögen des Unternehmens. Es berechtigt, in Abhängigkeit von der Rechtsform, zur Leitung des Unternehmens, sichert also die Herrschaft.

TIPP: Wer hat das Sagen?

Eine alte Weisheit sagt: Wer die Musik bezahlt, bestimmt auch, was gespielt wird. Volle Verfügungsgewalt über das Unternehmen hat man nur, wenn es vollständig eigenfinanziert ist. Kredite schränken über Rückzahlungspflichten und andere Bedingungen die Handlungsspielräume der Eigentümer ein.

Die Frage, ob eine vollständige Finanzierung mit Eigenkapital auch wirtschaftlich sinnvoll ist, wird später noch genauer beleuchtet.

Eigenkapital ist die Voraussetzung für Kredite

Der Unternehmer ist nicht vollkommen frei in seiner Entscheidung, ob er Fremdkapital aufnimmt oder nicht. Gerade Gläubiger schätzen sehr genau die Risiken ab, die sie mit der Kapitalüberlassung eingehen. Sind sie der Meinung, dass die Eigenkapitaldecke zu kurz ist, dass also erhöhte Insolvenzgefahr besteht, werden sie keinen Kredit zur Verfügung stellen. Das Aufbringen einer angemessenen Höhe von Eigenkapital ist also die Voraussetzung dafür, überhaupt als kreditwürdig zu gelten.

Eigenkapital wirkt repräsentativ

Ein hohes Polster an Eigenkapital suggeriert Geschäftspartnern — also Kunden und Lieferanten, aber auch potenziellen gut qualifizierten Mitarbeitern — ein hohes Maß an Sicherheit. Das Unternehmen ist „gesund", damit kann es sich besser auf den Märkten durchsetzen.

BEISPIEL: Langfristige Lieferbeziehungen

Die S&R GmbH soll für einen Automobilhersteller ein wichtiges Zulieferteil fertigen. Der Abnehmer ist an einer langfristigen sicheren Beziehung interessiert. Er wird sich also, bevor er sich für einen der zur Auswahl stehenden Zulieferer entscheidet, über dessen wirtschaftliche Verhältnisse informieren.

Ähnlich ist die Situation auch aus Sicht der S&R GmbH: Sie stellt sich auf eine langfristige Lieferbeziehung ein und investiert ggf. in neue Anlagen. Es wäre fatal, würde der vertraglich langfristige Abnehmer (das Automobilunternehmen) bereits nach kurzer Zeit wegen Kapitalschwäche insolvent gehen. Die speziell für diesen Auftrag angeschafften Maschinen könnten nicht ausgenutzt, das geplante Ergebnis nicht erwirtschaftet werden. Ausreichend Eigenkapital lässt langfristige Lieferbeziehungen sicherer erscheinen.

Für ein gesundes Unternehmen ist es ebenfalls einfacher, qualifizierte Mitarbeiter zu finden. Wer mehrere Möglichkeiten hat, wird das Unternehmen wählen, von dem er annehmen kann, dass er sein Gehalt langfristig sicher bekommen wird.

4.2 Darstellung des Eigenkapitals in der Bilanz

Im Grunde ist es ganz einfach: Das Eigenkapital steht in der Bilanz auf der Passivseite, und zwar ganz oben. Da die Positionen der Passivseite (Kapitalherkunft) vom Grundsatz her nach der Dauer der Kapitalüberlassung geordnet sind, spiegelt diese Position wider, dass das Eigenkapital, wie bereits mehrfach verdeutlicht, zeitlich unbefristet zur Verfügung steht.

Beim genaueren Betrachten der Bilanz fällt aber auf, dass es diverse Unterpositionen gibt, das Eigenkapital also aus verschiedenen Teilen besteht. Darüber hinaus gibt es Unterschiede im Ausweis je nach Rechtsform.

Ausweis bei Personengesellschaften

Für die Gesellschafter einer Personengesellschaft werden Kapitalkonten geführt. Diese Konten weisen aus, wie hoch der Anteil des jeweiligen Gesellschafters am Nettovermögen ist. Bei einem Einzelkaufmann gibt es demnach nur einen Gesamtposten, bei mehreren Gesellschaftern wird für jeden Gesellschafter ein Konto geführt. Entnahmen verringern das Konto, Gewinne und Einlagen erhöhen es. Damit ist der Ausweis bei Personengesellschaften vom Grundsatz her einfach.

Ausweis bei Kapitalgesellschaften

Bei Kapitalgesellschaften erfolgt eine weitere Aufspaltung des Eigenkapitals in

- das gezeichnete Kapital (je nach Rechtsform Stammkapital oder Grundkapital genannt),
- die Kapitalrücklage,
- die Gewinnrücklagen, die wiederum unterteilt sind in
- gesetzliche Rücklagen,
- satzungsmäßige Rücklagen,
- sonstige Gewinnrücklagen,
- den Gewinnvortrag,
- den Verlustvortrag (als Abzugsposition),
- den Jahresfehlbetrag (als Abzugsposition).

All das zusammen ist das bilanzielle Eigenkapital (Common Equity).

Was steht nun hinter den einzelnen Positionen?

Gezeichnetes Kapital

Kapitalgesellschaften benötigen ein bestimmtes Stammkapital, um überhaupt die Rechtsfähigkeit zu erlangen. Darauf wurde im vorigen Kapitel bereits hingewiesen. Die Höhe des Stammkapitals — der Gesetzgeber legt nur die Mindestsumme fest — wird im Gesellschaftsvertrag der GmbH bzw. in der Satzung der Aktiengesellschaft festgelegt. Dieses Kapital ist durch die Gesellschafter „gezeichnet", sie bringen es in das Unternehmen ein.

> **!** **ACHTUNG: Stamm- oder Grundkapital?**
>
> Bei einer *GmbH* wird das gezeichnete Kapital zumeist als *Stammkapital*, bei einer *Aktiengesellschaft* als *Grundkapital bezeichnet*. Das sind lediglich unterschiedliche Begriffe für einen wirtschaftlich gleichen Sachverhalt.

Kapitalrücklage

Erwirbt man Anteile an einem Unternehmen (in der Regel Aktien, grundsätzlich ist das aber auch bei GmbH-Anteilen möglich), zahlt man fast immer für einen Anteil (eine Aktie) mehr, als den Nennwert. Dieser, den Nennwert übersteigende Aufschlag wird der Kapitalrücklage zugeführt.

● **TIPP: Die Rechnung der Aktionäre**

Wer eine Aktie mit dem Nominalwert von 1 EUR für 6 EUR kauft, macht beispielsweise die folgende Rechnung auf:

Einsatz:	6,00 EUR
erwartete Dividende:	0,60 EUR
erwarteter Kurs nach einem Jahr:	6,50 EUR

Damit ergibt sich eine erwartete Rendite von gut 18 Prozent. Ob sie allerdings tatsächlich eintritt, weiß man erst nach einem Jahr.

▶ **BEISPIEL: Entstehung der Kapitalrücklage**

Das gezeichnete Kapital der Schwarzpulver AG beträgt 200 Mio. EUR, aufgeteilt auf 200 Mio. Stückaktien. Damit hat jede Aktie einen rechnerischen Wert von 1 EUR. Die Gesellschaft soll an die Börse gebracht werden. Eine Marktanalyse besagt, dass der angemessene Preis für eine Aktie bei 6 EUR liegt. Mit diesem Wert erfolgt der Börsengang.

Die Zeichner der Aktien müssen pro Aktie also 6 EUR zahlen. Diese 6 EUR entsprechen dem anteiligen tatsächlichen Marktwert der AG.

Damit erhält die Gesellschaft aus dem Börsengang 1.200 Mio. EUR (200 Mio. Aktien à 6 EUR) gutgeschrieben. Die Kosten des Börsengangs sollen hier einmal unberücksichtigt bleiben.

Wie sieht nun das Eigenkapital in der Bilanz aus?

Gezeichnetes Kapital:	200 Mio. EUR
Kapitalrücklage:	1.000 Mio. EUR

Die Kapitalrücklage entsteht also aus einem Aufschlag (Agio), den die Zeichner der Aktie, also die künftigen Aktionäre, zu zahlen bereit sind. Es wird Kapital von außen zugeführt, demzufolge handelt es sich um eine Form der *Außenfinanzierung*.

Gewinnrücklage

Alle Gewinnrücklagen werden aus Gewinnen gespeist, die nicht ausgeschüttet werden. Die Bildung der Gewinnrücklagen ist also eine Form der *Innenfinanzierung*.

Bei der **gesetzlichen Rücklage** handelt es sich um eine Art „Zwangsthesaurierung" von Gewinnen, die in § 150 Abs. 2 des Aktiengesetzes definiert ist. Danach haben Aktiengesellschaften und Kommanditgesellschaften auf Aktien solange 5 Prozent aus dem (um einen etwaigen Verlustvortrag geminderten) Jahresüberschuss in die gesetzliche Rücklage einzustellen, bis die gesetzliche Rücklage zusammen mit der Kapitalrücklage 10 Prozent des Grundkapitals erreicht. Damit soll verhindert werden, dass sämtliche Gewinne ausgeschüttet werden und die Aktiengesellschaft nach und nach ausgehöhlt wird. Die gesetzliche Rücklage dient also letztlich dem Schutz der Gläubiger.

Jeder Gesellschaft steht es frei, eine inhaltlich ähnliche Regelung in ihren Gesellschaftsvertrag aufzunehmen. Hat sie das getan, werden die entsprechenden Gewinnanteile der **satzungsmäßigen Rücklage** zugeführt.

> ▶ **BEISPIEL: Satzungsmäßige Rücklage**
>
> Solch ein Passus könnte beispielsweise lauten: „Fünfzig vom Hundert eines Jahresüberschusses werden generell in die Rücklagen eingestellt. Die Hauptversammlung kann nur über die Verwendung des darüber hinausgehenden Anteils entscheiden."

Fehlt ein entsprechender Passus in der Satzung der Kapitalgesellschaft, gibt es auch keine satzungsmäßigen Rücklagen.

In die **sonstigen Gewinnrücklagen** werden die Teile des Jahresüberschusses eingestellt, die nicht ausgeschüttet oder auf neue Rechnung vorgetragen werden. Die Entscheidung darüber treffen die Eigentümer auf der Hauptversammlung (AG) bzw. auf einer Gesellschafterversammlung (GmbH).[10]

> ● **TIPP: Interpretation der Gewinnrücklagen**
>
> Das Vorhandensein von Gewinnrücklagen verdeutlicht, dass das Unternehmen bereits einmal Gewinn gemacht haben muss. Nicht ersichtlich ist jedoch, wann und in welcher Höhe das geschehen ist.

---

[10] Die bisher darüber hinaus bekannte „Rücklage für eigene Anteile" wurde mit dem Gesetz zur Modernisierung des Bilanzrechts – Bilanzrechtsmodernisierungsgesetz (BilMoG) im Jahr 2009 durch neue Regelungen ersetzt.

Keine vorhandenen Gewinnrücklagen können unterschiedlich interpretiert werden: Entweder hat das Unternehmen tatsächlich noch keinen Gewinn erwirtschaftet, oder es trifft einer der folgenden Sachverhalte zu: a) Erwirtschaftete Gewinne wurden komplett ausgeschüttet. b) Ursprünglich gebildete Gewinnrücklagen wurden durch Verluste wieder aufgebraucht.

Gewinnvortrag

Neben dem Einstellen von erwirtschafteten Überschüssen in die Gewinnrücklagen steht es den Gesellschaftern auch frei, den Jahresüberschuss oder Teile davon „auf neue Rechnung vorzutragen" – es wird ein Gewinnvortrag gebildet. Dieser Gewinnvortrag wird auf einem Buchungskonto gespeichert und dann zum Jahresergebnis des folgenden Jahres addiert, was den Bilanzgewinn ergibt.

Verlustvortrag und Jahresfehlbetrag

Ein im Geschäftsjahr erwirtschafteter Verlust wird als Jahresfehlbetrag bezeichnet. Er wird entweder gegen eine Reduzierung bestehender Gewinnrücklagen oder durch Verrechnung mit einem bestehenden Gewinnvortrag ausgebucht. Ähnlich wie beim Gewinnvortrag kann aber auch ein Verlustvortrag auf neue Rechnung vorgenommen werden – man beginnt also faktisch das neue Geschäftsjahr bereits mit einem Verlust.

Solch ein Verlustvortrag mindert natürlich das Eigenkapital, muss also vom sonstigen Eigenkapital abgezogen werden. Ähnlich ist die Situation, wenn noch nicht darüber entschieden wurde, was mit einem Jahresfehlbetrag geschehen soll – Kürzung von Gewinnrücklagen oder Verlustvortrag. Auch hier muss der Fehlbetrag vom Eigenkapital abgezogen werden.

► **BEISPIEL: Verrechnung von Verlustvorträgen**

Die S&R GmbH weist die folgenden Eigenkapitalpositionen aus:

Gezeichnetes Kapital:	50.000 EUR
Kapitalrücklage:	10.000 EUR
Gewinnrücklagen:	0 EUR
Verlustvortrag:	1.500 EUR
Bilanzielles Eigenkapital gesamt:	58.500 EUR

Im laufenden Geschäftsjahr erwirtschaftet die S&R GmbH einen Jahresüberschuss nach Steuern von 10.500 EUR.
Der Bilanzgewinn errechnet sich: 10.500 EUR — 1.500 EUR = 9.000 EUR. Werden diese 9.000 EUR nicht ausgeschüttet, sondern in die Gewinnrücklagen eingestellt, beträgt das bilanzielle Eigenkapital nun 69.000 EUR.

Nun fragen Sie sich vielleicht, worin der Sinn dieser Aufspaltung des bilanziellen Eigenkapitals besteht. Die unterschiedlichen Positionen hängen mit den Verwendungsmöglichkeiten zusammen:

Gewinnvorträge werden einfach mit dem nächsten Jahresergebnis verrechnet. Besteht beispielsweise ein Gewinnvortrag von 10.000 EUR und das neue Jahresergebnis ist ein Fehlbetrag von 8.000 EUR, wird immer noch ein Bilanzgewinn von 2.000 EUR ausgewiesen. Das Management benötigt keinen neuen Beschluss der Haupt- bzw. Gesellschafterversammlung.

Gewinnrücklagen können grundsätzlich genutzt werden,

- um Verluste auszugleichen, aber auch,
- um Gewinne auszuschütten (Dividenden zu zahlen).

Der Hintergrund: Es handelt sich um Gewinne, die grundsätzlich auch im Jahr der Entstehung hätten ausgeschüttet werden können. Das kann man nun nachholen, z. B. um den Gesellschaftern eine über die Jahre gleichmäßige Dividendenzahlung zu sichern. Allerdings ist hierzu ein Beschluss der Hauptversammlung erforderlich.

Kapitalrücklagen dürfen nicht mehr zur Ausschüttung verwendet werden. Es handelt sich um Kapital, das der Gesellschaft von den Gesellschaftern zeitlich unbefristet zur Verfügung gestellt wurde; demzufolge darf es nicht zurückgezahlt werden.

Das gezeichnete Kapital kann ebenfalls nur zum Ausgleich von Verlusten herangezogen werden, und zwar erst dann, wenn alle anderen Eigenkapitalpositionen aufgebraucht wurden. Eine Herabsetzung außerhalb des Verlustausgleichs ist nur im Rahmen eines aufwendigen Verfahrens möglich, bei dem u. a. sämtliche Gläubiger zustimmen müssen.

Fazit zum bilanziellen Ausweis des Eigenkapitals
Je weiter „oben" das Eigenkapital steht, umso sicherer ist es an das Unternehmen gebunden, umso höher sind die Hürden, die für eine Auszahlung aus dem Unternehmen genommen werden müssen.

4.3 Der Wert des Eigenkapitals

4.3.1 Eigenkapital ist nicht kostenlos zu bekommen

Anders als beim Fremdkapital sind an die Eigenkapitalgeber nicht regelmäßig Zinsen zu zahlen bzw. ist das Eigenkapital nicht in Form von Tilgungen zur Rückzahlung fällig. Das bedeutet aber nicht, dass Eigenkapitalgeber ihr Kapital dem Unternehmen ohne Gegenleistung zur Verfügung stellen. Sie erwarten eine Rendite, die in etwa das mit der Kapitalüberlassung verbundene Risiko honoriert.

▶ **BEISPIEL: Eigenkapitalkosten**

Herr Schall steckt seine Ersparnisse i. H. v. 20.000 EUR in die S&R GmbH. Zuvor hatte er das Geld auf einem Termingeldkonto bei der örtlichen Sparkasse, verzinst mit 2,0 Prozent im Jahr. Durch die Investition in die GmbH muss er diese 2 Prozent kompensieren. Darüber hinaus geht er ein höheres Risiko ein, ist die Wahrscheinlichkeit, dass seine Unternehmensbeteiligung nicht funktioniert, doch höher, als die Wahrscheinlichkeit, dass er seine Sparanlage nicht wiederbekommt. Für dieses Risiko erwartet er einen zusätzlichen Ausgleich i. H. v. 3 Prozent. Seine Gesamterwartung an die Rendite liegt deshalb bei 5 Prozent im Jahr.

! **ACHTUNG: Renditeerwartung**

Es handelt sich hier um eine Rendite*erwartung*, nicht um eine wirkliche Rendite. Diese lässt sich erst feststellen, wenn das Investment abgeschlossen oder zumindest eine bestimmte Zeit des Investments abgelaufen ist.

Auch wenn keine regelmäßigen Zinszahlungen an die Eigenkapitalgeber erforderlich sind, gilt doch: Werden ihre Renditeerwartungen über einen längeren Zeitraum nicht erfüllt, werden sie über kurz oder lang das Investment beenden.

● TIPP: Kalkulation der Eigenkapitalkosten

Macht der Eigenkapitalgeber die obige Rechnung selbst auf, wird er unter dem Aspekt wirtschaftlicher Vernunft nicht in (s)ein Unternehmen investieren, wenn er dort eine geringere Rendite erzielt, als bei einer Alternative mit ähnlichem Risiko.

Handelt ein angestelltes Management (Vorstand, Geschäftsführer) muss es damit rechnen, dass die Eigentümer das Unternehmen verkaufen, schließen, umstrukturieren oder das Management entlassen, wenn ihre Renditeziele nachhaltig verfehlt werden.

4.3.2 Technik des Auf- und Abzinsens

Bei allen Kapitalbewegungen und den damit verbundenen Cashflows sind nicht nur die Höhe der Beträge, sondern auch die Zeitpunkte der Zahlungen entscheidend. Man kann sich leicht vorstellen, dass einem eine Zahlung, die man in einem Jahr leisten muss, nicht so sehr unter den Nägeln brennt, wie eine Zahlung, die heute fällig ist. Man könnte heute beispielsweise einen kleineren Betrag bei einem Kreditinstitut anlegen, der bis zum Zahlungszeitpunkt in einem Jahr durch die Zinsen auf den dann fälligen Betrag angewachsen ist.

▶ BEISPIEL: Aufzinsen bei einem Zinssatz von 5 Prozent

Angenommen, Sie müssen in einem Jahr 1.000 EUR zahlen. Wenn Sie Geld für ein Jahr zu einem Zinssatz von 5 Prozent anlegen können, reicht Ihnen heute ein Bargeldbetrag von 952,38 EUR aus. Verzinst mit 5 Prozent ergibt er in einem Jahr die benötigten 1.000 EUR.

Genau wie dieses Aufzinsen, nur mit anderem Vorzeichen, funktioniert das oben erwähnte Abzinsen. Stellen Sie sich nun vor, Sie erhalten in einem Jahr 1.000 EUR, hätten das Geld aber gern schon heute. Also nehmen Sie einen

Kredit auf. Ohne groß darüber nachzudenken, möchten Sie 1.000 EUR von der Bank haben. Nach einem Jahr erhalten Sie ja die oben erwähnten 1.000 EUR, mit denen Sie den Kredit zurückzahlen wollen.

Bei dieser Überlegung haben Sie aber eines vergessen: die Zinsen. In einem Jahr sind 1.000 EUR Rückzahlung und 50 EUR Zinsen fällig. Wollen Sie wissen, wie hoch der Kredit maximal sein darf, damit die Zahlungen in einem Jahr genau aufgehen, müssen Sie diese künftige Zahlung auf den heutigen Tag abzinsen. Damit sind Sie wieder bei den 952,38 EUR aus dem obigen Beispiel.

Wollen Sie wissen, welchen Wert eine zukünftige Zahlung bezogen auf heute hat, berechnen Sie den „Barwert einer künftigen Zahlung" durch abzinsen. Sie bestimmen auf diese Weise den aktuellen Bargeldbetrag, der dieser Zahlung entspricht.

▶ **BEISPIEL: Abzinsen bei einem Zinssatz von 5 Prozent**

Angenommen, Sie erwarten in einem Jahr eine Zahlung von 1.000 EUR und in zwei Jahren nochmals eine Zahlung von 700 EUR. Welchen Barwert haben diese Zahlungen?

Zur ersten Zahlung

Sie rechnen: 1.000 EUR : (1 + 0,05) = 952,38 EUR.

Zur zweiten Zahlung

Hier müssen Sie die Zinsen und Zinseszinsen über zwei Jahre berechnen: 700 EUR : $(1 + 0,05)^2$ = 700 EUR : 1,1025 = 634,92 EUR.

Die insgesamt 1.700 EUR, verteilt auf zwei Jahre, sind also genauso viel wert wie 1.587,30 EUR heute bar in die Hand.

Diese Technik des Auf- und Abzinsens ist für die Beurteilung von Zahlungen immens wichtig.

4.3.3 Der Bilanzwert des Eigenkapitals

Der bilanzielle Wert des Eigenkapitals kann ohne Weiteres aus der Bilanz abgelesen werden. Er ermittelt sich aus der Differenz von Gesamtvermögen (also der Bilanzsumme) und Schulden (der Fremdkapitalsumme). Es stellt sich die Frage: Ist dieser Wert real?

Real wäre er dann, wenn sämtliche Vermögenswerte in der Bilanz exakt mit ihrem wirtschaftlichen Wert angesetzt wären. Bei genauerem Überlegen stellt man aber fest, dass das kaum möglich ist. Für die Wertansätze in der Bilanz gelten bestimmte Regeln. Diese Regeln machen zwar eine ungefähr richtige Bewertung möglich, sind aber gleichzeitig immer mit bestimmten Zielsetzungen verbunden.

TIPP: Vorsichtsprinzip nach HGB

Das im Handelsgesetzbuch verankerte Vorsichtsprinzip sieht u. a. vor, dass Wirtschaftsgüter maximal mit ihren Anschaffungskosten aktiviert werden können. Im Anlagevermögen werden von diesem Wert jährlich die Abschreibungen abgezogen. Aus Vorsichtsgründen gilt weiterhin: Drohende Wertverluste, z. B. wegen eines Preisverfalls auf dem Weltmarkt, müssen wertmindernd berücksichtigt werden. Erwartete Gewinne, z. B. durch Preissteigerungen, dürfen jedoch so lange nicht in die Betrachtung eingehen, wie das Wirtschaftsgut nicht zum höheren Preis veräußert wurde. Das führt dazu, dass Vermögenswerte tendenziell zu niedrig ausgewiesen werden, was wiederum das ausgewiesene Eigenkapital geringer erscheinen lässt.

Nun kann man in gewissen Grenzen „Bilanzpolitik" betreiben, indem man drohende Wertverluste mehr oder weniger stark berücksichtigt. Damit ist der Bilanzwert des Eigenkapitals zwar ein Anhaltspunkt, aber nicht unbedingt identisch mit dem tatsächlichen Wert, dem Marktwert des Eigenkapitals.

ACHTUNG: Internationale Rechnungslegungsvorschriften

Die internationalen Rechnungslegungsvorschriften (z. B. IFRS oder US-GAAP) gehen nicht vom Vorsichtsprinzip, sondern vom Prinzip des fairen Werts (*Fair Value*) aus. Der Fair Value wird definiert als der aktuelle Marktwert des Wirtschaftsguts, also als die Summe, die ich bekäme, wenn ich das Wirtschaftsgut jetzt verkaufen würde. Aber auch dieses Vorgehen löst das Problem nicht wirklich, sind doch die angesetzten Marktwerte zumeist auch nur geschätzt. Den *tatsächlichen* Marktwert kann ich nur durch einen tatsächlichen Verkauf ermitteln, nur: Dann müsste ich das Unternehmen auflösen.

Wir können also konstatieren: Der bilanzielle Wert des Eigenkapitals ist eine wichtige Größe zur Bestimmung von Finanzkennzahlen und zur Beurteilung von Unternehmen, jedoch sollte man sich davor hüten anzunehmen, exakt diese Summe wäre auf dem Markt erzielbar.

4.3.4 Der Marktwert des Eigenkapitals

Stellen wir uns nun vor, ein Eigentümer möchte seinen Anteil am Unternehmen verkaufen. Damit stellt sich die Frage, zu welchem Preis das möglich wäre.

Börsennotierte Unternehmen
Bei Aktiengesellschaften, deren Aktien an der Börse gehandelt werden, ist das relativ einfach. Man kann jederzeit die sog. Börsenkapitalisierung (auch Marktkapitalisierung genannt) bestimmen, indem man den aktuellen Aktienkurs mit der Anzahl der Aktien multipliziert.

> ▶ **BEISPIEL: Börsenkapitalisierung BASF**
> Der Geschäftsbericht des BASF-Konzerns weist für das Jahr 2010 bei 918.479.000 ausgegebenen Aktien ein Eigenkapital von 22,568 Mrd. EUR aus. Die Börsenkapitalisierung, also der Kurswert der Aktie ausmultipliziert mit der Gesamtzahl der Aktien, ergibt zum gleichen Zeitpunkt einen Wert von ca. 54,8 Mrd. EUR, also knapp das Zweieinhalbfache.

Untersucht man diesen Zusammenhang bei vielen Unternehmen, lässt sich kein einheitliches Muster erkennen. Woran liegt das?

Der Börsenkurs und damit die Börsenkapitalisierung sind von Angebot und Nachfrage abhängig, und diese wiederum von den Zukunftsaussichten, die Käufer und Verkäufer mit der Aktie verbinden. Damit ergibt sich zwar immer ein aktueller Marktwert, der aber nicht unbedingt objektiv verursacht, sondern durch subjektive Erwartungen geprägt ist.

⬤ **TIPP: Börsenkapitalisierung ≠ bilanzielles Eigenkapital**

Ist die Börsenkapitalisierung größer als das bilanzielle Eigenkapital, lässt das auf stille Reserven (das Vermögen ist auf dem Markt eigentlich mehr wert) schließen. Im umgekehrten Fall kann man davon ausgehen, dass hinsichtlich der Zukunftsaussichten Bedenken bestehen.

Nicht börsennotierte Unternehmen

Die übergroße Mehrzahl der Unternehmen ist nicht an der Börse notiert. Damit fällt der Börsenkurs als Maßstab für den Wert des Eigenkapitals aus. Wie kann man in solch einem Fall vorgehen?

Folgende Überlegungen sind anzustellen:

- Der Wert des Eigenkapitals ist für den Eigenkapitalgeber umso höher, je höher sein Nutzen aus dem Unternehmen ist.
- Dieser Nutzen spiegelt sich in den Zahlungen wider, die der Eigentümer aus dem Unternehmen künftig erhalten wird (sog. Eigentümercashflow).[11]
- Diese Zahlungen sind Dividenden oder andere Ausschüttungen. Zumeist gibt es keinen festen Anlagehorizont, also keinen begrenzten Zeitraum, in dem die Beteiligung gehalten wird. Also geht man von Zahlungen „bis ins Unendliche" aus.
- Soll das Investment zu einem bestimmten Zeitpunkt beendet werden, muss man den ungefähren Betrag schätzen, der dann durch den Verkauf des Unternehmens erlöst werden wird.
- All diese Zahlungen werden auf den heutigen Tag abgezinst.

Jetzt stellt sich noch die Frage, welchen Zinssatz man ansetzen sollte. Dazu ist die folgende Überlegung sinnvoll: Es handelt sich um Eigenkapital, also wird sich der Eigenkapitalgeber überlegen, was er mit seinem Kapital anfangen könnte, wenn er es nicht in das Unternehmen investiert. Unter wirtschaftlichen Gesichtspunkten wird er es anlegen. Nimmt man an, dass es eine risikolose Anlagemöglichkeit gäbe, wird man diesen Zinssatz auf jeden Fall

---

[11] Andere Zielsetzungen, wie ethische Motive, Machtstreben, Selbstverwirklichung usw., spielen in dieser Betrachtung keine Rolle, weil sie in aller Regel nicht quantifizierbar sind.

erzielen wollen. In der Praxis geht man davon aus, dass Bundesanleihen mit einer vergleichbaren Laufzeit risikolos sind. Das stimmt zwar nicht ganz, aber das mit Bundesanleihen verbundene Risiko kann man für diese Rechnung vernachlässigen.

Mit der Investition in ein Unternehmen geht man aber ein Risiko ein. Man weiß nicht, in welcher Höhe ein Gewinn erwirtschaftet werden wird, ja nicht einmal, ob überhaupt ein Gewinn entsteht. Für dieses Risiko kann man eine sog. Risikoprämie erwarten, sodass die Renditeerwartungen des Kapitalgebers auf jeden Fall über dem vergleichbaren Zinssatz der Bundesanleihen liegen werden.

Es gibt verschiedene Ansätze, die Höhe dieser Risikoprämie zu bestimmen. Der bekannteste ist das Capital Asset Pricing Model (CAPM). Diese Kapitalmarktmodelle zu erläutern, geht aber über den Rahmen dieses Buches hinaus.[12]

Die Summe sämtlicher abgezinster Zahlungen ist letztlich der Wert des Eigenkapitals.

! ACHTUNG: Genauigkeit des Ergebnisses

Der auf die oben vorgestellte Art und Weise berechnete Wert des Eigenkapitals kann wiederum nur ein Anhaltspunkt sein. Zum einen sind die zugrunde gelegten Cashflows Zukunftswerte mit allen Unsicherheiten, die damit verbunden sind. Zum anderen ist auch der Zinssatz, mit dem abgezinst wird, subjektiv geprägt. Zwar entspricht er rein theoretisch einer alternativen Anlagemöglichkeit mit gleichem Risiko, allerdings kann die Risikoeinschätzung auch nur ungefähr getroffen werden.

---

[12] Eine gute und verständliche Darstellung findet man in: Gräfer et al.: Finanzierung. Berlin 2008, S. 249–274.

4.4 Die Rolle von Finanzintermediären

Abschließend zum Eigenkapital wollen wir noch kurz beleuchten, wie Eigenkapital akquiriert werden kann.

Direkte Beteiligung

Die direkte Beteiligung an Unternehmen ohne Beteiligung Dritter ist typisch für die Beteiligung an mittelständischen Unternehmen.

 BEISPIEL: Direkte Beteiligung

1. Die Herren Schall und Rauch gründen gemeinsam die S&R GmbH, an der sie jeweils 20.000 EUR halten.
2. Frau Müller tritt in die Wohnungsgenossenschaft „Neue Mitte" ein und erwirbt 60 Genossenschaftsanteile à 15.00 EUR. Laut Satzung der Genossenschaft wird ihr innerhalb von 18 Monaten eine Zweizimmerwohnung zur Verfügung gestellt.

Eine direkte Beteiligung setzt also voraus, dass derjenige, der Kapital einsetzen will, auch weiß, wer Kapital benötigt und umgekehrt. Bei der Gründerpersönlichkeit selbst ist das gegeben. Der Existenzgründer weiß, dass das zu gründende Unternehmen eine bestimmte Menge Kapital benötigt, und stellt es aus seinem Privatvermögen zur Verfügung. Gegebenenfalls sucht er sich noch Mitgesellschafter.

Will man in ein bestehendes Unternehmen eintreten, ist das nicht immer ohne Weiteres möglich. Typisch ist das bei einer Genossenschaft, die permanent Mitglieder aufnimmt, kaum möglich indes bei einer bestehenden GmbH.

Finanzintermediäre

Bei großen Unternehmensbeteiligungen werden in aller Regel Finanzintermediäre einbezogen. Was ist darunter zu verstehen?

 BEISPIEL: Finanzintermediäre

Die TS Beteiligungs-AG ist darauf spezialisiert, sich an mittelständischen Unternehmen in Thüringen zu beteiligen. Nach einem Zeitraum von ca. 5

Jahren sollen diese Beteiligungen gewinnbringend wieder veräußert werden. Doch woher erfährt die Gesellschaft, welche Unternehmen solche Beteiligungen suchen?

Unter anderem um diesem Informationsdefizit abzuhelfen, gibt es wiederum Unternehmen, die sich darauf spezialisiert haben, Kapitalangebot und Kapitalnachfrage zusammenzubringen — die Finanzintermediäre.

! **ACHTUNG: Finanzintermediäre**

Unter Finanzintermediären versteht man Vermittler zwischen Kapitalanbietern und Kapitalnachfragern. Sie liegen also „in der Mitte" zwischen den beiden entscheidenden Akteuren. Sie ermöglichen und/oder erleichtern demnach eine indirekte Geldanlage. In unserem Fall besteht die indirekte Geldanlage in der Beteiligung an einem Unternehmen.

Welche Funktionen haben Finanzintermediäre?

- Finanzintermediäre sammeln, verarbeiten, verteilen Informationen, die für den Kapitalverkehr wichtig sind. Beispiele dafür sind
- Marktanalysen,
- Unternehmensbewertungen.
- Finanzintermediäre haben eine Servicefunktion. Sie führen die Transaktionen aus, z. B. in Form des Zahlungsverkehrs.
- Finanzintermediäre haben eine Transformationsfunktion. Das heißt: Sie sorgen dafür, dass unterschiedliche Volumina, unterschiedliche Terminvorstellungen und Laufzeiten in Übereinstimmung gebracht werden.

▶ **BEISPIEL: Mengen- und Fristentransformation**

Ein Unternehmen benötigt mehrere Mio. Euro, dagegen stehen diverse Anleger mit Anlagebeträgen zwischen 1.000 und 15.000 EUR. Der Finanzintermediär — in unserem Fall ist es ein Fonds — sammelt die Gelder der Anleger und stellt sie dem Unternehmen durch den Kauf von Aktien zur Verfügung (Mengentransformation). Anleger können aus dem Investment wieder aussteigen, indem sie ihre Fondsanteile zurückgeben. Die Fondsgesellschaft wird neue Anleger suchen, sodass das kurzfristige Investment der Anleger zu einer langfristigen Beteiligung am Unternehmen transformiert wird (Fristentransformation).

Damit ist klar, was unter Finanzintermediären verstanden werden kann: Banken, Versicherungen, Fonds, Finanzmakler usw. Speziell dann, wenn es sich um größere Summen handelt, ist ihre Mitwirkung unverzichtbar. Sie ermöglichen es Investoren, ihr Kapital in Form von Eigenkapital (Beteiligungen) in Unternehmen zu investieren, was wiederum im Sinne der Unternehmen ist, die Eigenkapital suchen.

Eine exakte Abgrenzung zwischen einem Investor und einem Finanzintermediär ist nicht immer eindeutig möglich.

► **BEISPIEL: Investor bzw. Finanzintermediär**

Der Hedgefonds JP Abend sammelt von Pensionsfonds und anderen institutionellen Anlegern große Summen Geld ein. Oft handelt es sich dabei um Summen im oberen dreistelligen Millionenbereich oder auch um Milliarden. Mit diesen Geldern beteiligt er sich an großen Unternehmen. Das kann eine komplette Übernehme des Unternehmens sein, aber auch eine Minderheitenbeteiligung.
Im Verhältnis zum übernommenen Unternehmen tritt er damit als Investor auf. Er bedient sich dabei der Unterstützung einer Investmentbank, die wiederum die klassische Funktion eines Finanzintermediäres (zwischen dem Hedgefonds und dem übernommenen Unternehmen) einnimmt.

Anders als die Gründer kleinerer und mittelständischer Unternehmen verfolgen Finanzinvestoren andere Zwecke. Ein Existenzgründer oder ein Mittelständler, der sein Unternehmen erweitern will, sucht eine langfristige Möglichkeit, für sich und seine Familie den Lebensunterhalt zu sichern. Er ist bereit, für langfristige Sicherheit auch auf eine Spitzenrendite zu verzichten.

Anders ist die Motivation von reinen Finanzinvestoren. Ihnen geht es um eine rentable Geldanlage. Das Unternehmen selbst ist ihnen nur ein Mittel zum Zweck und eigentlich ist es den Finanzinvestoren egal, was im von Ihnen gekauften Unternehmen hergestellt wird.

Allerdings ist das reine taktische Finanzinteresse nicht immer allein ausschlaggebend. In manchen Fällen werden auch strategische Ziele verfolgt. Grundsätzlich kann man die Motive von Finanzinvestoren also einteilen in

- Taktische Gründe
- Investitionen aus taktischen Gründen entsprechen der reinen Finanzanlage. Ihr Zeithorizont ist kurz und die Investoren sind auf eine schnelle Wertsteigerung ihrer Investition aus. Diese Motivation liegt z. B. bei Privatanlegern oder auch bei Hedgefonds vor.
- Strategische Gründe
- Investoren, die aus strategischen Gründen investieren, sind unternehmerisch orientiert. Ihr Zeithorizont ist deutlich länger und die Zielsetzungen liegen auf einer sachlichen Ebene, z. B. eine Sperrminorität bei einer Aktiengesellschaft zu erlangen oder über eine Mehrheit inhaltliche Entscheidungen eines Unternehmensmanagements zu beeinflussen. Es handelt sich also um sog. industrielle Investoren.

Fördermittel

Aus wirtschaftspolitischen Gründen gibt es, neben den privaten Investoren, immer wieder die Möglichkeit, Eigenkapital in Form von Fördermitteln zu erhalten. Gekoppelt ist diese Möglichkeit daran, dass die Anforderungen des jeweiligen Förderprogramms erfüllt werden und dass der „Fördertopf" noch ausreichend Mittel enthält. Einen Rechtsanspruch auf Fördermittel gibt es nur in Ausnahmefällen.

5 Fremdkapital und seine Eigenschaften

Das Hauptmerkmal des Fremdkapitals ist, dass es nicht unbefristet zur Verfügung steht, sondern irgendwann wieder an die Kapitalgeber zurückgezahlt werden muss. Für die Überlassung des Kapitals müssen in der Regel Zinsen gezahlt werden, allerdings ist das nicht immer der Fall. Zum nicht zinstragenden Fremdkapital gehören z. B. die Verbindlichkeiten aus Lieferungen und Leistungen. Darunter versteht man das Ausnutzen von Zahlungszielen, die die Rechnungssteller gewähren. Ebenfalls nicht grundlegend zinstragend sind die gebildeten Rückstellungen für ungewisse Verbindlichkeiten.

Grundsätzlich findet die zinstragende Außenfinanzierung mit Fremdkapital auf zwei Wegen statt:

- *Kreditfinanzierung*
  Für mittelständische Unternehmen erfolgt die Außenfinanzierung fast ausschließlich in Form von Bankkrediten über die Hausbank oder andere Kreditinstitute (Bank und Kreditinstitut werden hier synonym verwendet, auch wenn das laut Rechtsdefinition nicht immer so sein muss).
- Finanzierung über die Emission von Wertpapieren (*Anleihefinanzierung*)
  Da das für die Finanzierung über die Emission von Wertpapieren erforderliche Emissionsvolumen in der Regel nicht erreicht wird, hat die Finanzierung mit Effekten — so heißen diese Wertpapiere — für mittelständische Unternehmen nur eine untergeordnete Bedeutung.

In diesem Kapitel wenden wir uns zunächst der Kreditfinanzierung, und zwar einerseits aus Sicht der Kapitalgeber und andererseits aus Sicht der kreditsuchenden Unternehmen zu. Anschließend besprechen wir grundlegende Fragen der Kreditvertragsgestaltung. Mit einer Betrachtung der Anleihefinanzierung und des nicht zinstragenden Fremdkapitals beschließen wir das Kapitel zum Fremdkapital.

Zu Beginn aber einige Überlegungen zu Fragen der Informationsbeziehungen zwischen Kapitalgeber und Kapitalsucher.

5.1 Aspekte der Agency-Theorie

Grundsätzlich stehen sich bei Finanzierungen mit Fremdkapital zwei Parteien gegenüber: Der außerhalb des Unternehmens stehende Kapitalgeber und das nach Kapital fragende Unternehmen mit seinem Management. Im Modell der Agency-Theorie sind das der Principal und der Agent, weshalb das Modell auch „Principal-Agent-Modell" genannt wird. Wodurch ist es gekennzeichnet?

- Die besseren Informationen über das Unternehmen hat der Agent. Er kennt die Interna und hat in der Regel auch einen besseren Überblick über drohende Risiken.

! ACHTUNG: Informationsasymmetrie

Diese ungleiche Verteilung des Wissensstandes nennt man Informationsasymmetrie. Darüber hinaus geht man davon aus, dass sich beide Parteien opportunistisch verhalten, also jeweils ihren Vorteil suchen.

- Der Principal hat ein vordergründiges Interesse daran, sein Geld einschließlich der Zinsen vertragsgemäß zurückzubekommen. Er weiß um sein Informationsdefizit und ist bestrebt, den Agenten zu kontrollieren.
- Vollständige Kontrolle ist nicht möglich, also wird der Principal versuchen, sein Risiko zu reduzieren, indem er beispielsweise zusätzliche Sicherheiten verlangt oder den Handlungsspielraum des Agenten einschränkt.
- Diese Versuche des Principals sind nicht im Interesse des Agenten. Er möchte weder höhere Zinsen aufgrund eines Risikoaufschlags zahlen noch durch Auflagen und die Stellung von Sicherheiten in seinen Entscheidungen übermäßig eingeschränkt werden.

Wie kann man unter diesen Gesichtspunkten zu einem effizienten Vertrag kommen?

Abgesehen von der Tatsache, dass bestimmte Kontrollmechanismen eingebaut werden, ist es für den Agenten nicht besonders sinnvoll, seinen Informationsvorsprung auszunutzen. Je weniger der Principal über die aktuelle Situation des Unternehmens weiß, je mehr er befürchten muss, hinters Licht geführt zu werden, desto größer werden die von ihm eingebauten Sicherheitspolster. Als Kapitalgeber sitzt er nun mal am längeren Hebel. In diesem Wissen wird der Agent also versuchen, das Informationsbedürfnis des Principals bestmöglich zu befriedigen. Der Finanzierungsvertrag ist dann effizient, wenn es keine Möglichkeit mehr gibt, den Nutzen der einen Vertragspartei zu erhöhen, ohne der anderen Vertragspartei zu schaden.

Welche Auswirkungen hat dieses Theoriemodell nun auf die Gestaltung von Kreditverträgen?

TIPP: Den Kreditgeber informieren

Es ist nicht nützlich, sich dem Informationsbedürfnis der Bank zu verschließen. Je mehr Sie „mauern", desto misstrauischer wird die Bank. Darum wird sie versuchen, ihre Position durch die Gestaltung des Kreditvertrags einschließlich der Vereinbarungen über Kreditsicherheiten und der ihr eingeräumten Möglichkeiten zur laufenden Kontrolle zu verbessern.

Die besten Finanzierungsverträge kommen dann zustande, wenn man die Interessen des jeweils anderen Vertragspartners akzeptiert.

BEISPIEL: Gestaltung von Kreditverträgen

1. Herr Schall weiß, dass in den kommenden Monaten eine „Umsatzdelle" eintreten wird. Er rechnet damit, dass er sie in drei bis vier Monaten überwinden kann.

   Verheimlicht er dieses Wissen seinem Bankberater, wird dieser selbst recherchieren, sich Auftragsbestände nachweisen lassen usw. Je mehr Widersprüche er entdeckt, desto misstrauischer wird er, bis hin zu einer ablehnenden Kreditentscheidung.

2. Der Bankberater Zitz fordert zur Absicherung eines Kredits über die üblichen Sicherheiten hinaus eine Grundschuld auf das Privathaus von Herrn Schall.

   Bei den ersten Umsatzrückgängen stellt er die Kredite fällig und vollstreckt in die Sicherheiten. Das Unternehmen von Herrn Schall wird insolvent, der Insolvenzverwalter macht keine Hoffnung, alle Forderungen bedienen zu können.

Im vorliegenden Fall wäre es sicherlich besser gewesen, im Vorfeld die Karten auf den Tisch zu legen und andererseits auf knebelnde Sicherheiten zu verzichten.

Fazit zur Principal-Agent-Problematik

Bei der Vergabe von Krediten/der Finanzierung mit Darlehen besteht eine Informationsasymmetrie zwischen Unternehmen und Bank. *Beide* Seiten sollten darauf hinarbeiten, diese Informationslücken weitestgehend zu schließen, damit ein Vertrag zum beiderseitigen Nutzen zustande kommt. Der Kreditnehmer benötigt das Kapital. Der Kreditgeber will überschaubare Risiken und die Erfüllung des Kreditvertrags. Es ist legitim, dass sich die Bank Informationsrechte einräumen lässt und Kredite besichert.

Eine objektive und präzise Analyse ist die Basis jeder bedarfsgerechten Kapitalbeschaffung.

TIPP: Unternehmensanalyse

Auch der Unternehmer selbst sollte eine schonungslose Bestandsaufnahme des eigenen Unternehmens durchführen. Dabei werden Schwächen, aber unbedingt auch Stärken aufgedeckt. Und das muss nicht durch die Brille des Insiders, sondern so objektiv wie irgend möglich geschehen.

5.2 Die Kreditfinanzierung

5.2.1 Die Sichtweise der Kapitalgeber

Kapitalgeber für Fremdkapital sind bei der Unternehmensfinanzierung zumeist die jeweiligen Hausbanken. Solche langfristigen und intensiven Beziehungen zwischen dem Unternehmen auf der einen und einem oder zwei Kreditinstituten auf der anderen Seite sind typisch für das Finanzierungsverhalten des deutschen Mittelstandes.

> **TIPP: Besonderheit des Hausbanksystems**
>
> Langfristige Kontakte zu einer Hausbank erleichtern die Zusammenarbeit. Viele das Unternehmen betreffende Informationen sind der Bank bekannt, Besonderheiten und sog. Soft Facts müssen nicht jedes Mal neu verdeutlicht werden. Langfristige Kontakte erhöhen aber oft auch die gegenseitige Abhängigkeit.

Auch wenn man es manchmal anders möchte: Das Interesse der kreditgebenden Bank liegt fast ausschließlich darin, das ausgeliehene Kapital nicht zu verlieren. Schwerpunkt der Überlegungen auf Seiten der Bank ist die Sicherheit der Zahlungen, die an sie zurückfließen sollen und nicht das langfristige Wohlergehen des Unternehmens. Im Zweifel wird die Bank unter diesem Gesichtspunkt entscheiden. Demzufolge wird geprüft, ob der künftige Cashflow ausreichen wird, den Kapitaldienst zu erbringen. Die Frage, ob das Unternehmen dabei Gewinne erwirtschaftet, ist zunächst sekundär.

> **BEISPIEL: Jahresüberschuss oder Cashflow?**
>
> Die S&R GmbH wird in den kommenden Jahren voraussichtlich gerade so eine „schwarze Null" erwirtschaften. Das sieht zumindest die mittelfristige Finanzplanung vor. Der Jahresüberschuss wird vor allem durch hohe Abschreibungen gedrückt. Im Gegensatz dazu ist der geplante Cashflow deutlich positiv. Neben den im Cashflow nicht wirksamen Abschreibungen sollen auch Finanzmittelzuflüsse aus dem Verkauf von Vorräten an nicht mehr benötigten Materialien wirksam werden.
>
> Für die Beurteilung der Fähigkeit, den Kapitaldienst zu erbringen, ist vor allem der Cashflow entscheidend.

> **ACHTUNG: Sicherheit künftiger Cashflows**
>
> Die *Sicherheit* künftiger Cashflows ist das Hauptkriterium für die Beurteilung durch ein Kreditinstitut.

Die Bank trifft ihre Entscheidung über die Vergabe von Krediten anhand der folgenden Faktoren:

- Harte Daten des Unternehmens wie
  - Jahresabschlusszahlen (Bilanz, Gewinn- und Verlustrechnung),
  - aktuelle Zwischenauswertungen,
  - Plandaten,
  - Daten des privaten Umfelds des Unternehmers (als Sicherheit dienendes Privatvermögen, Lebenshaltungskosten usw.).
- Soft Facts wie die Analyse der bisherigen Geschäftsbeziehung, Auskünfte Dritter, Erfolgschancen von Projekten, Branchendaten und Entwicklungschancen der Branche, interne Organisation des Unternehmens usw. Diese Soft Facts sind nur schwer quantifizierbar und erfordern Erfahrung und Fingerspitzengefühl.
- Möglichkeiten der Besicherung.

TIPP: Soft Facts

Unterschätzen Sie nicht die Bedeutung der Soft Facts für die Kreditentscheidung. Selbst gute Unternehmenszahlen können die Bonitätseinschätzung der Bank nicht retten, wenn der Eindruck entstanden ist, dass das Management das Unternehmen nicht im Griff hat.

BEISPIELE: Soft Facts

- Handwerksmeister H. arbeitet zwar gut, braucht aber oft Monate, um Rechnungen an seine Kunden zu schicken.
- Vorstand B. befasst sich unter großem Zeitaufwand mit immer neuen Prestigeobjekten und vernachlässigt dabei das sog. Brot-und-Butter-Geschäft.
- Die Erfahrung der Bank mit Geschäftsführer L. besteht vor allem darin, dass er vereinbarte Unterlagen erst nach mehrfacher Aufforderung einreicht, mit der Begründung, „er zahle doch seine Raten, das sei Bonitätsbeweis genug".

Neben den o. g. drei Gruppen von Entscheidungsfaktoren wird die Bank immer auch an ihre eigenen Erträge (ggf. auch aus erwarteten Anschlussgeschäften) denken, schließlich ist sie ja auch ein gewinnorientiertes Unternehmen.

Kreditsicherheiten

Kreditsicherheiten spielen bei der Bonitätsbeurteilung eine besondere Rolle, deshalb gehen wir hier noch einmal ausführlicher darauf ein.

! **ACHTUNG: Was will die Bank?**

Entgegen der landläufigen Meinung ist ein Kreditinstitut nicht vorrangig daran interessiert, sich vereinbarte Sicherheiten einzuverleiben. Was soll eine Volksbank mit zehn Wohnmobilen anfangen, die ihr durch einen Verleih, der inzwischen insolvent ist, als Sicherheit angetragen wurden? Die Verwertung von Sicherheiten ist immer mit einem Aufwand verbunden, der nicht selten so hoch ist, dass das Nettoergebnis aus der Sicherheitenverwertung erschreckend niedrig ausfällt.

Sicherheiten sollen also das Risiko des Kreditgebers mindern, indem der Verlust aus der nicht erfolgten Rückzahlung eines Kredits z. B. durch den Verkauf der übereigneten Ware reduziert wird.

Einteilung der Sicherheiten

Je nach Blickwinkel gibt es unterschiedliche Varianten, die Sicherheiten einzuteilen. So kann man u. a. unterscheiden zwischen

- akzessorischen und
- fiduziarischen Sicherheiten.

Keine Angst, wenn Sie diese Fachbegriffe nicht kennen. Wesentlich ist, was hinter dieser Einteilung steckt. Es geht darum, wie flexibel die jeweilige Sicherheit einsetzbar ist. Wenn eine Sicherheit *genau einem bestimmten* Kredit dient, heißt sie eine akzessorische Sicherheit.

Flexibler ist die andere Variante: Die Sicherheit führt dazu, dass der Kreditgeber eine bestimmte Rechtsstellung erlangt. Er kann die Sicherheit zur Absicherung *verschiedener, auch künftiger, Kredite* nutzen. Diese Form heißt abstrakte oder fiduziarische Sicherheit.

▶ **BEISPIEL: Grundschuld**

Die auf einem Grundstück eingetragene Grundschuld erlaubt dem Grundschuldgläubiger (z. B. einer Bank), sich bei Nichteinhalten der Kreditbedingungen aus dem Grundstück zu befriedigen. Dazu muss aber eine Forderung bestehen. Darüber hinaus muss die Bank auch die Interessen des Schuldners berücksichtigen, indem sie beispielsweise das Grundstück nicht zu Schleuderpreisen verramscht.

Als Kreditnehmer muss man keine Bedenken haben, dass man auf diese Weise übervorteilt wird. Die rechtliche Verbindung zwischen Sicherheit und Kredit wird in jedem Einzelfall über eine sog. Zweckbestimmungserklärung hergestellt. Das ist ein von beiden Seiten unterschriebener Zusatz zum Kreditvertrag, in dem die Sicherheit und der oder die zugehörigen Kredite explizit aufgeführt werden.

Eine fiduziarische Sicherheit kann sozusagen mehrfach für immer wieder neue Kredite verwendet werden, während beispielsweise eine Hypothek (akzessorisch) mit der Rückzahlung des Kredits erlischt.

Eine weitere häufig verwendete Form der Kategorisierung von Sicherheiten ist ihre Einteilung in

- Personalsicherheiten (Personensicherheiten) und
- Realsicherheiten (Sachsicherheiten).

Bei den *Personensicherheiten* erhält der Gläubiger einen Anspruch gegen eine dritte Person, den Sicherungsgeber. Dabei kann es sich sowohl um natürliche als auch um juristische Personen handeln.

Hauptformen sind die Bürgschaft (akzessorisch) und die Garantie (fiduziarisch).

▶ **BEISPIELE: Bürgschaft und Garantie**

▪ Der Gesellschafter einer GmbH bürgt mit seinem privaten Vermögen für Kredite seiner GmbH.

▪ Die Muttergesellschaft gibt eine Garantie für sämtliche Verpflichtungen ihrer Unternehmenstochter.

Sachsicherheiten: Der Gläubiger erhält ein dingliches Recht am Sicherungsmittel. Als Sicherungsmittel können sowohl mobile Dinge (Ladeneinrichtung, Warenbestand, Forderungen usw.) als auch Immobilien (Häuser, Grundstücke) dienen. Eine Auswahl möglicher Sachsicherheiten enthält die folgende Tabelle:

Sicherheit	Eigenschaften
Grundschuld	fiduziarisch, gibt dem Besicherten die Möglichkeit, sich aus dem Verkauf der Immobilien finanziell zu befriedigen. Aufgrund der relativen Wertsicherheit der Immobilien stark begehrt.
Hypothek	akzessorisch, ansonsten gleiche Rechte, wie bei der Grundschuld, aufgrund des akzessorischen Charakters kaum noch gebraucht.
Verpfändung	Der Sicherungsgegenstand muss übergeben werden.
Sicherungsübereignung (einzelner Gegenstand oder Gegenstände an einem bestimmten Lagerort)	Der Sicherungsgegenstand kann weiterhin genutzt werden. Risiko für den Gläubiger, dass der Sicherungsgegenstand vertragswidrig verkauft wird.
Abtretung (Zession)	Wird vor allem bei Forderungen verwendet (Abtretung der Rechte aus Forderungen)
Eigentumsvorbehalt	Dient der rechtlichen Sicherung des Eigentums (nicht des Besitzes!) bis zur vollständigen Bezahlung der Ware.

Tab. 1: Sachsicherheiten (Auswahl)

> **!** **ACHTUNG: Werthaltigkeit**
>
> Von Kreditinstituten als „werthaltig" eingeschätzt werden in der Regel nur Grundpfandrechte oder die Abtretung von Wertpapierdepots bzw. Bargeldbeständen. Letzteres ist zwar möglich, aber selten.
>
> Alle anderen Sicherheiten dienen vor allem dazu, vorrangige Rechte an den Sicherungsgegenständen zu erlangen, sodass sie nicht in eine eventuelle Insolvenzmasse fallen. Damit hat der Besicherte einen vorrangigen Zugriff auf diese Gegenstände.

5.2.2 Die Sichtweise der Unternehmen

Finanzierungsdauer

Das kreditsuchende Unternehmen möchte in erster Linie wissen, wie lange ihm das Fremdkapital zur Verfügung steht. Das schließt die Tilgungsmodalitäten mit ein. Der Hintergrund dieser Frage ist: Kann das Unternehmen fristenkongruent finanziert werden?

> **●** **TIPP: Fristenkongruenz**
>
> Die sog. Goldene Bilanzregel lautet: Wenn Kapital langfristig gebunden ist, muss es auch langfristig finanziert werden. Nur dann, wenn es kurzfristig gebunden ist, kann man es auch kurzfristig finanzieren.

Befolgt man diese Regel, verringert sich die Gefahr, dass Finanzmittel mit einem Mal nicht mehr zur Verfügung stehen, obwohl das Wirtschaftsgut noch in Gebrauch ist.

> **▶** **BEISPIEL: Berücksichtigung der Nutzungsdauer**
>
> Fuhrunternehmer L. hat sich einen neuen Kipper gekauft. Die Nutzungsdauer beträgt voraussichtlich 6 Jahre. Trotzdem hat er einen Kredit aufgenommen, der in 12 Monaten zurückgezahlt werden muss. In diesem Zeitraum war er aber nicht in der Lage, durch seine Transportleistungen die Tilgungssumme zu erwirtschaften. Das Kapital ist so lange in dem Kipper gebunden, bis es über die Gegenwerte der Abschreibungen in den Preisen wieder zurückgeflossen ist.

Noch ein Hinweis: Die Regel der Fristenkongruenz gilt natürlich nur vom Grundsatz her, in Einzelfällen kann die Situation auch anders sein. So ist auch denkbar, dass Herr L. aus obigem Beispiel durch den Verkauf des Vorgängerkippers und aus anderen Quellen innerhalb eines Jahres so viel Liquidität generieren kann, dass eine Kreditrückführung ohne Weiteres möglich ist.

Trotzdem sollte man beachten: Ein Wirtschaftsgut sollte auch keinesfalls länger finanziert sein, als seine voraussichtliche Nutzungsdauer ist, abgesehen davon, dass kaum eine Bank sich auf so lange Finanzierungszeiten einlassen würde. Damit ist die normale Abschreibungsdauer die Obergrenze des Finanzierungszeitraums.

Kosten der Finanzierung
Von hoher Relevanz für das kapitalsuchende Unternehmen sind die mit der Kapitalüberlassung verbundenen Kosten. Dabei handelt es sich um zu zahlende

- Zinsen,
- Gebühren, Provisionen und
- indirekte Kosten.

Zinsen werden in aller Regel als Zinssatz pro Jahr (per annum — p. a.) angegeben, was sie vergleichbar macht.

Als Kreditnehmer hat man kaum einen Einfluss auf die Höhe der verlangten Zinsen. Sie unterscheiden sich zwar von Bank zu Bank, das aber meistens nur unwesentlich. Das liegt daran, dass alle Banken grundsätzlich die gleichen Positionen in ihre Zinssätze einkalkulieren. Das sind vor allem

- die Refinanzierungskosten,
- die Eigenkapitalkosten,
- ein Risikoäquivalent,
- ein Äquivalent für die Kosten und
- ein Gewinnaufschlag.

Für die Höhe des Kreditzinses ist also ausschlaggebend, zu welchem Zinssatz die Bank sich das Geld auf dem Finanzmarkt leihen kann. Dabei ist zu beachten, dass Kredite in den meisten Fällen nicht einzeln refinanziert werden, sondern im Rahmen des sog. Aktiv-Passiv-Managements der Banken, der Refinanzierungssatz also eine kalkulatorische Größe ist.

Für jede Geldausleihung müssen die Banken eine bestimmte Menge Eigenkapital nachweisen. Die Höhe ist u. a. abhängig von der Bonität des Kreditnehmers, die Banken benötigen für riskante Kredite vom Grundsatz her also mehr Eigenkapital. Da Eigenkapital, wie wir bereits festgestellt haben, nicht umsonst zu haben ist, kalkulieren die Kreditinstitute ihre berechneten Eigenkapitalkosten in die Kreditzinsen mit ein. Dahinter stehen die Regelwerke „Basel 2" und künftig „Basel 3", die in der Solvabilitätsverordnung für Kreditinstitute umgesetzt werden.

Kredite sind potenziell ausfallgefährdet. Nach bestimmten Kriterien wird somit ein Äquivalent für eventuelle Ausfälle von Krediten einkalkuliert. Diese Kalkulation hängt eng mit den o. g. Eigenkapitalkosten zusammen, ist aber nicht unbedingt mit ihnen identisch. Je riskanter eine Kreditvergabe erscheint, desto höher ist der Risikoaufschlag.

Gedeckt werden müssen weiterhin die mit dem Kredit verbundenen Kosten (z. B. für die administrative Bearbeitung, Verwahrung von Sicherheiten usw.). Da die Bank auch ein Unternehmen ist, wird sie außerdem versuchen, einen Gewinnaufschlag im Zinssatz unterzubringen.

! **ACHTUNG: Bonität und Zinssatz**

Aus dem Gesagten wird deutlich, dass die verlangten Zinsen in einem direkten Zusammenhang mit der Bonität des Kreditnehmers stehen.

Die Welt der Gebühren, die durch Kreditinstitute erhoben werden, ist bunt. Es hilft aber nichts: Stehen die entsprechenden Positionen im Vertrag, müssen sie auch beglichen werden.

● **TIPP: Gebühren und Provisionen**

Achten Sie darauf, dass die Höhe und das Anfallen von Gebühren eindeutig vertraglich geregelt sind. Ungünstig ist es, wenn das Anfallen von Gebühren abhängig ist von Ursachen, die Sie nicht selbst beeinflussen können.

Nur bedingt Ihrem Einfluss unterliegen die *Bereitstellungsprovisionen*. Sie werden erhoben für bereitgestellte und jederzeit abrufbare Kredite, die aber noch nicht in Anspruch genommen wurden. Was zunächst unsinnig klingt, hat seinen Hintergrund in der Refinanzierung der Banken: Sie verpflichten sich, Ihnen jederzeit den Kredit auszuzahlen, wenn bestimmte Voraussetzungen durch Sie erfüllt wurden. Die Bank muss sich in diesem Moment das Kapital beschafft haben und dafür Zinsen zahlen, erhält aber von Ihnen noch keine Zinsen. Diesen „Verlust" lässt sie sich über die Bereitstellungsprovision ausgleichen.

▶ BEISPIEL: Bereitstellungsprovision

Die S&R GmbH hat zur Finanzierung einer neuen Werkhalle einen Immobilienkredit aufgenommen. Voraussetzung für die Auszahlung ist der Eintrag einer Grundschuld auf das Firmengrundstück. So lange das noch nicht erfolgt ist, steht der Kredit zwar bereit, kann aber nicht ausgezahlt werden. Die Bank hat für diesen Fall eine Bereitstellungsprovision von z. B. 0,5 Prozent pro Monat vereinbart.

Die Zinsen einerseits und die Gebühren und Provisionen andererseits sind Finanzierungskosten. Bei „Verbrauchern", also Privatpersonen, ist die Angabe eines „effektiven Jahreszinses" verbindlich, in den beide Positionen einberechnet werden. Bei Unternehmen ist die Berechnung eines solchen Effektivzinses nicht vorgeschrieben und nicht üblich. Das ist vor allem begründet in der steuerlichen Behandlung von Fremdkapitalzinsen.

❗ ACHTUNG: Steuerliche Behandlung von Finanzierungsaufwendungen

Finanzierungskosten werden zumeist steuerlich als Aufwendungen anerkannt. Demzufolge reduziert sich die Steuerbemessungsgrundlage — das Unternehmen muss in summa weniger Steuern zahlen. Das führt rein rechnerisch zu einer Reduzierung des zu zahlenden Zinssatzes.

▶ BEISPIEL: Steuerbereinigter Nettozinssatz

Der durch die S&R GmbH zu zahlende (Brutto-)Zinssatz beträgt 6,0 Prozent, der durchschnittliche Steuersatz 40 Prozent. Zahlt die S&R GmbH beispielsweise 1.000 EUR Zinsen, reduziert sich die Steuerbemessungsgrundlage um diese 1.000 EUR. Die S&R GmbH weist also einen um 1.000 EUR niedrigeren Jahresgewinn aus, als ohne Zinsen. Demzufolge muss sie auch 400 EUR (entspricht 40 Prozent) weniger Steuern zahlen. Die Nettozahlung auf das Fremdkapital beträgt demnach 1.000 EUR Zinsen — 400 EUR Steuerreduzierung = 600 EUR. Auf diese Weise liegt der steuerbereinigte Nettozinssatz bei 3,6 Prozent.

Da die Höhe der Steuerbelastung immer ein Einzelfall ist, kann man auch keinen sinnvollen effektiven Jahreszins angeben. Das ist nur bei Privatpersonen möglich, die die Finanzierungsaufwendungen nicht steuerlich ansetzen können.

Indirekte Kosten

Nur sehr schwer lassen sich die indirekten Kosten quantifizieren. Es handelt sich hierbei um Mehraufwendungen im Unternehmen, die durch die Kreditierung anfallen.

▶ **BEISPIEL: Indirekte Kosten**

Die S&R GmbH muss der Bank regelmäßig ihre Betriebswirtschaftlichen Auswertungen (BWA) zukommen lassen und hat dafür eine zusätzliche Kopie von der Steuerkanzlei angefordert. Darüber hinaus sind diverse Aufstellungen, wie eine Liste der Forderungen, Warenbestandsanalysen und Informationen über geplante Aufträge für die kommenden drei Monate, auszuliefern. Die Erstellung kostet Zeit und Arbeitskraft.

Je mehr einschränkende Bedingungen es im Kreditvertrag gibt, desto höher sind in der Regel die intern anfallenden indirekten Kosten.

Beachtung des inflationsbereinigten Realzinses

Der inflationsbereinigte Realzins ist eine kalkulatorische Größe. Gegen die Zinsbelastung, die über die gesamte Kreditlaufzeit anfallen wird, wird die Inflationsrate gestellt. Unter der Voraussetzung, dass sich die eigenen Preise mit der Inflationsrate bewegen werden, ist die reale Zinsbelastung zu späteren Terminen weniger hoch, als heute.

> ▶ **BEISPIEL: Inflationsbereinigter Realzins**

Die Fremdfinanzierungskosten belaufen sich für die nächsten 10 Jahre auf beispielsweise 6,5 Prozent. Für den gleichen Zeitraum wird mit einer Inflationsrate von 2,0 Prozent gerechnet. Damit beträgt der Realzins nur 4,5 Prozent.

> ❗ **ACHTUNG: Kalkulatorische Größen**

Da es sich um Zukunftswerte handelt, können keine exakten Daten berechnet werden. Es handelt sich um kalkulatorische Größen.

5.2.3 Die Gestaltung des Kreditvertrags

Die wechselseitigen Rechte und Pflichten von Kreditnehmern (Unternehmen) und Kreditgebern (Banken) werden in Kreditverträgen geregelt. Im Gegensatz zu den aus dem Privatbereich bekannten einheitlichen Verträgen, in die nur noch einige wenige Daten eingesetzt werden, handelt es sich bei Unternehmenskreditverträgen in aller Regel um Einzelvereinbarungen. Neben den Angaben zu den vertragsbeteiligten Parteien, der Kredithöhe, den vereinbarten Zinsen und Gebühren und bestimmten Terminen enthalten sie vor allem die folgenden Angaben:

Die Tilgungsformen
Hier wird vereinbart, in welcher Form und zu welchen Terminen das Darlehen wieder zurückzuzahlen ist. Dabei kommen infrage:

- **Die annuitätische Tilgung (Annuitätendarlehen)**

Beim Annuitätendarlehen ist die monatlich zu zahlende Rate immer gleich. Neben der allgemein üblichen Monatszahlung sind aber auch quartalsweise oder jährliche Zahlungsweisen möglich. Die Rate setzt sich immer aus einem Zinsbetrag und einem Tilgungsbetrag zusammen. Die genaue Zusammensetzung ändert sich mit jeder Zahlung, die Bank wird Ihnen diese Zahlungen in einem sog. Tilgungsplan mitteilen, dem Sie die genaue Zusammensetzung entnehmen können.

▶ **BEISPIEL: Annuitätendarlehen**

Bei einer Kreditsumme von 500.000 EUR, einem Zinssatz von 6 Prozent und einer Tilgung von 10 Prozent der Kreditsumme im ersten Jahr ergibt sich eine monatliche Rate von rund 6.667 EUR. Sie errechnet sich wie folgt: 500.000 EUR x (10 + 6 Prozent) : 12 Monate. In dieser Rate sind 4.167 EUR Tilgung und 2.500 EUR Zinsen enthalten.

Im nächsten Monat beträgt die Kreditsumme nur noch 495.833 EUR, immerhin wurden ja bereits 4.167 EUR getilgt. Zinsen müssen nur auf das ausstehende Kapital entrichtet werden, nun also 6 Prozent auf 495.833 EUR, was eine auf den Monat bezogene Zinszahlung von 2.479,17 EUR nach sich ziehen würde. Das sind 20,83 EUR weniger, als im ersten Monat. Diese Zinsersparnis wird nun der Tilgung zugeschlagen, so dass im zweiten Monat gilt:

Tilgung: 4.167 EUR + 20,83 EUR = 4187,83 EUR

Zinsen: 2.479,17 EUR

Die Gesamtmonatsrate bleibt also bei 6.667 EUR. Auf diese Weise werden auch alle weiteren Zahlungen bestimmt.

! **ACHTUNG: Jahres- und Monatszinsen**

Wenn Sie obiges Beispiel nachrechnen, beachten Sie bitte, dass die Zinssätze sich immer auf das Jahr beziehen. 6 Prozent Jahreszinsen auf 500.000 EUR sind 30.000 EUR, mithin 2.500 EUR im ersten Monat. Auch die folgenden Beträge wurden entsprechend berechnet.

Die annuitätische Tilgung führt bei gleichbleibenden Raten also zu einer von Monat zu Monat progressiv steigenden Tilgungsleistung und entsprechend fallendem Zinsanteil an der Rate.

- **Die Ratenzahlung**

Weniger gebräuchlich ist die Ratenzahlung, wenngleich sie ab und an angewendet wird. Bei ihr wird in immer gleichbleibenden Raten getilgt, was dazu führt, dass die Zinszahlungen und damit auch die Gesamtzahlungen von Rate zu Rate geringer werden.

TIPP: Raten- oder Annuitätenzahlung?

Das Annuitätendarlehen erleichtert die Liquiditätsplanung, weil über den gesamten Zeitraum konstante Raten abgebucht werden. Im Gegensatz dazu reduziert sich die zu zahlende Summe beim Ratendarlehen. Die Liquiditätsbelastung sinkt im Laufe der Zeit. Der Vorteil besteht darin, dass die Tilgung schneller erfolgt, als bei einem vergleichbaren Annuitätendarlehen.

- **Die endfällige Tilgung**

Bei der endfälligen Tilgung erfolgt während der Kreditlaufzeit lediglich eine Zinszahlung. Die Tilgung wird in einem Betrag am Ende der Laufzeit vorgenommen. Auf diese Weise reduziert sich die monatliche Liquiditätsbelastung, allerdings muss dann am Ende eine große Summe mit einem Mal aufgebracht werden. Diese Form kann ggf. aus steuerlichen Gründen sinnvoll sein, was aber immer eine Einzelfallentscheidung ist. Auf jeden Fall verlangt sie eine sorgfältige Liquiditätsplanung.

Zinssatz

Gibt es bei der Bestimmung des Zinssatzes überhaupt eine Frage? Die Höhe wird von der Bank festgelegt, der Verhandlungsspielraum der Kreditnehmer ist relativ gering. Wichtig ist jedoch die Frage, ob dieser Zinssatz fixiert ist (Festzins) oder ob er während der Laufzeit verändert werden kann.

Festzinssätze gelten entweder über die gesamte Laufzeit des Kredits oder für einen vorher festgelegten Zeitraum.

TIPP: Zinsfestschreibung

Bei Kreditlaufzeiten von mehr als 10 Jahren ist es üblich, die Zinsen für einen bestimmten Zeitraum festzuschreiben. Danach wird der Zinssatz an die dann geltenden Marktbedingungen angepasst. Lange Zinsfestschreibungen (auch als Zinsbindungszeiten oder -fristen bezeichnet) bieten sich an, wenn ein aktuell niedriger Marktzins möglichst lange gesichert werden soll. Bei aktuell hohen Zinsen ist es umgekehrt: Durch einen relativ kurzen Festschreibungszeitraum eröffnet man sich die Möglichkeit, von sinkenden Zinsen profitieren zu können.

Grundsätzlich gilt: Während der Zinsbindungsfrist ist keine einseitige Zinsänderung möglich – das gilt für beide Vertragsparteien. So kann einerseits die Bank den Zinssatz nicht erhöhen, andererseits kann der Kreditnehmer auch nicht früher aussteigen, wenn die Zinsen sinken und er bei einem Neuabschluss weniger Zinsen zahlen müsste. Nach zehn Jahren ist allerdings generell eine Kündigung möglich. Die üblichen Zeiträume für eine Zinsbindung betragen 2, 3, 5 oder 10 Jahre.

Was geschieht am Ende der Zinsbindung? Das Kreditinstitut wird ein neues Angebot für die restliche Kreditlaufzeit vorlegen, das der Kreditnehmer annehmen kann, aber nicht annehmen muss. Nimmt er das Angebot nicht an, muss er die Restsumme des Darlehens zurückzahlen. Entweder hat er bis dahin ausreichende Mittel angesammelt oder er löst das bestehende Darlehen durch ein neues, bei einer anderen Bank abgeschlossenes Darlehen ab.

! **ACHTUNG: Lange Kreditlaufzeiten**

Solch lange Kreditlaufzeiten treten in der Regel nur bei der Finanzierung von Immobilien oder von sehr lang in Nutzung befindlichen Investitionsgütern auf. Generell gilt: Spätestens am Ende der Abschreibungszeit muss auch der Kredit vollständig getilgt sein.

Variable Zinssätze ermöglichen eine Anpassung während der Kreditlaufzeit. Auf diese Weise übernimmt das kreditsuchende Unternehmen das Zinsänderungsrisiko. Damit keine willkürlichen Erhöhungen möglich sind, wird der variable Zinssatz durchweg in Abhängigkeit von offiziell bestimmten Referenzzinssätzen festgelegt. Meistens sind das der EURIBOR oder der LIBOR,[13] auf

---

[13] EURIBOR: European Interbanking Offered Rate = der Zinssatz, zu dem sich Banken untereinander am Bankplatz Frankfurt (Euro) Geld leihen. LIBOR entsprechend am Bankplatz London.

die eine vertraglich festgelegte Marge aufgeschlagen wird. Die Anpassung erfolgt nicht täglich, sondern zu bestimmten vorher festgelegten Zeitpunkten (z. B. immer am letzten Tag eines Quartals für das nächste Quartal).

▶ **BEISPIEL: Variable Zinssätze**

Der Kontokorrentkredit, also der Kredit auf laufende Rechnung (entspricht dem „Dispo" beim Privatkonto), ist in aller Regel variabel verzinst. Aber auch bei Investitionskrediten ist eine variable Verzinsung möglich.

Als Kreditnehmer werden Sie die variable Zinsvariante immer dann vorziehen, wenn Sie damit rechnen, dass während der Kreditlaufzeit die Zinsen sinken werden.

Einflussmöglichkeiten des Kreditgebers

Wer einem Unternehmen Kapital gibt, möchte zumindest teilweise auch Einfluss darauf haben, wie das Kapital verwendet wird, und darüber hinaus auch, wie das Unternehmen geführt wird. Ein direkter Einfluss der Gläubiger auf ein Unternehmen ist in aller Regel ausgeschlossen. Die operative Führung eines Unternehmens obliegt dem Management. Trotzdem gibt es eine Reihe von Möglichkeiten, wie die Entscheidungsfreiheit eingeschränkt werden kann.

- **Kreditsicherheiten**

Eine einschneidende Form der Einschränkung ist das Stellen von Kreditsicherheiten. Über Wirtschaftsgegenstände, die zur Sicherung herangezogen werden, kann der Unternehmer nicht mehr frei verfügen. Im Normalfall kann er sie zwar weiter im Unternehmen nutzen, ein Weiterverkauf oder eine Hingabe zu einem weiteren Sicherungszweck ist aber nicht mehr möglich.

- **Financial Covenants**

Financial Covenants sind Vertragsvereinbarungen zwischen dem finanzierenden Kreditinstitut einerseits und dem kreditsuchenden Unternehmen andererseits. Sie verpflichten den Kreditnehmer beispielsweise, bestimmte Kennzahlen einzuhalten. Gelingt ihm das nicht, stehen dem Kreditinstitut weitergehende Rechte bis hin zur Fälligstellung des Kredits zu.

▶ **BEISPIEL: Financial Covenants**

In einem Kreditvertrag kann z. B. vereinbart sein: Der Kreditnehmer verpflichtet sich, eine Eigenkapitalquote von 15 Prozent zum Ende des Geschäftsjahres einzuhalten. Wird dieser Wert nicht erreicht, ist das Kreditinstitut berechtigt, als zusätzliche Sicherheit eine erstrangige Grundschuld in Kredithöhe auf das Firmenobjekt einzutragen. Ist das nicht möglich, kann der Kreditvertrag mit sofortiger Wirkung außerordentlich gekündigt werden.

Eine andere Vereinbarung könnte sein, dass der sog. dynamische Verschuldungsgrad, das ist das Verhältnis zwischen Fremdkapital und Cashflow, ein bestimmtes Maß nicht unterschreiten darf. Der dynamische Verschuldungsgrad drückt aus, wie viele Jahre es rein rechnerisch dauern würde, bis durch den Cashflow die Schulden getilgt werden könnten.

- **Festlegung des Verwendungszwecks**

In den meisten Fällen legen die Kreditinstitute fest, für welchen Zweck die Kreditmittel verwendet werden dürfen. Damit sichern sie sich gegen Verwendungen ab, die ggf. die wirtschaftliche Situation des Kreditnehmers verschlechtern. So ist es kaum möglich, Ausschüttungen (und damit die konsumtive Verwendung von Krediten) mittels Fremdkapital zu finanzieren.

! **ACHTUNG: Technische Abwicklung der Kreditauszahlung**

Die gemeinhin vorherrschende Vorstellung, dass Kreditmittel auf ein Konto des Unternehmens ausgezahlt werden, stimmt in den meisten Fällen nicht mit der Wirklichkeit überein. Der übliche Ablauf ist: Es wird ein Kreditkonto eingerichtet, das bis zur vereinbarten Höhe in Anspruch genommen werden kann. Dazu reicht das Unternehmen die entsprechenden Rechnungen ein (z. B. die Rechnungen über den Kauf einer Maschine, den Antransport, Transportversicherungen, den technischen Anschluss usw.). Das Kreditinstitut prüft, ob diese Rechnungen mit dem vereinbarten Kreditzweck übereinstimmen. Ist das der Fall, wird die Rechnung bezahlt und der Betrag dem Kreditkonto des Unternehmens belastet.

Zusammenfassung zur Kreditvertragsgestaltung

Die Möglichkeiten zur Gestaltung von Kreditverträgen sind vielfältig. Ob die gewählten Formen für das Unternehmen sinnvoll sind, hängt immer vom Einzelfall ab. Entscheidend ist u. a. die Einschätzung, in welche Richtung sich die Marktzinssätze während des Finanzierungszeitraums bewegen. Durch das Stellen von banküblichen Sicherheiten kann der Entscheidungsspielraum des Managements deutlich eingeschränkt werden. Auch die Bank verfolgt bestimmte Interessen, die nicht immer mit denen des Unternehmens übereinstimmen. Die letztlich entstehende Verhandlungslösung ist immer auch abhängig von der Machtposition, die Bank und Kunde haben.

> ● **TIPP: Zeitdruck vermeiden**
>
> Planen Sie Ihre Finanzbeziehungen möglichst langfristig. Unter Zeitdruck, wenn das Kapital in kürzester Frist benötigt wird, weil z. B. die Ware schon bestellt ist, ohne dass die Finanzierung unter Dach und Fach ist, schwächen Sie Ihre Verhandlungsposition entscheidend. Oft ist es möglich, durch den Vergleich mehrerer Angebote auch bei Ihrer Hausbank bessere Konditionen auszuhandeln.

5.3 Die Finanzierung über Anleihen

Ab einer bestimmten Höhe des Finanzbedarfs können sich Unternehmen auch direkt über den Kapitalmarkt finanzieren. Was ist nun aber diese „bestimmte Höhe"? Sie ist nirgendwo exakt festgelegt, sondern eher ein Erfahrungswert, der u. a. von den folgenden Faktoren abhängt:

- Die Akteure auf dem Kapitalmarkt müssen auf die Finanzierung überhaupt erst aufmerksam werden, bevor sie prüfen, ob sie etwa in ihr Portfolio passen könnte.
- Es gibt sog. Einmalkosten, also Fixkosten, die anfallen, unabhängig von der Höhe der Emission. Da diese Fixkosten vom emittierenden Unternehmen getragen werden müssen, ist es für den Emittenten umso günstiger, je größer das Finanzierungsvolumen ist, auf das sich diese Kosten verteilen.

Aus diesen Erwägungen heraus hat sich ein Volumen im oberen zweistelligen Millionenbereich als sinnvolle Untergrenze erwiesen.

> **❗ ACHTUNG: Mittelstandsanleihen**
>
> In jüngster Zeit wurde mehrfach versucht, Anleihen für den Mittelstand in einem geringeren Volumen auf den Markt zu bringen. Aber auch hier steht ein Anleihevolumen von etwa 30 Mio. EUR als Untergrenze im Raum.

Die folgenden Ausführungen beziehen sich also auf einen Kapitalbedarf, der mindestens 30 Mio. EUR, zumeist aber 90 Mio. EUR oder mehr bis hin zu einigen Milliarden EUR beträgt. Das sind Summen, die für viele Unternehmen unvorstellbar hoch sind. Erreicht der Finanzbedarf aber solche Maßstäbe, sollte man auch über die Emission von Anleihen zumindest nachdenken. Wenden wir uns also intensiver der Anleihefinanzierung zu.

5.3.1 Was sind Anleihen?

Anleihen sind Wertpapiere. Sie werden von einem Unternehmen emittiert, das heißt, auf den Markt gebracht. Andere Bezeichnungen sind u. a.

- Schuldverschreibung,
- Obligation,
- Unternehmensanleihe,
- oder der angelsächsische Begriff Bond.

Die Zeichner (Erstkäufer) von Anleihen werden mit dem Kauf zu Gläubigern des Unternehmens. Sie zahlen einen bestimmten Betrag, den das Unternehmen ihnen dann schuldet. Wann und wie er zurückzuzahlen ist, welche Zinsen an den Anleihegläubiger gezahlt werden müssen, all das hängt von der konkreten Gestaltung der Anleihe ab.

Eine Besonderheit ist aber wichtig: Anleihen können gehandelt werden! Damit ist immer der jeweilige Besitzer der Anleihe auch derjenige, dem das Unternehmen den Rückzahlungsbetrag und zwischenzeitlich die Zinsen schuldet, nicht der Erstzeichner. Diese Eigenschaft erleichtert die Finanzierung über Anleihen ungemein. Der Kapitalgeber und das kapitalsuchende Unternehmen sind nicht, wie beim Kredit, über eine bestimmte Laufzeit aneinander gebunden. Benötigt der Kapitalgeber Liquidität, kann er die von ihm gehaltenen Anleihen weiterverkaufen, ohne dass sich das auf die Finanzierung des Unternehmens auswirkt. Zumeist geschieht der Handel über die Börse.

> **!** **ACHTUNG: Finanzierungswirkung von Anleihen**
>
> Mit der Emission fließen dem Unternehmen, das die Anleihe begeben hat, finanzielle Mittel (Liquidität) aus dem Verkauf zu. Diese Finanzmittel können für Investitionen jedweder Art verwendet werden und müssen erst am Ende der Laufzeit (Normalfall) zurückgezahlt werden.
> Der Käufer der Anleihe kann jedoch durch einen Weiterverkauf jederzeit wieder an Liquidität kommen.

> **●** **TIPP: Rückkaufswert von Anleihen**
>
> Der Nominalwert einer Anleihe ist nur am Ende der Laufzeit fällig. Welchen Betrag man vorher bei einem eventuellen Weiterverkauf erhält, ist abhängig von Angebot und Nachfrage. Liegt der Zinssatz der Anleihe unter dem normalen Marktzins zum Zeitpunkt des Verkaufs, wird der Verkäufer nicht den vollen Nominalpreis der Anleihe bekommen, sondern muss einen Abschlag hinnehmen. Genau anders herum verhält es sich, wenn die Anleihe hoch verzinst ist. Dann wird der Kurs ggf. über dem Nominalwert der Anleihe liegen, bekommt der Käufer doch während der Restlaufzeit die über dem Marktzinssatz liegenden höheren Anleihezinsen. Diesen Vorteil muss er mit einem höheren Kaufpreis bezahlen.

Anleihen stellen also eine besondere Art eines Kredits an ein Unternehmen[14] dar. Die Gesamthöhe ist das sog. Emissionsvolumen. Da der Nennwert einer Anleiheemission, wie bereits gesagt, oft den Wert von 100 Mio. EUR überschreitet, wird sich wohl kaum ein einzelner Investor finden, der das gesamte Volumen zeichnet. Demzufolge werden die Anleihen in kleinere Werte (zumeist 100 EUR oder 1.000 EUR) gestückelt.

---

[14] Unternehmensanleihen umfassen nur einen Bruchteil aller auf dem Markt befindlichen Anleihen. Die überwiegende Zahl der Anleihen wird von der öffentlichen Hand (z. B. Bundesanleihen oder Kommunalanleihen) und von Banken emittiert.

BEISPIEL: Teilschuldverschreibungen

Die S&R AG emittiert eine Anleihe im Nennwert von 100 Mio. EUR. Sie ist in Teilschuldverschreibungen von 100 EUR gestückelt, sodass es insgesamt eine Million Teilschuldverschreibungen[15] gibt, die einzeln, aber auch in größeren Paketen gezeichnet werden können.

Durch diese Stückelung ist es leichter, Investoren auf dem Kapitalmarkt zu finden. Stückelungen von 100 EUR oder 1.000 EUR erlauben es grundsätzlich auch jeder Privatperson, in Anleihen zu investieren.

5.3.2 Merkmale von Anleihen

Die Ausgestaltungsmöglichkeiten von Anleihen sind extrem vielfältig. Wir wollen hier nur auf die wichtigsten und am häufigsten genutzten Formen hinweisen. Kriterien, die zu betrachten wären, sind vor allem

- die Form der Tilgung,
- die Verzinsung,
- die Laufzeit,
- die Währung und
- diverse Zusatzrechte und Sicherheiten.

Tilgung
Die Normalform der Anleihe sieht eine Rückzahlung am Ende der Laufzeit in einer Summe vor. Wer zu diesem Zeitpunkt das Wertpapier besitzt, bekommt den vorgesehenen Betrag — in aller Regel wird das der Nominalbetrag sein — ausgezahlt.

Andere Tilgungsformen sind möglich, aber selten. So ist eine annuitätische Tilgung über die Laufzeit hinweg denkbar oder Teilrückzahlungen von einzelnen Tranchen, die Jahr für Jahr ausgelost werden.

---

[15] Der Begriff „Teilanleihen" wird praktisch nicht verwendet, man spricht generell von Teilschuldverschreibungen. Inhaltlich wäre aber beides das Gleiche.

Unternehmen werden Regeln bevorzugen, die eine außerplanmäßige und einseitige Kündigung durch das Unternehmen ermöglichen. Auf diese Weise kann es die Menge der umlaufenden Anleihen seinem tatsächlichen Kapitalbedarf anpassen.

● **TIPP: Einseitige Kündigungsmöglichkeit durch das Unternehmen**

Sehen die Anleihebedingungen solch eine einseitige Tilgungsmöglichkeit durch das Unternehmen vor, bedeutet das für den Anleihegläubiger ein zusätzliches Risiko: Er kann nicht genau einschätzen, wie lange er mit den Zinsen aus der Geldanlage „Anleihe" rechnen kann. Dieser Nachteil wird im Allgemeinen durch einen etwas höheren Zinssatz gegenüber einer unkündbaren Anleihe ausgeglichen.

Verzinsung

Die Mehrzahl der Anleihen hat einen festen Zinssatz über die gesamte Laufzeit (sog. Festzinsanleihen). Die fälligen Zinsen (auch Coupon genannt) werden meistens einmal jährlich, und zwar am (Jahres-)Tag der Emission gezahlt.

Es sind aber auch Anleihen mit einem variablen Zinssatz möglich (sog. Floater oder Floating Rate Notes). Ihr Zinssatz wird in vorher festgelegten zeitlichen Abständen (meistens 3 oder 6 Monate) einem offiziell festgelegten Referenzzinssatz (zumeist an den EURIBOR) angepasst. Der Zinssatz der Anleihe ergibt sich dann aus dem Referenzzinssatz zuzüglich eines festgelegten Aufschlags. Die Höhe des Aufschlags ist abhängig von der Bonität des Emittenten und eventuellen Sicherheiten, mit denen die Anleihe versehen ist.

! **ACHTUNG: Zerobonds**

Eine Sonderform der Verzinsung sind die Zerobonds (oder Nullcouponanleihen). Bei ihnen gibt es keine laufende Verzinsung. Der Ertrag für den Anleger entsteht indirekt, weil der Verkaufspreis entsprechend niedriger ist.

▶ **BEISPIEL: Nullcouponanleihe**

Die S&R AG begibt einen Zerobond mit den folgenden Eckwerten: Emissionsvolumen 100 Mio. EUR, aufgeteilt in 100.000 Teilschuldverschreibungen à 1.000 EUR. Laufzeit: 8 Jahre. Der Ausgabepreis liegt bei 540,27 EUR pro Teilschuldverschreibung. Die Rückzahlung erfolgt in 8 Jahren zu 100 Prozent, also 1.000 EUR. Damit ergibt sich für den Käufer ein rechnerischer Zinssatz von 8 Prozent pro Jahr.

Laufzeit, Währung, Zusatzrechte

Unternehmensanleihen haben in der Regel mittel- bis langfristige Laufzeiten, also 5 bis 10 Jahre. Grundsätzlich sind auch andere Laufzeiten möglich, aber die meisten Anleihen bewegen sich in diesem Bereich. Die Finanzierung über Anleihen ist deshalb nicht geeignet, einen kurzfristigen Kapitalbedarf schnell zu decken.

Die Währung ist ebenfalls frei wählbar. Zumeist wird sie die Heimatwährung des Unternehmens, bei uns also der Euro, sein.

● **TIPP: Doppelwährungsanleihen**

Es besteht auch die Möglichkeit, das Kapital in einer Währung aufzunehmen und in einer anderen Währung zurückzuzahlen. Das ist beispielsweise dann sinnvoll, wenn ein deutscher Produzent — seine Kosten fallen demnach in Euro an — überwiegend in den Dollarraum exportiert. Seine Erlöse erhält er in Dollar. Finanziert er sich nun über eine Anleihe, die in Euro gezeichnet, aber in Dollar nach einem bereits heute feststehenden Wechselkurs zurückgezahlt wird, sichert er sich gegen das Risiko fallender Dollarkurse ab. Der Preis: Falls der Dollar steigt, kann er an dem für ihn günstigeren Wechselkurs nicht partizipieren.

Die Frage, ob eine Anleihe besichert ist, und wenn ja, womit, ist für die zu zahlenden Zinsen entscheidend. Erhalten die Gläubiger beispielsweise vorrangige Rechte durch eine Absicherung über Grundschulden, wird der Zinssatz niedriger sein, als bei einer unbesicherten Anleihe.

Auf alle möglichen Zusatzrechte bei Anleihen einzugehen, würde den Rahmen dieses Buches sprengen. Je nach der konkreten Situation können die Unternehmen, die die Anleihe emittieren, Sonderbedingungen vereinbaren.

> ► **BEISPIEL: Wandelschuldverschreibungen**
>
> Bei Wandelschuldverschreibungen erhält der Käufer am Ende der Laufzeit nicht einen Geldbetrag zurück, sondern eine bestimmte Menge Aktien des emittierenden Unternehmens. Das ursprüngliche Fremdkapital wird so in Eigenkapital umgewandelt.

Das scheint sinnvoll für das Unternehmen zu sein: Zunächst erhält es Fremdkapital, verzinst es marktgerecht, muss es aber nicht zurückzahlen, sondern beteiligt den Anleihekäufer schließlich über den Tausch in Aktien am eigenen Unternehmen. Wie lukrativ das Ganze ist, hängt letztlich davon ab, wie sich der Aktienkurs bis zur Wandlung entwickelt hat. Bei einem niedrigen Kurs müssen mehr Aktien ausgegeben werden, bei einem höheren weniger. Das genaue Tauschverhältnis kann allerdings auch schon bei der Emission festgelegt werden. Letztlich sind Schuldverschreibungen mit solchen Klauseln aber immer mit spekulativen Elementen verbunden, sowohl für den Emittenten als auch für den Erwerber.

5.3.3 Vor- und Nachteile der Finanzierung über Anleihen

Egal, ob das Unternehmen Kapital in Form eines Darlehens von einem Kreditinstitut oder in Form von Erlösen aus der Emission von Anleihen erhält — beides ist Fremdkapital, das zurückgezahlt werden muss. Die wesentlichen Merkmale beider Finanzierungsvarianten lassen sich der folgenden Tabelle entnehmen:

	Anleihe	Bankdarlehen
Kreditvolumen	sehr hoch	deutlich kleiner
Einmalige und laufende Kosten	sehr hoch: Einmalig ca. 4 Prozent; laufende Kosten: 0,2 Prozent p. a.	keine bis geringe

Organisatorischer Aufwand	hoch	gering
Zeitlicher Aufwand	hoch	gering
Gläubiger	sehr viele, anonym	ein Einzelner
Einwirkungsmöglichkeiten Gläubiger	gering	deutlich stärker
Publizität	hoch, wirkt disziplinierend	sehr gering
Zinshöhe/Coupon	grundsätzlich gleich hoch	

Tab. 2: Anleihe- und Kreditfinanzierung aus Sicht des Unternehmens (Quelle: Bösch: Finanzwirtschaft. München 2009, S. 226.)

Bei einem Bankdarlehen gibt es einen Gläubiger: die Bank. Mit ihr sind sämtliche auftretenden Fragen und Probleme zu klären, demzufolge hat sie auch einen relativ großen Einfluss. Bei einer Anleihefinanzierung steht dem Unternehmen eine Vielzahl von Gläubigern gegenüber, wodurch die Einflussmöglichkeiten des Einzelnen deutlich geringer bis nicht vorhanden sind.

Andererseits gibt es eine Pflicht zur Öffentlichkeit, z. B. auf der Basis der Börsenregeln. Während man mit seiner Bank unter Ausschluss der Öffentlichkeit etwaige Probleme besprechen und klären kann, ist bei einer Anleihefinanzierung die Öffentlichkeit immer mit dabei. Schwierigkeiten bei der Bedienung einer Anleihe führen schlagartig zu Imageproblemen und damit zu größeren Schwierigkeiten, neue Kapitalgeber zu finden.

TIPP: Laufende Kosten

Bei einer Anleihe muss eine große Zahl von Gläubigern regelmäßig mit Zinsen bedient werden. Diese Aufgabe übernehmen in aller Regel Banken, die dafür Provisionen erhalten. Während bei einem Bankdarlehen die Zinszahlungen nicht mit Aufwand verbunden sind, ist es bei Anleihen deutlich anders. Man rechnet mit etwa 0,2 Prozent des Anleihevolumens als laufende Kosten pro Jahr.

Welche Form der Fremdfinanzierung letztlich für ein Unternehmen die sinnvollste ist, ist immer eine Einzelfallentscheidung.

5.4   Nicht zinstragendes Fremdkapital

Nicht für alles Kapital, das dem Unternehmen durch Fremde zur Verfügung gestellt wird, müssen Zinsen entrichtet werden. Manchmal stehen einem Unternehmen recht große Volumina an Fremdkapital zinslos zur Verfügung. Dabei handelt es sich um die sog. Handelskredite.

!   ACHTUNG: Handelskredite

Unter Handelskrediten versteht man die Fälle, in denen Waren oder Dienstleistungen zur Verfügung gestellt werden, ohne dass sofort gezahlt werden muss — es werden Zahlungsziele eingeräumt.

▶   BEISPIEL: Zahlungsziel

Die S&R AG bezieht von der Schließ GmbH Sicherheitsschlösser, die sie in Ihre Produkte einbaut. Die Zahlungsbedingung der Schließ GmbH lautet: *„Zahlbar innerhalb von 30 Tagen ohne Abzug"*. Das bedeutet, dass die S&R AG die Schlösser einbauen kann, aber erst nach einem Monat bezahlen muss. Andererseits ist es nicht möglich, Skonto zu ziehen.

Ob Zahlungsziele eingeräumt werden und wie lange sie sind, bestimmt der Markt. Als Kunde werden Sie bei ansonsten gleichen Bedingungen dort Ihre Waren beziehen, wo Sie vergleichsweise am längsten warten können, bis Sie die Rechnung auch bezahlen müssen. Bilanziell hat das die folgenden Auswirkungen:

Aktiva	Passiva
…	…
Schlösser im Wert von x EUR	Verbindlichkeiten aus Lieferung und Leistungen i. H. v. x EUR
…	…

Ihr Vermögen erhöht sich um den Wert der bezogenen Waren, die Finanzierung erfolgt durch Fremdkapital, nämlich in Form einer Verbindlichkeit, die keine Zinsen verursacht.

Nun ist die Frage zu durchdenken, ob tatsächlich kein Aufwand für diese Form der Finanzierung entsteht.

Versetzen Sie sich einfach in die Situation des Lieferanten: Sie haben Ihre Leistung erbracht, erhalten aber die Bezahlung (in Form einer Einzahlung, also eines operativen Cashflows) erst einen Monat später. Ihr Kapital ist so lange gebunden, bis Sie das Geld auf ihrem Konto haben. Demzufolge müssen Sie diese Kapitalbindung finanzieren. Das bedeutet für Sie einen zusätzlichen Aufwand, beispielsweise in Form von Kontokorrentzinsen. Als guter Kaufmann kalkulieren Sie diesen Finanzierungsaufwand in Ihren Preis ein. Auf gleiche Weise denkt auch Ihr Lieferant. In seinem Preis wird ein angemessener Finanzierungsaufwand enthalten sein.

!

ACHTUNG: Nicht zinstragendes Fremdkapital

Das nicht zinstragende Fremdkapital wird nicht in Form von Geld zur Verfügung gestellt, sondern *in Form von bezogenen Waren oder Dienstleistungen*. Bis zur Bezahlung werden Sie vom Lieferanten finanziert, er stellt dem kaufenden Unternehmen einen Handelskredit zur Verfügung, indem er für eine bestimmte vertraglich vereinbarte Zeit auf die Zahlung verzichtet.

Nicht zinstragendes Fremdkapital bedeutet also, dass keine separaten Zinsen zu entrichten sind. Der entsprechende Gegenwert wird aber — eine vernünftige kaufmännische Kalkulation vorausgesetzt — bereits Bestandteil des Preises sein.

Fazit zu den „Grundlagen"

In einer Marktwirtschaft muss jedes Unternehmen finanziert werden. Das ist begründet in der Tatsache, dass einerseits erst durch den Absatz von Lieferungen und Leistungen dauerhaft Geld in das Unternehmen fließt, andererseits aber bereits im Vorfeld Produktionsfaktoren beschafft werden müssen.

Das erforderliche Kapital kann entweder von den Eigentümern des Unternehmens zur Verfügung gestellt werden oder von Unternehmensfremden. Auf diese Weise unterscheidet man Eigen- und Fremdkapital. Eigenkapital ist grundsätzlich nicht kündbar und steht dem Unternehmen dauerhaft zur

Verfügung. Die „Belohnung" für die Überlassung ist der Anspruch auf einen Teil des Gewinns. Fremdkapital steht nur zeitlich befristet zur Verfügung. Für Fremdkapital müssen entweder direkt (Kredit- oder Anleihezinsen) oder indirekt (bei Handelskrediten) Zinsen gezahlt werden.

Wesentlich für den wirtschaftlichen Erfolg ist neben den realen Prozessen im Unternehmen (Produktion, Erstellung von Dienstleistungen) auch die Form und Struktur der Finanzierung.

Planung und Steuerung der Unternehmensfinanzen

Dieser Teil des Buches wendet sich dem Finanzmanagement im engeren Sinne zu. Zunächst geht es um die Frage, wie hoch der Kapitalbedarf eines Unternehmens als solcher ist.

Es beginnt mit einem kurzen Abriss zu den finanzwirtschaftlichen Zielsetzungen. Finanzmanagement ist nur dann sinnvoll, wenn es sich an Zielen orientiert. Wir gehen deshalb zunächst auf mögliche Hauptzielsetzungen ein.

Außerdem halten wir es für bedeutsam, dass wir uns mit der Stellung und den Aufgaben des Finanzmanagements in Unternehmen auseinandersetzen. Das ist aufgrund der Spezifik der verschiedenen Unternehmen nicht allumfassend möglich, wir wollen Ihnen aber einen Überblick über grundsätzliche Varianten geben.

Danach befassen wir uns mit Methoden zur Ermittlung des langfristigen Kapitalbedarfs und des Kapitalbedarfs für das Umlaufvermögen.

6 Finanzwirtschaftliche Zielsetzungen

6.1 Wer bestimmt die Zielrichtung?

6.1.1 Der Stakeholder-Ansatz

Mit einem Unternehmen ist eine Vielzahl von Personen verbunden. Zuerst denkt man an die Mitarbeiter, die im Unternehmen ihren Arbeitsplatz haben. Aber auch Zulieferer, Kunden, die Eigentümer und nicht zuletzt der Staat haben in irgendeiner Form Interessen, die sie mit Hilfe des Unternehmens verfolgen. Für alle steht etwas auf dem Spiel (engl. „on the stake") — deshalb werden die mit dem Unternehmen in Verbindung stehenden Personengruppen „Stakeholder" genannt.

Entscheidend sind zunächst die *Kunden*. Sie erwarten gute Produkte (oder Dienstleistungen) zu einem fairen Preis. Von Ihnen kommt der Umsatz. Demzufolge ist das Unternehmen gut beraten, auf die Kundenwünsche zu achten.

> ● **TIPP: Kundenorientierung**
>
> Es kommt nicht darauf an, mit großer Vehemenz das zu verkaufen, was man hergestellt hat, es gilt vielmehr, das herzustellen, was gut verkauft werden kann.

Am anderen Ende der Kette stehen die *Lieferanten*. Von ihren Vorprodukten und Vorleistungen hängt auch der Erfolg des eigenen Unternehmens ab. Sie gilt es pünktlich und vertragstreu zu bezahlen.

Große Bedeutung haben die *Mitarbeiter* des eigenen Unternehmens. Nur durch ihre Arbeit ist es überhaupt möglich, Werte zu schaffen und damit wirtschaftlich tätig zu sein. Während der Arbeitgeber Engagement und Loyalität erwarten kann, steht den Mitarbeitern eine angemessene Entlohnung für ihre Arbeit zu.

Im weiteren Sinne zu den Mitarbeitern gehört auch das Führungspersonal des Unternehmens, die Personen des *Managements*. Hier ist insbesondere zu beachten: Gerade bei kleineren Unternehmen gibt es häufig eine Vermischung der Funktionen der Eigentümer und der Manager.

▶ **BEISPIEL: Personalunion von Eigentümer und Manager**

Herr Schneider ist alleiniger Gesellschafter der Schneider Telefon GmbH. Gleichzeitig ist er auch der Geschäftsführer des Unternehmens. Er erhält ein Geschäftsführergehalt, ist also ein Angestellter der GmbH.

! **ACHTUNG: Geschäftsführergehalt**

Das Geschäftsführergehalt ist das Äquivalent für im Unternehmen *geleistete Arbeit*. Die Belohnung für das eingebrachte Eigenkapital findet sich nicht im Gehalt, sondern im Gewinn, der — nach Abzug auch des Gehalts für den oder die Geschäftsführer — im Unternehmen erwirtschaftet wurde und dem bzw. den Eigentümer(n) zur Verfügung steht.

In der praktischen Anwendung wird es dem geschäftsführenden Gesellschafter zwar relativ egal sein, wie sich sein Einkommen zusammensetzt, betriebswirtschaftlich sollte man hier aber sauber trennen.

Eigenkapitalgeber erwarten, wie bereits gesagt, einen Anteil am Gewinn, *Fremdkapitalgeber* die vereinbarten Zinsen und die vertragsgemäße Rückzahlung ihres Kapitals.

Last but not least ist noch der *Staat* zu nennen. Er bietet den Rechtsrahmen und sichert dessen Zuverlässigkeit. Darüber hinaus profitiert ein Unternehmen, wie jede Privatperson auch, von staatlichen Maßnahmen wie beispielsweise der Schaffung von Infrastruktur, Sicherheit usw. Der Staat partizipiert in Form von Steuern auf Einkommen und Ertrag (in aller Regel die Gewerbesteuer und die Körperschaftssteuer) und in Form von sonstigen Abgaben der in seinem Gebiet ansässigen Unternehmen.

Was hat dieser Ansatz nun mit Finanzmanagement zu tun?

Dazu sollte man sich vor Augen führen, in welcher Höhe beispielsweise 1.000 Euro Umsatz den einzelnen Stakeholdern zugutekommen. Bundesweit galten gemäß einer Studie der Bundesbank im Jahr 2006 die folgenden Werte:

1.000 Euro Umsatz wurden durchschnittlich in der folgenden Weise aufgeteilt:

- 690 EUR für die Lieferanten (Einsatz von Material und Vorprodukten),
- 140 EUR für die Mitarbeiter und das Management,
- 10 EUR Zinsen für die Fremdkapitalgeber,
- 30 EUR Abgaben und Steuern an den Staat,
- 29 EUR Gewinn für die Eigentümer.

Die restlichen rund 100 Euro enthalten die Gegenwerte für Abschreibungen und Rückstellungen. Beide Positionen sind Aufwendungen und vermindern den Gewinn. Sie führen aber nicht zu Auszahlungen. Insofern ist der Cashflow, der den Unternehmen zugeflossen ist, rund 100 Euro höher, als der ausgewiesene Jahresüberschuss.

● TIPP: Anteile am Umsatz

Ermitteln Sie die relevanten Zahlen für Ihr eigenes Unternehmen. Da bei den oben genannten Werten nur der Durchschnitt über sämtliche Branchen und unabhängig von den Rechtsformen erfasst wurde, ist ein direkter Vergleich mit ihnen nicht unbedingt sinnvoll. Wichtig sind aber die folgenden Fragen:

1. Weichen die eigenen Zahlen von der Benchmark in der eigenen Branche ab? Die Benchmark könnte sein: der Branchendurchschnitt, der Branchenführer, aber auch der Hauptwettbewerber.
2. Haben sich die Anteile im Laufe der letzten Jahre (z. B. der letzten 5 Jahre) deutlich verschoben?

Aus solchen Recherchen lassen sich Ansätze für Abweichungen in den Kosten- und Aufwandsstrukturen ermitteln.

Die Zielsetzungen der einzelnen Stakeholder können sehr unterschiedlich sein. Oft ist es sogar so, dass sich die Ziele einer Gruppe nur durchsetzen lassen, wenn andere Gruppen zusätzlich belastet werden.

Die Frage, die sich nun stellt, lautet also: Welche Personengruppe entscheidet über die Zielsetzungen des Unternehmens und welches Ziel wählt diese Personengruppe aus?

6.1.2 Shareholder Value und Wertmaximierung

Das größte Risiko all der genannten Stakeholder tragen die Eigentümer. Sie haben ihr privates Kapital investiert und müssen mit dem Risiko leben, dass es komplett verloren geht oder, schlimmer noch, dass sie weiteres privates Vermögen zum Ausgleich von Verlusten verwenden müssen. Dieser Fall kann bei Personengesellschaften eintreten, bei denen die Eigentümer als Vollhafter keine Trennung zwischen betrieblichem und privatem Vermögen vornehmen können.

Dieses Risiko und darüber hinaus die Tatsache, dass in einem marktwirtschaftlichen System die Eigentümer in letzter Instanz über eine Unternehmensgründung, aber auch über das Ende eines Unternehmens (z. B. durch Verkauf oder Liquidation) entscheiden, führt dazu, dass die Eigentümer auch diejenigen sind, die die Ziele einer Unternehmung festlegen.

! **ACHTUNG: Festlegung des grundsätzlichen Unternehmensziels**

Die grundsätzlichen Unternehmensziele werden durch die Eigentümer festgelegt.

Gewinnmaximierung oder Shareholder Value?

Bei der Frage nach dem Erfolg eines Unternehmens denkt man meistens zuallererst an den Gewinn. Ja, dauerhaft keinen Gewinn zu machen, führt ein Unternehmen zwangsweise in den Ruin. Aber kann hoher Gewinn allein der Maßstab für den Unternehmenserfolg sein?

Um diese Frage zu beantworten, sollte man sich zunächst den Charakter des Gewinns vergegenwärtigen.

Gewinn ist eine „statische" und kurzfristige Größe

Das bedeutet: Um den Gewinn eines Jahres zu ermitteln, geht man von einer gegebenen Kapitalausstattung aus. Die vorhandenen Produktionsfaktoren sollen so effizient wie möglich eingesetzt werden. Nun gibt es eine Reihe von Möglichkeiten, den Gewinn in Form des Jahresüberschusses kurzfristig zu steigern, dabei aber die langfristige Unternehmensentwicklung außer Acht zu lassen.

▶ **BEISPIEL: Kurzfristige Gewinnsteigerungen**

Der Geschäftsführer der S&R GmbH hat den Auftrag, den Jahresüberschuss zu maximieren. Als erstes beschließt er folgende Maßnahmen:

- Einstellung aller Entwicklungsarbeiten an künftigen Erzeugnissen, weil auf diese Weise Personal- und Sachkosten entstehen, ohne dass denen direkte Einnahmen gegenüberstehen.
- Absetzen aller Aus- und Weiterbildungsmaßnahmen für Mitarbeiter.
- Verkauf von Vorräten an nicht sofort benötigtem Material.
- Verkauf von Ersatzteilen.
- Verkauf aller nicht unbedingt betriebsnotwendigen Vermögensgegenstände.
- Konzentration ausschließlich auf Produkte, die eine hohe Gewinnmarge versprechen, und Streichen aller anderen Produkte, ohne zu prüfen, welche künftigen Marktpositionen dort zu erreichen sind.
- Unterlassen aller vorbeugenden Instandhaltungsmaßnahmen.

Diese Liste ließe sich sicher fortsetzen. Allen Maßnahmen ist eines gemein: Es wird auf künftige Gewinnpotenziale verzichtet, nur um im aktuellen Jahr den Jahresüberschuss zu erhöhen. Auf diese Weise vergibt das Unternehmen Aussichten, auch künftig erfolgreich zu sein.

Das obige Beispiel macht deutlich, dass der alleinige Blick auf die aktuelle Situation ggf. die Chancen vergibt, auch künftig Erfolg auf dem Markt zu haben. Im Extremfall kann solch ein Vorgehen „Nach mir die Sintflut" sogar existenzgefährdend für ein Unternehmen sein.

Gewinn berücksichtigt das mit ihm verbundene Risiko nicht

Konzentriert man sich allein auf die Maximierung des Gewinns, lässt man außen vor, mit welchem Risiko dieser Gewinn erzielt wird. Das Geschäftsmodell wird immer riskanter bis hin zum möglichen Totalausfall.

> **BEISPIEL: Gewinn und Risiko**
>
> Dass das Erzielen von Gewinnen immer mit Risiken verbunden ist, hat uns die Bankenkrise deutlich vor Augen geführt. Mit dem Gedanken der Gewinnmaximierung wurden z. B. bei JP Morgan Chase große Derivatepositionen aufgebaut, die im Mai 2012 zu einem Verlust von über 2 Mrd. US-$ geführt haben. Wohlgemerkt: Hier haben nicht einzelne Händler ihre Kompetenzen überschritten, hier hat eine Bank ganz bewusst Risiken in Kauf genommen, um ihren Gewinn zu maximieren. Ob dabei allerdings mit solch exorbitanten Verlusten gerechnet wurde, scheint zumindest fraglich ...

Man sollte daran denken: Je riskanter das Geschäftsfeld ist, desto größer wird auch die Gefahr, dass gar kein Gewinn entsteht.

> **TIPP: Gewinne mit überdurchschnittlich hohen Risiken**
>
> Kann ein Gewinn nur mit einem überdurchschnittlich hohen Risiko erzielt werden, verliert er für die Eigenkapitalgeber an Wert. Das Verhältnis zwischen Rendite und Risiko gerät aus den Fugen.

Shareholder Value und Maximierung des Werts des Eigenkapitals

Im Englischen werden die Anteilseigner als „Shareholder" bezeichnet, davon leitet sich auch der Begriff „Shareholder Value" ab, nämlich der Wert für die Eigentümer.

Das Konzept des Shareholder Values geht über die reine Maximierung des Gewinns hinaus. Das Hauptziel der Eigentümer besteht darin, den Wert des von ihnen investierten Eigenkapitals zu erhöhen. Dafür kann man nicht nur den aktuellen Gewinn eines Jahres betrachten, man muss auch künftige Gewinne in die Betrachtung mit einbeziehen. Je riskanter das Unternehmenskonzept erscheint, desto höher sind die Renditeziele der Eigentümer. Ihre Renditeerwartungen werden demnach kalkulatorisch als Eigenkapitalkosten berücksichtigt. Nur wenn der Gewinn dieses Jahres und auch der Gewinn aller Folgejahre den Einsatz des Eigenkapitals rechtfertigt, nur wenn also auf lange Sicht eine höhere Rendite erwirtschaftet wird, steigt auch der Wert des investierten Eigenkapitals.

> ▶ **BEISPIEL: Wertsteigerung des Unternehmens**
>
> Die S&R AG erwirtschaftet einen Jahresüberschuss von 10 Mio. EUR. Dafür wurden 15 Mio. EUR Eigenkapital eingesetzt, auf das die Eigentümer eine Rendite von 15 Prozent erwarten.
> Im Finanzmanagement wird dieser Eigenkapitaleinsatz kalkulatorisch folgendermaßen berücksichtigt:
> 15 Mio. EUR Eigenkapital x 15 Prozent Renditeerwartung ergibt kalkulatorische Eigenkapitalkosten von 2,25 Mio. EUR. Damit hat das Unternehmen in diesem Jahr eine Wertsteigerung von 7,75 Mio. EUR erfahren — ein gutes Ergebnis.
> Auf ähnliche Weise werden auch die Wertsteigerungen künftiger Jahre ermittelt und auf den heutigen Zeitpunkt abgezinst.[1]

Zusammengefasst bedeutet das Prinzip des Shareholder Value, dass das Management des Unternehmens *unter Berücksichtigung des Risikos* heute und künftig einen Gewinn erwirtschaften soll, der die Anforderungen der Eigentümer an die Rendite des eingesetzten Eigenkapitals mindestens erreicht, besser aber übersteigt.

6.1.3 Zielkonflikte

Wir haben bereits erfahren: Die Ziele der einen Personengruppe müssen nicht zwangsläufig auch die Ziele einer anderen Gruppe sein. Vorteile für eine Gruppe können mit Nachteilen für andere verbunden sein.

---

[1] Zur Technik des Abzinsens und zu den Kosten für Eigenkapital vgl. in den „Grundlagen" im Kapitel „Der Wert des Eigenkapitals".

▶ **BEISPIEL: Unterschiedliche Interessen**

Die Bank als Fremdkapitalgeber fordert für einen neuen Kredit einen höheren Zinssatz als bisher. Da das Unternehmen auf das Fremdkapital angewiesen ist, muss es diesen Zinssatz akzeptieren. Blieben alle weiteren Bedingungen unverändert, würde sich dadurch der Gewinn verringern. Da das nicht das Ziel des Unternehmens sein kann, bleiben ihm u. a. die folgenden Optionen:

- Weitergabe der erhöhten Aufwendungen über den Preis. Das kann ggf. zu einer geringeren Absatzmenge und damit wiederum zu einem geringeren Umsatz führen. Akzeptieren die Kunden den höheren Preis, stehen sie nun vor der gleichen Situation wie das Unternehmen: Erhöhte Aufwendungen führen per se zu einem niedrigeren Gewinn.

- Versuch, an anderer Stelle Kosten zu sparen. Das kann beispielsweise durch Rationalisierung und Einsparung an Arbeitszeit (damit an Arbeitskräften) geschehen. Das wiederum widerspricht den Interessen der Mitarbeiter.

- Ein Verzicht auf Gewinn, also weder Kostensenkung noch Weitergabe über den Preis, führt zu geringeren Ausschüttungen an die Eigentümer.

Betrachtet man das obige Beispiel, könnte man zu dem Schluss kommen, diese Zielkonflikte seien unlösbar. Das ist aber nicht der Fall.

Orientiert sich ein Unternehmen, wie im letzten Kapitel dargestellt wurde, vorrangig an den Interessen der Shareholder, werden — bei einem annähernd funktionierenden Markt — auch die Interessen der anderen Stakeholder bedient.

! **ACHTUNG: Shareholder vs. Stakeholder?**

Zielkonflikte zwischen den einzelnen Gruppen lassen sich kurzfristig nicht immer vermeiden. *Auf längere Sicht* gleichen sich aber die Nutzen für sämtliche mit dem Unternehmen verbundenen Personengruppen an.

Hierfür einige Beispiele:

- Steigen die Unternehmensgewinne, werden die Eigentümer daran interessiert sein, ihre Gewinne durch einen Wachstum des Unternehmens zu erhöhen. Sie stellen mehr Kapital zur Verfügung, was zu steigender Produktion und mehr Arbeitsplätzen führen kann.
- Werden Lieferanten fair behandelt, werden sie auch weiterhin bereit sein, das Unternehmen zu beliefern. Versucht das Unternehmen jedoch, durch Preisdrückerei, ständige Nachverhandlungen und Reklamationen seine Zulieferer zu übervorteilen, werden diese entweder versuchen, andere Kunden zu finden oder — noch schlimmer — aufgrund wirtschaftlicher Probleme den Markt durch Insolvenz ganz verlassen.
- Nur wenn Mitarbeiter fair entlohnt werden, sind sie motiviert, hohe Leistungen für das Unternehmen zu erbringen und sich loyal zu verhalten.

Die Liste dieser Beispiele ließe sich sicher fortsetzen.

Andererseits ist die Angleichung der Interessen ein ständiger Prozess, der durchaus auch von Misserfolgen begleitet sein kann. Neben den rein wirtschaftlichen Faktoren spielen dabei auch ethische und politische Aspekte eine nicht zu unterschätzende Rolle. All das auszuführen geht aber über den Rahmen eines Buches zum Finanzmanagement deutlich hinaus.

Fazit
Die wesentlichen Ziele eines Unternehmens orientieren sich an den Interessen der Eigentümer. Sie tragen dafür das höchste Risiko. Langfristig werden damit aber auch die Ziele anderer Interessengruppen bedient.

6.2 Wirtschaftliche Ziele

6.2.1 Anforderungen an Zielsetzungen

Um sinnvoll mit Zielen umgehen zu können, sollten die Ziele einige Anforderungen erfüllen:

Ziele müssen realistisch sein

Was heißt „realistisch"? Realistische Ziele schließen zwei Extreme aus: Nicht erreichbare Zielsetzungen einerseits und Ziele, deren Erreichen ohne jede Anstrengung selbstverständlich ist, andererseits. Beides wäre demotivierend.

▶ **BEISPIEL: Unrealistische Zielsetzungen**

Der Finanzverantwortliche Ihres Unternehmens erhält das Ziel, den Zinsaufwand von einem zum anderen Jahr zu halbieren. Allein unter dem Gesichtspunkt längerfristig laufender Verträge ist das gar nicht möglich. Andererseits wäre eine Zielsetzung, den Umsatz des Vorjahres wieder zu erreichen, nur dann sinnvoll, wenn beispielsweise dafür neue Kunden gewonnen werden müssten. Ist der Umsatz bereits durch langfristige Abnahmepläne in dieser Höhe gebunden, geht von dieser Zielsetzung keine Motivation zu besonderen Anstrengungen aus.

Ziele sollten messbar sein

Größen wie „kundenfreundlich", „gut" oder ähnliche machen es schwer, das Erreichen des Ziels objektiv zu messen. Im Zweifel wird jeder Mitarbeiter behaupten, dass er immer kundenfreundlich sei. Ganz anders sieht es aus, wenn festgestellt wird, wie hoch der Anteil der Kunden ist, die Folgeaufträge ausgelöst haben. Das werden sie nur tun, wenn sie auch zufrieden waren. (Selbstverständlich ist diese Messung abhängig von der Branche und dem Geschäftsmodell; bei einem Bäcker ist es z. B. schwierig, die Anzahl der Wiederholkäufer festzustellen — hier müssten andere Kriterien angesetzt werden).

Über die beiden genannten Anforderungen an Ziele hinaus sollten sämtliche wirtschaftlichen Ziele in eine Zielhierarchie eingepasst werden. Es gilt, Prioritäten zu setzen. Die Vielzahl möglicher finanzwirtschaftlicher Ziele darf keinesfalls dazu führen, dass die Ziele sich gegenseitig widersprechen oder behindern.

> **BEISPIEL: Sich widersprechende Zielsetzungen**

Das Finanzcontrolling hat als Zielsetzung ausgegeben, die Laufzeit der Forderungen deutlich zu reduzieren. Allerdings wird das Gewähren von Skonto von vornherein ausgeschlossen.

Darüber hinaus soll der Umsatz durch Neugewinnung von Kunden ausgeweitet werden. Da die Produkte des Unternehmens keine echten Alleinstellungsmerkmale aufweisen, wäre das durch kundenfreundliche Zahlungsziele möglich, was aber durch das Ziel, die Forderungslaufzeit zu reduzieren, konterkariert wird.

> **TIPP: Aktualität**

Das Zielsystem sollte ständig aktualisiert werden. Dazu ist es vor allem erforderlich, zu überprüfen, ob denn die Rahmenbedingungen, die seinerzeit zur Formulierung der Ziele geführt haben, nach wie vor Gültigkeit besitzen.

> **ACHTUNG: Zielsetzungen**

Es bringt nichts, Zielsetzungen weiterzuverfolgen, wenn ihr Erreichen aufgrund veränderter Bedingungen (z. B. aufgrund deutlich erhöhter Preise für Kraftstoff) nicht mehr möglich ist. In einer Spedition sollte man in solch einem Fall nicht die Kosten für Kraftstoff als Zielsetzung ausgeben, sondern beispielsweise den Verbrauch, bezogen auf die Strecke.

Noch ein letzter Gedanke zur Formulierung von Zielen: Es ist nicht sinnvoll, ein Maximum anzustreben bzw. zu verlangen, wenn es um die Beurteilung der Zielerreichung geht. Warum? Es gibt immer wieder neue Lösungen, die einen einmal erreichten Stand wieder übertreffen. Wollte man auf das endgültige Maximum warten, würde das theoretisch endlos lange dauern. Demzufolge ist es besser, eindeutig definierte Größen zu nennen, bei deren Erreichen die Aufgabe als erfüllt angesehen werden kann. Diese Größen heißen im Fachjargon „Satisfizierungsziele".

▶ **BEISPIEL: Satisfizierungsziel**

Nicht geeignet wäre beispielsweise eine Formulierung, wie „Erreichen einer maximalen Rendite für das Eigenkapital". Richtiger wäre: „Ziel ist eine Eigenkapitalrendite von 14 Prozent nach Steuern."

6.2.2 Konkrete Ziele

Rentabilität

Das wohl wesentlichste Ziel eines Unternehmens ist rentables Arbeiten. Die Rentabilität des eingesetzten Kapitals gehört in der Zielhierarchie ganz nach oben. Kann der Einsatz von Kapital dauerhaft keinen Überschuss erwirtschaften, werden Kapitalgeber nicht bereit sein, ihr Geld in solch eine Unternehmung zu investieren (vgl. hierzu Teil „Grundlagen", Kapitel „Die Finanzierung eines Unternehmens" dieses Buches).

Die Rendite der Fremdkapitalgeber findet ihren Ausdruck in den zu zahlenden Zinsen. Es ist verständlich, dass es nicht Ziel und Aufgabe eines Unternehmens ist, die Rendite der Bank zu erhöhen.

Wichtig ist jedoch die Rendite auf das eingesetzte Eigenkapital. Sie spiegelt sich wider im ausschüttungsfähigen Gewinn.

! **ACHTUNG: Gewinn ausschütten oder einbehalten?**

Für den Eigentümer, der das Eigenkapital zur Verfügung stellt, ist es letztlich unerheblich, ob ein Gewinn ausgeschüttet wird oder nicht. Im ersten Fall erhält er Geld in seinen privaten Bereich, im zweiten Fall erhöht sich der Wert seiner Beteiligung am Unternehmen.

Rentabilität ist immer im Zusammenhang mit dem Risiko zu sehen, das für ihr Erreichen eingegangen werden muss. Risikolosen Kapitaleinsatz gibt es nicht. Hohe Sicherheit ist in aller Regel mit geringeren Renditeerwartungen verbunden. Oder andersherum: Wem die Rendite nicht ausreicht, der muss bereit sein, auch höhere Risiken einzugehen. Wo genau das Optimum zwischen Rendite und Risiko liegt, ist allerdings individuell verschieden.

Liquidität

Eine hohe Liquidität ist nicht das Hauptziel einer Unternehmung. Im Gegenteil: Hohe Liquidität läuft einer hohen Rendite entgegen.

▶ **BEISPIEL: Rendite und Liquidität**

Die höchste Liquidität hat man, wenn man das Kapital gar nicht investiert, sondern liquide behält. In der konsequentesten Form würde man es als Bargeld im Tresor aufbewahren. Jedermann ist klar, dass man auf diese Weise eine Rendite von 0 Prozent erzielen würde. Das Unternehmen muss sein Kapital in Produktionsfaktoren investieren, ansonsten könnte keine Wertschöpfung stattfinden. Damit verzichtet es aber auf Liquidität.

Generell gilt: Die Liquidität sollte so hoch sein, dass betriebliche Prozesse nicht durch fehlende Finanzierungen gestört werden.

● **TIPP: Unsicherheit von Zahlungsströmen**

In der Praxis ist es nicht möglich, sämtliche Ein- und Auszahlungen exakt vorauszusagen. Es wird immer wieder Fälle geben, in denen man mehr oder auch weniger Liquidität zur Verfügung hat, als geplant. Für solche Fälle benötigt man Liquiditätsreserven, die je nach konkreter Situation unterschiedlich hoch sein sollten.

Liquidität kann man also als eine zwingende Nebenbedingung der wirtschaftlichen Tätigkeit betrachten. Ist keine ausreichende Liquidität vorhanden, führt das dazu, dass Rechnungen an das Unternehmen nicht fristgerecht oder in der erforderlichen Höhe beglichen werden können. Kann solch ein Zustand nicht innerhalb kürzester Zeit bereinigt werden, ist das Unternehmen also dauerhaft nicht in der Lage, seinen Zahlungsverpflichtungen betrags- und termingenau nachzukommen, ist es illiquide. Der Gesetzgeber sieht für diesen Fall zwangsweise den Gang zum Amtsgericht vor: Die Geschäftsführung ist verpflichtet, Insolvenz anzumelden.

Konsequenterweise gilt diese Pflicht zur Anmeldung der Insolvenz bereits ab dem Zeitpunkt, an dem klar wird, dass die Illiquidität auf das Unternehmen zukommt und nicht abgewendet werden kann. Die aktuelle Situation, in der man seinen Verpflichtungen noch nachkommen kann, gilt demnach nicht als Entschuldigungsgrund.

> **!** **ACHTUNG: Zahlungsprobleme oder Illiquidität?**
>
> Der genaue Zeitpunkt, ab wann temporäre Zahlungsprobleme zu einer dauerhaften Illiquidität führen, die wiederum ein zwingender Insolvenzgrund ist, lässt sich nicht genau bestimmen. Als Geschäftsführer oder Vorstand sollte man diesen Gesichtspunkt aber permanent im Auge behalten. Versäumt man die nötigen Schritte, kann man persönlich haftbar gemacht werden. Immerhin ist man im rechtlichen Sinne soweit gegangen, dass man Zahlungsverpflichtungen eingegangen ist (durch das Bestellen von Material usw.), ohne ihnen nachkommen zu können. Das ist letztlich betrügerisch, und in diesem Sinne muss man haften.

Der Steuerung der Liquidität ist Teil „Planung und Sicherung der Liquidität" dieses Buches gewidmet. An dieser Stelle sollte lediglich auf die grundsätzliche Zielsetzung hingewiesen werden.

Unabhängigkeit
Grundsätzlich verfolgt das Management jedes Unternehmens das Ziel, unabhängig von den Interessen anderer Beteiligter seine Entscheidungen treffen zu können. Diese anderen Beteiligten sind in erster Linie die Kapitalgeber. Mit der Aufnahme von Kapital wird die Dispositionsfreiheit des Managements begrenzt. In welcher Art und Weise das geschieht, hängt von der Form der Kapitalüberlassung ab, also davon, ob es sich

- um Beteiligungstitel (Eigenkapital) oder
- um Forderungstitel (Fremdkapital)

handelt.

Jede Form von Finanzierungstiteln bringt eine Summe von Rechten und Pflichten der Kapitalgeber zum Ausdruck. Die Pflicht der Kapitalgeber besteht zunächst einmal in der Bereitstellung von Kapital. Bei Eigenkapital kommt als Pflicht die Beteiligung am Verlust hinzu, je nach Rechtsform auch eine weitere Haftungsübernahme.

Die Rechte können weit umfangreicher sein, und gerade sie schränken ggf. die Handlungsfreiheit des Managements ein. Zu nennen wären insbesondere

- Mitentscheidungsrechte,
- Informationsrechte,
- Kontrollrechte,
- Gebote oder Verbote im Zusammenhang mit der Kapitalüberlassung,
- Befristungen,
- Besicherungen (u. a. durch Pfandrechte, hier besonders an Grundstücken) oder
- Ausschließlichkeitsklauseln und
- andere Rechte.

Nicht immer werden alle genannten Rechte gleichzeitig eine Rolle spielen. Mitentscheidungsrechte stehen grundsätzlich den Inhabern von Beteiligungstiteln (den Eigenkapitalgebern) zu, während Gläubigern zunächst keine originären Mitspracherechte eingeräumt werden. Indirekt nehmen sie Mitspracherechte aber sehr wohl wahr:[2] Allein dadurch, dass Fremdkapital nur befristet zur Verfügung steht, wird in die Dispositionsfreiheit des Managements eingegriffen. Teile des Kapitals müssen zurückgezahlt werden, auch wenn sie aus Sicht der Unternehmensführung noch dringend gebraucht würden.

TIPP: Fristen der Kapitalüberlassung

Ein Gläubiger wird sein Kapital dem Unternehmen immer nur maximal so lange überlassen, wie das damit angeschaffte Wirtschaftsgut genutzt wird und einen Cashflow erwirtschaftet, der die Zins- und Rückzahlung ermöglicht. Das heißt: Eine Kreditfinanzierung über die normale Nutzungsdauer hinaus ist in aller Regel nicht möglich. Wird beispielsweise eine Werkzeugmaschine über 10 Jahre abgeschrieben, wird der Kredit normalerweise so gestaltet, dass seine vollständige Tilgung spätestens nach 10 Jahren (zumeist schon etwas früher) erfolgt.

---

[2] Vgl. hierzu auch „Grundlagen", Kapitel „Gestaltung des Kreditvertrags".

Auch die bereits erwähnte Bindung von Kreditmitteln an einen vorher vereinbarten Verwendungszweck schränkt die Unabhängigkeit des Managements ein. Gleiches gilt für die Vereinbarung von Sicherheiten: Mit Grundschulden belastete Grundstücke machen es schwerer, weitere Finanzmittel zu bekommen.

● **TIPP: Verteilung von Grundschulden**

Hat ein Unternehmen mehrere Immobilien (das trifft beispielsweise für Wohnungsgesellschaften in hohem Maße zu), sollte man gut überlegen, wie man sie mit Pfandrechten belastet. Es ist immer sinnvoll, bestimmte Immobilien mit hohen Grundschulden zu belasten, während man andere Immobilien für künftige eventuell schnell erforderliche Kreditaufnahmen von Grundpfandrechten freihält. Kein Kreditinstitut hat ein Interesse daran, sich im Nachrang, also nach bereits bestehenden Grundpfandrechten, abzusichern.

Beliebt von Seiten der Kreditgeber sind auch Klauseln, die vertraglich vereinbaren, dass spätere andere Kreditgeber nicht bessergestellt werden dürfen (Negativklausel/Negativrevers). Sie verpflichten den Kreditnehmer, also das Unternehmen, bestimmte Vermögensgegenstände während der Kreditlaufzeit nicht zu veräußern oder anderen Kreditgebern als Sicherheit zu geben. Der Hintergrund: Die finanzierende Bank hat ihre Kreditentscheidung unter Berücksichtigung der aktuellen Vermögenssituation des Kreditnehmers getroffen. Entzieht der Kreditnehmer nun auf direktem Wege (durch Verkauf) oder auf indirektem Wege (durch die Verwendung als Sicherheit) Vermögensteile, verschlechtert sich die Situation des Gläubigers. Das will er nicht hinnehmen.

▶ **BEISPIEL: Negativklausel**

Die S&R AG nimmt einen Kredit bei der A-Bank auf. Ihr gehört als wesentlicher Vermögensgegenstand das Firmengrundstück. Die A-Bank geht davon aus, dass dieses Grundstück betriebsnotwendig ist und deshalb der S&R AG dauerhaft als Vermögensgegenstand zur Verfügung steht. Deshalb verzichtet sie auf den (übrigens Kosten verursachenden) Eintrag einer Grundschuld, verlangt aber eine Negativklausel im Kreditvertrag.

Nun benötigt das Unternehmen einen weiteren Kredit und spricht dazu die B-Bank an. Diese ist auch zur Finanzierung bereit, verlangt aber eine Grundschuld auf das Firmenobjekt. Geht die S&R AG darauf ein, verletzt sie die Vertragsbedingungen aus dem Vertrag mit der A-Bank. Im Insolvenzfall oder schon dann, wenn der Kredit an die B-Bank nicht ordnungsgemäß bedient wird, hat diese die Möglichkeit, das Grundstück in die Zwangsversteigerung zu geben. Ein wesentlicher Vermögensgegenstand, auf den die A-Bank seinerzeit ihre Kreditzusage gebaut hat, wäre auf diese Weise ihrem Zugriff entzogen und führte deshalb zu einer Verschlechterung der Position der A-Bank.

! **ACHTUNG: Interessenlage der Kapitalgeber**

Das hier Gesagte zur Einschränkung der Dispositionsfreiheit bedeutet ausdrücklich *nicht*, dass die Interessen der Fremdkapitalgeber nicht legitim seien. Selbstverständlich ist es deren ureigenes Anliegen, ihr verliehenes Geld zurückzubekommen und sich dementsprechend abzusichern und bestimmte Rechte einräumen zu lassen.

Fazit

Hauptziel eines Unternehmens ist die Rentabilität, dargestellt in Form der Rendite auf das eingesetzte Kapital. Eine überlebenswichtige Nebenbedingung ist die Liquidität des Unternehmens, denn Illiquidität führt zur Insolvenz und damit zum Verschwinden des Unternehmens vom Markt.

Kapitalgeber schränken je nach ihrer Stellung zum Unternehmen (Eigentümer oder Fremdkapitalgeber) die Dispositionsfreiheit des Managements mehr oder weniger ein.

Die Aufgabe des Finanzmanagements besteht darin, die für ein Unternehmen optimale Balance zwischen Rentabilität und Liquidität zu finden.

7 Finanzpolitik und Finanzmanagement

Zu ermitteln, wie hoch der Kapitalbedarf im kommenden Geschäftsjahr sein wird, aber auch wie viel Kapital das Unternehmen in den folgenden Jahren benötigt, das ist die Kernaufgabe des Finanzmanagements. Was aber ist Finanzmanagement?

Beginnen wir damit, uns die Stellung des Finanzmanagements innerhalb eines Unternehmens zu verdeutlichen, um daraus die wesentlichen Aufgaben abzuleiten. Wir haben bereits festgestellt, dass die Motive und die spezifische Interessenlage der Eigentümer die grundlegenden und globalen Ziele des Unternehmens bestimmen. Aus ihnen lassen sich die Marktpolitik, die Art und Weise wie sich das Unternehmen dem Wettbewerb stellt und auch die allgemeine Unternehmensstrategie ableiten. Ein wesentlicher Bestandteil der Unternehmensstrategie ist die *Finanzpolitik*.

7.1 Die Rolle der Planung

Wie jede Unternehmenspolitik beruht auch die Finanzpolitik auf Prognosen der allgemeinen Entwicklung.

● TIPP: Prognose — Planung — Budgetierung

Nicht selten werden diese Begriffe in einen Topf geworfen und synonym verwendet. Es sind aber verschiedene Aspekte des Versuchs, künftige Entwicklungen vorherzusehen. Eine *Prognose* befasst sich vor allem mit Entwicklungen, die man selbst nicht direkt beeinflussen kann. Beispiele wären die Prognose der konjunkturellen Entwicklung, die Prognose von Zinsen oder Wechselkursen und Ähnliches. *Planung* impliziert ein aktives Handeln. Wer tut was mit welchen Mitteln bis wann? So kann man z. B. den Umsatz des kommenden Jahres planen. Eine Planung wird dann obsolet, wenn man nicht die erforderlichen Mittel für die Umsetzung des

Planes hat, und zwar finanzieller, aber auch materieller Art. Während Planung reale Handlungen zum Gegenstand hat, ist die *Budgetierung* die verbindliche Vorgabe von Sollgrößen. Der Budgetverantwortliche muss dafür einstehen, sein Budget auch einzuhalten. Planungsdaten werden Verantwortlichen zugeordnet, die sie umsetzen müssen.

Mit Prognosen werden wir uns im Rahmen dieses Buches nicht befassen, wohl aber mit der Planung. Die Planung ist ein integrativer Bestandteil der Finanzpolitik eines Unternehmens. Grundsätzlich sind dabei folgende Aufgaben zu lösen:

Checkliste: Planung — Was gehört dazu?	
Ziele setzen: Was soll bis wann erledigt sein?	
Prämissen erkennen und definieren: Unter welchen Bedingungen kann das gestellte Ziel erreicht werden?	
Probleme analysieren: Warum gab es Abweichungen?	
Maßnahmen bestimmen: Welche Aktionen werden vorgesehen und welche Alternativen sind möglich?	
Ressourcen bestimmen: Welche Mittel werden benötigt und stehen sie auch zur Verfügung?	
Termine festlegen: Wann und in welchen Zeiträumen sollen die Aktionen durchgeführt werden?	
Ausführende festlegen: Wer tut was und wer ist wofür verantwortlich?	
Ergebnisse angeben: Was wird erreicht?	

Diese Checkliste ist relativ allgemein gehalten, sie kann grundsätzlich für die Planung spezieller Projekte, aber auch für die betriebliche Planung als solche eingesetzt werden.

! **ACHTUNG: Rolle der Planung**

Anhand von Daten sollen möglichst gesicherte Informationen über die Zukunft zusammengetragen werden. So kann man aus Kundenanfragen auf künftigen Bedarf schließen. Keine Aufgabe der Planung kann es sein, nicht planbare Größen zu bestimmen. Wer die Zukunft berechnen will, wird mit hoher Wahrscheinlichkeit scheitern.

Planung ist nicht auf bestimmte Zeiträume beschränkt. Je nach Zielrichtung kann man

- langfristig (strategisch),
- mittelfristig und
- kurzfristig

planen. Über eines sollte man sich aber im Klaren sein: Je größer der Zeithorizont ist, desto ungenauer werden die Planungen. Jeder, der plant, steht damit vor einem Dilemma:

- Lange Fristen erlauben es, gezielt auf bestimmte Entwicklungen einzugehen. Andererseits sind die zu verwendenden Informationen naturgemäß ungenau und der Korridor, in dem sich bestimmte Werte bewegen, ist relativ breit.
- Kurze Fristen haben den Vorteil, dass viele der zu berücksichtigenden Größen bereits relativ genau vorliegen. Andererseits bleibt dann nur wenig Zeit, um zu reagieren.

Eine generelle Lösung dieses Problems gibt es nicht.

TIPP: Unterschiedliche Zeithorizonte

Warten Sie nicht, bis Ihnen alle erforderlichen Daten in höchster Genauigkeit vorliegen. Beginnen Sie früher und arbeiten Sie mit sog. Vorabzahlen. Das geht aber nur, wenn Ihnen die Bandbreite, um die diese Vorabzahlen noch schwanken können, bekannt und für Sie auch akzeptabel ist.

Wie kann Planung nun grundsätzlich organisiert sein und was ist zu berücksichtigen?

7.2 Organisation der Planung

7.2.1 Unternehmenskonzeption als Basis

Jedes Unternehmen sollte (s)eine grundlegende Konzeption festlegen. Basis dieser *Grundsatzplanung* ist am besten eine schonungslose Bestandsaufnahme.

> **! ACHTUNG: Bonität und Finanzierungsmöglichkeiten**
>
> Seien Sie sich darüber im Klaren, dass die Leistungsfähigkeit, die Effizienz der Unternehmensorganisation, letztlich der gesamte Zustand des Unternehmens und damit auch seine Bonität die Grundlage für die Finanzierung des Unternehmens ist. Sollte es finanzielle Engpässe geben, ist das in fast allen Fällen nicht die Schuld anderer, sondern die Folge von Defiziten in der Führung des Unternehmens. Nur wenn diese Defizite angegangen werden, eröffnen sich auch neue Möglichkeiten für die Finanzierung.

Vor dem Hintergrund des oben Gesagten sollte man an der Attraktivität des Unternehmens auch für potenzielle Finanzierer arbeiten. Dabei reicht es nicht aus, selbst um die Potenziale des eigenen Unternehmens zu wissen, es ist erforderlich, diese Potenziale auch mittels effektiver Kommunikation weiterzugeben. Wenn Sie selbst nur Durchschnitt bieten — und das bezieht sich sowohl auf den Inhalt als auch auf die Aufbereitung der Unterlagen — ist es sehr wahrscheinlich, dass Sie auch nur völlig durchschnittlich behandelt werden. Warum sollte sich eine Bank gerade bei Ihnen besondere Mühe geben, wenn sie keinen Unterschied zu Hunderten anderen Kreditanfragen erkennen kann? Künftigen Kapitalgebern sollte demnach klargemacht werden:

- Was macht Ihr Unternehmen einzigartig?
- Wo liegen seine Stärken?
- Aber auch: Was sind seine Schwächen? (Wenn Sie deutlich machen, dass Sie um eigene Schwächen wissen, erleichtert das den Zugang zu Kapitalgebern.)

Lösen sollten Sie sich von einem (leider häufigen) Fehler: Es hilft nicht, Wunschvorstellungen nachzuhängen. Kapitalgeber erkennen das in der Regel sehr schnell und ziehen ihre Schlussfolgerungen.

7.2.2 Maßnahmen planen

Nun gilt es, das Unternehmenskonzept durch konkrete Schritte mit Leben zu erfüllen. Dabei müssen die unterschiedlichen Zeithorizonte berücksichtigt werden. Die langfristige strategische Planung ist beispielsweise nicht so detailreich wie die kurzfristige operative Planung. Beide haben unterschiedliche Schwerpunkte.

Strategische Planung
Auf lange Sicht sollten Sie sich über die Stärken und die Schwächen Ihres Unternehmens klar werden und — so banal das auch klingen mag — an ihnen arbeiten. Das Wissen um Stärken reicht nicht aus, man muss sie gezielt einsetzen. Eine Stärke für sich genommen ist kaum etwas wert, wenn Sie sie nicht zielgerichtet ausspielen.

▶ **BEISPIEL   Zwei Beispiele: Stärken**

1. Die Hauptstärke Ihres Unternehmens besteht darin, durch flexible Strukturen und eine entsprechende technische Ausstattung auf veränderte Anforderungen schnell reagieren zu können. Diese Stärke können Sie in einem Vertragsverhältnis mit Kunden nur dann nutzen, wenn Sie gezielt auf Märkten tätig werden, wo das auch gefordert wird. Wenn Sie jedoch aus Sicherheitsgründen darauf bauen, einen langfristigen Liefervertrag für immer das gleiche Produkt zu bekommen, verschenken Sie Ihr wichtigstes Argument. Bewegen Sie sich jedoch in einem Bereich, in dem immer wieder Neues gefordert wird und sind Sie auch in der Lage, diese Anforderungen zu bedienen, werden Sie ggf. auch einen höheren Preis — begründet in schneller kundenspezifischer Leistung — durchsetzen können.

2. Der Einsatz von privatem Vermögen als Sicherheit (z. B. der Eintrag einer Grundschuld auf das private Wohnhaus) macht deutlich, dass Sie für Ihre Idee und Ihr Unternehmen bereit sind, auch persönliche Risiken

einzugehen. Abgesehen von der Tatsache, dass eine Besicherung in der Regel immer etwas günstigere Kreditkonditionen nach sich zieht, wird dieser persönliche Einsatz eventuell auch den Ausschlag darüber geben, ob ein Kreditgeber überhaupt bereit ist, sich bei Ihnen zu engagieren. Diese beiden Beispiele haben nichts direkt miteinander gemein, sie sollen nur verdeutlichen, wie groß die Bandbreite sein kann.

Genau wie mit den Stärken sollte man sich auch mit den Schwächen des eigenen Unternehmens auseinandersetzen: Nur auf diese Weise kann man erkennen, wo Korrekturen vorgenommen werden müssen und welche Fehlerquellen dabei zu berücksichtigen sind.

Operative Planung

Die operative Planung beruht auf mittelfristigen Teilzielen. In diesem Zeithorizont gilt es u. a., die einzelnen Teilpläne zu koordinieren und die erforderlichen Sachmittel und das Personal zu quantifizieren.

Taktische Planung

Auf dieser Zeitebene werden konkrete und vor allem kurzfristige Aktivitäten geplant.

! ACHTUNG: Revolvierende Planung

Die Planung auf den genannten Zeitebenen erfolgt nicht nacheinander, sondern parallel. Sie ist auch nie abgeschlossen, sondern beginnt, mit dem jeweiligen zeitlichen Vorlauf, jedes Mal aufs Neue.

Wichtig ist ebenfalls: Planung ohne zeitnahe Kontrolle ist nur die halbe Miete. Wird das Erreichen der Planziele nicht permanent überprüft, verspielt man die Möglichkeit, Abweichungen rechtzeitig zu erkennen und zu korrigieren.

Umwandlung in Budgets

Aus der Planung entsteht das Budget, die konkrete Vorgabe. Budgetierung heißt, Verantwortung und Verantwortlichkeit zuzuordnen.

● **TIPP: Budgets**

Ein Budget ist ein Führungsinstrument! Mithilfe von Budgets können einzelne Bereiche, aber auch ganze Unternehmen geführt werden. Die aus Budgets resultierende Motivation ist allerdings in hohem Maße davon abhängig, inwieweit die Budgetverantwortlichen auch in die Erarbeitung des eigenen Budgets einbezogen wurden. Hat man das Gefühl, dass wesentliche Einflussfaktoren nicht berücksichtigt wurden, weil die Sachkenntnis „vor Ort" ignoriert wurde, wirkt das eher demotivierend und fördert die Versuche, Budgets lediglich formal zu erfüllen bzw. Anlässe und Ansätze zu suchen, Budgets im Nachgang zu verändern.

7.2.3 Grundsätze bei der Planung und Budgetierung

Bei der Planung und Budgetierung sind einige Grundsätze einzuhalten. Auch wenn sie simpel erscheinen — die Erfahrung lehrt, dass der ein oder andere Grundsatz immer wieder missachtet wird und so das Arbeiten mit Budgets nur unvollkommen erfolgt. Die wichtigsten Grundsätze sind:

- Die einzelnen Teilpläne und Teilbudgets müssen zum einen aufeinander abgestimmt sein und zum anderen in einem Gesamtplan/budget aufgehen. Nur wenn das gewährleistet ist, erhält man einen Gesamtüberblick über alle Vorgänge im Unternehmen, die Cashflows oder Vermögensveränderungen zur Folge haben.
- Diese Zusammenfassung ist nur dann möglich, wenn wirklich sämtliche zahlungswirksamen Vorgänge im Unternehmen erfasst werden. Das Weglassen einzelner Cashflows — sei es absichtlich, oder weil man es vergessen hat — verfälscht das Bild und führt die Budgetierung als Instrument ad absurdum.
- Mit der Finanzplanung und dem daraus resultierenden Gesamtbudget gilt es, das Prinzip des finanziellen Gleichgewichts für die *Gesamtunternehmung* sicherzustellen.
- Das Aufstellen von Plänen muss transparent sein. Nur wenn alle Betroffenen nachvollziehen können, worin ihre Ziele und Aufgaben bestehen, kann man davon ausgehen, dass sie auch motiviert an die Erfüllung der sie betreffenden Ziele herangehen.

- Die Planung muss realistisch sein. Weder das Verfolgen nicht erreichbarer Ziele noch das „Ausruhen in der Hängematte" führen zu guten Ergebnissen. Das setzt voraus, dass die Planziele von realistischen Rahmenbedingungen ausgehen.

Planung befasst sich mit der Zukunft und ist demzufolge naturgemäß ungenau. Mit zusätzlichem Aufwand lässt sich sicherlich eine höhere Präzision erreichen. Nur sollte man sich immer fragen: Hat diese zusätzliche Genauigkeit auch einen praktischen Nutzen? Wägen Sie Kosten und Nutzen gegeneinander ab!

7.3 Zielrichtungen der Finanzpolitik

Jede Planung sollte an Zielvorgaben orientiert sein. Das haben wir bereits in der Checkliste in Teil „Planung und Steuerung der Unternehmensfinanzen", Kapitel „Die Rolle der Planung" eindeutig festgestellt. Andererseits wissen wir aber auch, dass die Stellung der einzelnen Stakeholder zum Unternehmen den Blickwinkel und damit die Ziele beeinflusst. Sie haben unterschiedliche Horizonte bei den finanziellen Zielen und auch andere Wege, die Ziele zu erreichen.

❗ ACHTUNG: Unterschiedliche Sichtweisen

Man sollte sich darüber im Klaren sein, dass die Sichtweise des Managements eine andere sein kann als die der Kapitalgeber. Und auch bei den Kapitalgebern ist zu unterscheiden, welche Stellung sie zum Unternehmen haben, also ob sie (Mit)Eigentümer sind oder Kreditgeber.

7.3.1 Ziele des Managements

Als Hauptaufgabe des Managements wird allgemein angesehen, das innere finanzwirtschaftliche Gleichgewicht eines Unternehmens zu schaffen und aufrechtzuerhalten. Darunter ist zuallererst die Fähigkeit des Unternehmens zu verstehen, seinen Zahlungsverpflichtungen jederzeit gerecht zu werden, und zwar termingerecht und in voller Höhe. Die Sicherung der Liquidität ist überlebenswichtig für jedes Unternehmen, denn Illiquidität ist ein zwingender Insolvenzgrund.

Allerdings kann sich die Unternehmensführung nicht allein an diesem isolierten Ziel messen lassen: Die höchste Liquidität hat man, wenn man das Geld der Kapitalgeber gar nicht investiert: Dann hat man es jederzeit in voller Höhe zur Verfügung. Daran kann man erkennen, wie absurd es wäre, allein dieses Ziel zu verfolgen: Geld nicht zu investieren, bedeutet auch, dass man keinerlei Überschuss aus dem Einsatz von Kapital erzielt, was jeder unternehmerischen Zielsetzung widerspricht.

TIPP: Liquidität oder Rendite?

Hier kann es kein strenges Entweder-oder geben. Allerdings stellt sich die Frage, was im Konfliktfall wichtiger ist. Und da ist die Antwort relativ eindeutig: Eine zu geringe Rentabilität kann das Unternehmen, zumindest zeitweise, überstehen. Fehlende Liquidität führt zwingend zum Verlassen des Markts durch Insolvenz.

Die Arbeit der Unternehmensführung ist trotz der hier angeführten Argumente in hohem Maße darauf fokussiert, anstehende Rechnungen zu begleichen, zu investieren und Finanzmittel vorzuhalten, die das Fortbestehen des Unternehmens sichern.

7.3.2 Ziele der Fremdkapitalgeber

Jeder, der einem Unternehmen Geld leihweise überlässt, hat vor allem ein Interesse daran, zum vereinbarten Termin mit der Rückzahlung des Kapitals rechnen zu können. Die Sicherheit der Rückzahlung steht für ihn im Fokus. Wann ist diese Sicherheit (zumindest theoretisch) gegeben? Die Quelle der Zahlungen an die Fremdkapitalgeber ist der Cashflow aus der operativen Geschäftstätigkeit. Reicht er aus, die Zinsen und vor allem auch die Rückzahlung des Kapitals zu ermöglichen, ist die Wahrscheinlichkeit hoch, dass die Fremdkapitalgeber zufriedengestellt werden können.

Banken und andere Kapitalgeber haben eine Reihe von Möglichkeiten, ihr Interesse an der Rückzahlung ihres Kapitals zu wahren. Zu nennen wären hier die bereits in Teil „Grundlagen" aufgeführten banküblichen Sicherheiten und die Vertragsbedingungen (Financial Covenants).

> **!** **ACHTUNG: Dauerhafte Sicherheit**
>
> Die Vereinbarungen zwischen Kreditgebern und Schuldnern sind darauf ausgerichtet, eine höchstmögliche Sicherheit für die Gläubiger auch *nach* der Auszahlung des Kapitals zu gewährleisten. Demzufolge beziehen sich die Covenants nie nur auf den Augenblick. Sie haben die gesamte Vertragslaufzeit zum Gegenstand.

7.3.3   Ziele der Eigentümer

Das Ziel der Eigentümer besteht grundsätzlich darin, ihr Vermögen zu erhalten und zu steigern, ansonsten würden sie kein Kapital in das Unternehmen investieren. Auf diese Thematik sind wir bereits zu Beginn dieses Buches eingegangen. Dieser Nutzen kann in zwei Komponenten ermittelt werden:

- Ausschüttung von Gewinnen/Zahlung einer Dividende,
- Steigerung des Wertes des Unternehmens und damit des investierten Eigenkapitals.

Die Frage, was für den Eigenkapitalgeber den höheren Stellenwert hat, lässt sich nicht pauschal beantworten. Modellhaft könnte man annehmen, dass es gleichwertig ist, ob ein Gewinn ausgeschüttet oder im Unternehmen belassen wird.

> **▶** **BEISPIEL: Gewinn entnehmen oder im Unternehmen lassen?**
>
> Die Familie Schall ist Miteigentümer der S&R GmbH. Die Gesellschaft hat einen Jahresüberschuss nach Steuern i. H. v. 200.000 EUR erwirtschaftet, der den Gesellschaftern Schall zur Hälfte zusteht. Wird der Gewinn nicht ausgeschüttet, sondern wieder im Unternehmen investiert, kann er dort

eine Rendite von 10 Prozent erwirtschaften. Im Folgejahr stünden der Familie Schall also (zusätzlich) 10.000 EUR Gewinnanteile zu.
Wird der Gewinn jedoch ausgeschüttet, kann ihn die Familie entweder in den persönlichen Konsum stecken oder privat anlegen. Ist eine Anlage ebenfalls zu 10 Prozent möglich[3], ist es letztlich egal, ob der Gewinn entnommen oder thesauriert wird.

Wie sich ein Kapitalgeber tatsächlich entscheidet, hängt von seiner persönlichen finanziellen Situation ab. Darüber hinaus spielen auch steuerliche Aspekte eine Rolle und last but not least ist er in seiner Entscheidung zumeist nicht ganz frei: Als Aktionär einer Aktiengesellschaft ist er beispielsweise an die Mehrheitsentscheidung der Hauptversammlung gebunden.

Ohne die folgende Aussage exakt beweisen zu können, hat sich empirisch herausgestellt, dass die Mehrheit der privaten Eigenkapitalgeber eine Ausschüttung vorzieht. Sicherlich ist das auch der Überlegung geschuldet, dass über die Verwendung eines ausgeschütteten Gewinns (oder einer gezahlten Dividende) autonom entschieden werden kann. Bleibt der Gewinn im Unternehmen, ist man auf die Entscheidungen des Managements angewiesen und kann nur hoffen, dass diese Entscheidungen so ausfallen, dass wiederum ein Gewinn erwirtschaftet wird.

7.3.4 Zielkonflikte und ihre Bewältigung

Fasst man das bis hierher Gesagte zusammen, wird deutlich, dass zwar alle drei Gruppen — das angestellte Management, die Banken und andere Fremdkapitalgeber sowie die Eigentümer — am wirtschaftlichen Wohlergehen des Unternehmens interessiert sind, ihre individuellen Ziele jedoch deutlich voneinander abweichen können. Das Unternehmen als solches dient als Mittel zum Zweck, eigene persönliche wirtschaftliche Ziele zu verfolgen. Diese Zusammenhänge macht die folgende Abbildung deutlich:

---

[3] Als „Anlage" kommen neben dem Festgeld bei einer Bank (wo eine Rendite von 10 Prozent sicherlich ein Traumergebnis wäre) natürlich auch andere Investments, z. B. der Kauf von Aktien, infrage. Und hier sind, bei einem vergleichbaren Risiko, auch Renditen von 10 Prozent denkbar.

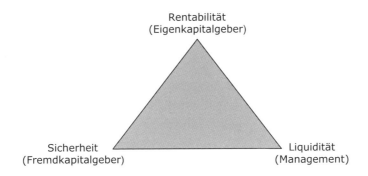

Abb. 4: Zielrichtungen verschiedener Stakeholder

Man kann sehen: Das maximale Erreichen eines Ziels ist immer damit verbunden, dass bei anderen Zielen Abstriche gemacht werden müssen.

Generell sollte gelten: Jede finanzwirtschaftliche Entscheidung oder Maßnahme muss sich messen lassen an ihrem Beitrag zur Steigerung des Unternehmenswerts. Die Manager eines Unternehmens sind angestellt, um dieses Ziel zu verwirklichen. Diese grundsätzliche Ausrichtung bedeutet aber nicht automatisch, dass von allen Beteiligten immer die gleichen Maßnahmen als zielführend angesehen werden. Demzufolge wird es ein Zielsystem geben müssen, an dem sich die beteiligten Personen orientieren können. Die Wirkungen sind dabei oft komplex und positive Auswirkungen auf eine Messgröße müssen nicht unbedingt kausal auf das Erreichen der Gesamtziele wirken.

▶ **BEISPIEL: Bilanzgewinn als wichtigste Messgröße**

Wenn dem Management als einzige Zielgröße ein hoher Bilanzgewinn vorgegeben wird, könnte folgender Ablauf in Gang gesetzt werden:

- Eine Minimierung der Kosten führt ceteris paribus zu einer Steigerung des Gewinns.
- Demzufolge werden insbesondere solche Maßnahmen, die nicht *schnell* zu einer Steigerung des Gewinns führen, unterlassen.
- Ausgaben für langfristig wirksame Investitionen gehen zurück.
- Das langfristige Wachstum des Unternehmens lässt nach.
- Langfristig wird der Bilanzgewinn nicht steigen, aber das Gewinnerwirtschaftungspotenzial sinken.

Eine der Hauptaufgaben der Finanzpolitik besteht darin, die Kapitalgeber so zu informieren, dass ein effektiver Finanzvertrag zwischen ihnen und dem Unternehmen entsteht. Nur dann, wenn sich Kapitalgeber auch ausreichend informiert fühlen, werden sie auch weiterhin bereit sein, Kapital zur Verfügung zu stellen. Das gilt übrigens gleichermaßen für Fremdkapitalgeber wie für Eigenkapitalgeber, die nicht selbst in die Geschäftsführung involviert sind.

Die hauptsächlichen Informationsquellen
In erster Linie ist hier der Jahresabschluss zu nennen. Er bietet in der Bilanz, der Gewinn- und Verlustrechnung und insbesondere im Anhang alle wesentlichen Informationen, die ein Kapitalgeber braucht.

Um sich umfassender zu informieren, gibt es eine Vielzahl weiterer Quellen. Dazu gehören u. a.

- Ad-hoc-Mitteilungen von börsennotierten Unternehmen,
- Regelmäßige Kennzahlenberichte an die Investoren,
- je nach Stellung und Stärke der Investoren spezielle, zielgerichtete Maßnahmen im Rahmen der „Investor Relations".

Fazit zu den Zielrichtungen der Finanzpolitik
Die Finanzpolitik ist an den grundsätzlichen Zielen des Unternehmens ausgerichtet. Insofern sollte es keine Widersprüche zwischen der Unternehmenspolitik im Allgemeinen und der Finanzpolitik im Speziellen geben. Da die Anteilseigner (Eigentümer) das größte Risiko tragen, sind sie es auch, die die entscheidenden Ziele festlegen. Speziell das Management ist an diese Vorgaben gebunden, steht es doch in einem Angestelltenverhältnis.

Grundlegende Übereinstimmung heißt aber nicht, dass Teilziele und spezielle Kennzahlen von allen Beteiligten immer gleich interpretiert werden. Zielkonflikte können auftreten und müssen im Rahmen der Finanzpolitik ausgeglichen werden. Eine einzige Kennzahl oder eine allumfassende Lösung für dieses Problem gibt es nicht.

Um das Problem zu entschärfen, ist es essenziell, dass die Kapitalgeber umfassend informiert werden. Erfolgt das nicht, führt das mit hoher Wahrscheinlichkeit zu suboptimalen Lösungen. Nicht gut informierte Kapitalgeber gehen im Sinne der Principal-Agent-Problematik von einem opportunistischen Verhalten aus und werden Einflussmöglichkeiten und Kontrollmechanismen für sich reklamieren, die wiederum die Entscheidungsfreiheit und Unabhängigkeit des Managements begrenzen.

7.4 Grundmodelle der Finanzpolitik

In der konkreten Ausgestaltung der Finanzpolitik spielen auch subjektive Einflüsse eine Rolle. So ist beispielsweise die Risikoneigung von Eigentümern unterschiedlich ausgeprägt, was wiederum Einfluss auf die tatsächliche Ausformung der Finanzbeziehungen hat.

> **!** **ACHTUNG: Theoretisch orientierte Modelle**
>
> Es gibt eine Reihe gut durchdachter und auch international anerkannter Modelle, die sich beispielsweise mit der Frage befassen, ob die persönliche Risikoaffinität von Investoren einen Einfluss auf Finanzierungsentscheidungen hat. Zu nennen wäre hier beispielsweise das sog. Hirshleifer-Modell, das zu dem Schluss kommt, dass persönliche Präferenzen bei Investitionsentscheidungen keine Rolle spielen. Allerdings sind diese Modelle bei aller gedanklicher Brillanz so abstrakt und an teilweise wirklichkeitsfremde Annahmen gebunden, dass sie für die praktische Anwendung nicht einfach übernommen werden können.

Demzufolge können wir ohne Weiteres annehmen, dass persönliche Vorlieben sehr wohl eine Rolle spielen. Diese persönlichen Neigungen wirken sich vor allem auf das Risikoverhalten aus.

7.4.1 Sicherheitsorientierte Unternehmen

Der hohe Stellenwert von Sicherheit äußert sich zumeist in einer überdurchschnittlichen Eigenkapitalquote. Umgesetzt wird eine solche Strategie beispielsweise durch

- Ausschüttungssperren (Gewinne werden satzungsgemäß zu großen Teilen oder vollständig in die Rücklagen eingestellt),
- Projektfinanzierungen, die vor allem auf angesparten Eigenmitteln beruhen,
- einen Verzicht auf fremdfinanziertes Wachstum.

Seine Grenzen findet ein solches Vorgehen in der Tatsache, dass speziell bei kleineren Unternehmen Gewinnentnahmen erforderlich sein können, um den Lebensunterhalt der Eigentümer zu bestreiten.

7.4.2 Renditeorientierte Unternehmen

Wird besonderer Wert auf die Erhöhung der Eigenkapitalrendite gelegt, ist eine gängige Vorgehensweise das „Hebeln" der Rendite durch die Aufnahme von Fremdkapital. Ist der Zinssatz, zu dem auf dem Markt Fremdkapital aufgenommen werden kann, niedriger als die im Unternehmen erwirtschaftete Rendite, lohnt es sich grundsätzlich, Eigenkapital durch Fremdkapital zu ersetzen (Leverage-Effekt).

▶ **BEISPIEL: Leverage-Effekt**

Es sollen folgende Annahmen gelten:
Ein Unternehmen wird ausschließlich über Eigenkapital finanziert. Mit dem Einsatz von 10 Mio. EUR Eigenkapital wird ein Jahresüberschuss von 1 Mio. EUR erwirtschaftet. Die Rendite des Eigenkapitals beträgt also 10 Prozent.
Auf dem Kapitalmarkt lässt sich Fremdkapital zu einem Jahreszinssatz von 5 Prozent beschaffen. Die zu zahlenden Zinsen verringern den Jahresüberschuss. Unter der Annahme, dass sich die Rentabilität des Gesamtunternehmens durch die Fremdkapitalaufnahme nicht verändert, sind beispielsweise die folgenden Szenarien denkbar:

- Finanzierung mit 5 Mio. EUR Eigenkapital und der gleichen Summe Fremdkapital: Jahresüberschuss: 750.000 EUR, daraus ergibt sich eine Eigenkapitalrendite von 15 Prozent.
- Finanzierung mit 1 Mio. EUR Eigenkapital und 9 Mio. EUR Fremdkapital: Jahresüberschuss von 550.000 EUR, daraus folgt eine Eigenkapitalrendite von 55 Prozent.

(Steuern wurden in dieser Betrachtung nicht berücksichtigt.)

⬤ ▮▮ TIPP: Leverage-Effekt ausnutzen

Ganz so einfach, wie hier dargestellt, funktioniert das Spiel natürlich nicht. Wir haben angenommen, dass der Fremdkapitalzinssatz gleich bleibt, unabhängig von der Höhe der Verschuldung und der Dauer der Kapitalaufnahme. Außerdem wurde keine Aussage darüber getroffen, was mit den nun nicht mehr benötigten 5 bzw. 9 Mio. Euro Eigenkapital geschieht. Sie müssten mit einer Rendite von mindestens 10 Prozent an anderer Stelle investiert werden. All das schwächt den Effekt in der hier vorgestellten einfachen Version ab. Aber es bleibt dabei: Ist die Rendite im Unternehmen höher als der Aufwand, Fremdkapital zu generieren, ist es in einem bestimmten Rahmen sinnvoll, sich zu verschulden.

Renditeorientierte Unternehmen weisen also in der Regel einen höheren Verschuldungsgrad auf.

7.4.3 Wachstumsorientierte Unternehmen

Arbeiten Unternehmen profitabel, ist das zumeist auch mit einem starken bis überdurchschnittlichen Wachstum verbunden. Ein solches Wachstum muss finanziert werden. Zuerst kommen dafür die erwirtschafteten Überschüsse in Betracht. Nun taucht das folgende Problem auf:

- Mit steigendem Umsatz steigt in der Regel auch die Bilanzsumme. Man benötigt mehr Betriebsmittel, mehr Vorräte und hat normalerweise auch einen höheren Bestand an Forderungen. Im Modell wird ein prozentual gleiches Wachstum aller Vermögenswerte unterstellt.
- All diese Vermögenswerte müssen finanziert werden. Geht man davon aus, dass die Finanzierung sowohl aus Eigen- als auch aus Fremdmitteln erfolgt, kann man modellhaft die Annahme treffen, dass der Verschuldungsgrad (das ist das Verhältnis von Fremdkapital zu Eigenkapital) gleich bleiben soll.
- Die Erhöhung des zur Finanzierung zu verwendenden Eigenkapitals ist begrenzt durch die Überschüsse, die erwirtschaftet werden.

- Von den erwirtschafteten Überschüssen müssen jedoch noch die Ausschüttungen abgezogen werden, weil sie dem Unternehmen nicht zur Verfügung stehen.
- Auf diese Weise kann man berechnen, um welchen Prozentsatz ein Unternehmen nachhaltig wachsen kann. Diese Rate heißt Sustainable Growth Rate (Rate für nachhaltiges Wachstum oder Ewige Wachstumsrate).

▶ **BEISPIEL: Sustainable Growth Rate**

Erwirtschaftet ein Unternehmen beispielsweise eine Rendite auf das eingesetzte Eigenkapital von 15 Prozent nach Steuern, kann es rein theoretisch diese 15 Prozent für neue Vorhaben reinvestieren. Wird ein Teil des Überschusses ausgeschüttet, kann er nicht für Investitionen verwendet werden. Angenommen, die Ausschüttungsquote liegt bei 20 Prozent. Dann stehen für das Wachstum 15 Prozent Überschuss x (1 — 20 Prozent) = 0,15 x 0,8 = 0,12 (12 Prozent) zur Verfügung. Will das Unternehmen stärker als diese 12 Prozent wachsen, ist das nur möglich, wenn entweder der Verschuldungsgrad erhöht wird (soferndas möglich ist) oder neues Eigenkapital zugeführt wird.

Die Ewige Wachstumsrate berechnet sich also folgendermaßen:

$$\text{Ewige Wachstumsrate} = ROE \times \left(1 - d\right)$$

wobei:

ROE = Return on Equity $\left(\text{Eigenkapitalrentabilität}\right)$

d = Gewinnausschüttungsquote$\left(= \text{Dividende} / \text{Jahresüberschuss}\right)$

! **ACHTUNG: Interpretation der Ewigen Wachstumsrate**

Liegt das tatsächliche Unternehmenswachstum über einen längeren Zeitraum über dieser Wachstumsrate, ist zu befürchten, dass das Unternehmen in Bälde Zahlungsprobleme bekommt. Das Wachstum ist nicht aus dem Innenfinanzierungsvolumen darstellbar und auch der Finanzierung über Fremdkapital werden irgendwann Grenzen gesetzt. Das ist spätestens dann der Fall, wenn die Eigenkapitalquote unter ein für die Fremdkapitalgeber angemessen erscheinendes Maß fällt.

Ist das tatsächliche Unternehmenswachstum anhaltend geringer, als es die Ewige Wachstumsrate zulässt, deutet das darauf hin, dass das Unternehmen keine interessanten Projekte findet, in die es sich zu investieren lohnt.

7.5 Grundaufgaben des Finanzmanagements

Die Planung, Steuerung und Kontrolle der Finanzmittel ist die Hauptaufgabe des Finanzmanagements. Das eingesetzte Kapital soll vermehrt werden, der Erfolg eines Unternehmens ist also in entscheidendem Maß vom Management der Finanzmittel abhängig.

Diese Aussage ist so richtig, wie sie allgemein ist. Versuchen wir also, sie zu konkretisieren.

7.5.1 Ertrags- und Finanzkraft sichern

Das Hauptaugenmerk des Finanzmanagements liegt auf der Sicherung

- der Ertragskraft und
- der Finanzkraft

des Unternehmens. Damit steht das Finanzmanagement im Spannungsfeld von Rentabilität (Ertragskraft) und Liquidität (Finanzkraft). Wie wir bereits mehrfach festgestellt hatten, stehen diese beiden Ziele teilweise in Konkurrenz zueinander. Genau der Ausgleich dieses Spannungsfelds ist letztlich die Hauptaufgabe des Finanzmanagements.

! **ACHTUNG: Koordinierungsfunktion der Finanzwirtschaft**

Der Finanzbereich ist nicht nur ein Bereich unter vielen im Unternehmen. Letzten Endes haben alle Prozesse Auswirkungen auf die Finanzen. Das Finanzmanagement bildet damit eine Klammer um reale Abläufe und hat diese Abläufe hinsichtlich ihrer finanziellen Wirkungen zu koordinieren.

Die Aufgaben des Finanzmanagements sind also in vielfältiger Weise mit dem Management im Leistungsbereich verbunden. Die Bearbeitung dieses Spektrums kann nicht nur linear in eine Richtung erfolgen, es handelt sich um einen iterativen Prozess:

1. Aus den realen Prozessen im Unternehmen folgen finanziell wirksame Einnahmen, die der Innenfinanzierung dienen.
2. Um reale Prozesse auslösen zu können, sind Produktionsfaktoren und ihre Finanzierung erforderlich.
3. Vom Grundsatz her ist eine Finanzierung, die keine Investition (im weiteren Sinne) nach sich zieht, nicht sinnvoll.
4. Ein Zugang zu Finanzierungsquellen ist in der Realwirtschaft nicht unbegrenzt gegeben. Die Finanzierungsmöglichkeiten sind also restriktive Größen.
5. Darüber hinaus muss natürlich auch noch der Finanzbereich selbst gesteuert und finanziert werden.

Daraus ergibt sich ein breites Spektrum an Aufgaben, die das Finanzmanagement im Unternehmen zu erfüllen hat:[4]

7.5.2 Beschaffungsmanagement

Hier geht es um die Beschaffung von Finanzmitteln für betriebliche Zwecke. Dieser Punkt ist eng mit dem folgenden (Anlagemanagement) verwoben, man kann nicht das eine ohne das andere planen. Steht die prinzipielle Höhe des Finanzbedarfs fest, geht es vor allem darum, die einzelnen Finanzierungsquellen festzulegen.

Generell ist zu unterscheiden, inwieweit Innenfinanzierungsquellen genutzt werden können und in welchem Maße eine Außenfinanzierung erforderlich ist.

Checkliste: Finanzierungsquellen festlegen	
Welcher Teil des operativen Cashflows soll für die Ausschüttung von Gewinnen verwendet werden (Finanzcashflow)?	

---

[4] Vgl. R. Müller, Finanzcontrolling (2008), S. 33.

Checkliste: Finanzierungsquellen festlegen	
Welcher Teil des operativen Cashflows muss für die Rückzahlung von Fremdkapital (Kredittilgung) reserviert bleiben?	
Reicht der operative Cashflow voraussichtlich auch danach noch aus, um die Finanzierung zu sichern?	
Welche Quellen der Außenfinanzierung über Fremdkapital stehen zur Verfügung?	
Kann zusätzliches Eigenkapital über eine Kapitalerhöhung generiert werden? Wie viel?	
Welche Auswirkungen hat die vorläufige Finanzierungsstruktur auf wesentliche Finanzkennzahlen? (Unter anderem: Eigenkapitalrendite)	
Wie wirkt die Finanzstruktur auf die Liquidität? (Unter anderem: Zinszahlungen)	
Gibt es aufgrund der vorhergehenden Planungen Restriktionen durch den Finanzbereich (nicht ausreichende Finanzmittel)?	
Welche Änderungen in der bisherigen (vorläufigen) Planung sind erforderlich?	

Es geht also vor allem darum, eine Finanzierungsstruktur zu ermitteln, die zum einen den Vorstellungen der Kapitalgeber weitestgehend entspricht und zum anderen die finanziellen Zielsetzungen des Unternehmens berücksichtigt.

7.5.3 Anlagemanagement

Unter Anlagemanagement ist vor allem die Steuerung von Investitionen zu verstehen. Eine Beschaffung von Kapital ohne eine Investitionsmöglichkeit ist genauso wenig sinnvoll wie Investitionen ohne Klärung der Finanzierungsmöglichkeiten. Die Frage der Beschaffung von Finanzmitteln und die Frage ihrer Verwendung gehen also Hand in Hand. Die Abstimmung muss in mehreren Schritten erfolgen.

Aufgabe des Finanzmanagements ist es demnach, die

- erforderlichen und
- finanzierbaren

Realinvestitionen zu ermitteln. Hinsichtlich des technischen Erfordernisses von Investitionen ist logischerweise der Sachverstand der jeweiligen Fachabteilungen gefragt. Das Finanzmanagement sollte jedoch klären:

- Sind Einzelinvestitionen an sich für ein Unternehmen finanzwirtschaftlich sinnvoll? Das setzt voraus, dass die Kapitalkosten, die für ihre Finanzierung aufgebracht werden müssen, erwirtschaftet werden.
- Bestehen zwei oder mehrere Investitionsmöglichkeiten: Welche ist dann aus finanzieller Sicht die bessere?
- Wann ist es aus finanzwirtschaftlicher Sicht sinnvoll, ein Investitionsgut durch ein gleichwertiges oder — sofern möglich — technisch besseres zu ersetzen? Hinter diesem Problem steht die Frage, ob es immer sinnvoll ist, die technisch mögliche Lebensdauer komplett auszureizen.

Ein Mittel, diese Fragen zu beantworten, sind die diversen Verfahren der Investitionsrechnung, auf die hier aber nicht weiter eingegangen wird.[5]

Ob gewünschte Investitionen überhaupt finanzierbar sind, muss im Rahmen der Beschaffung der Finanzmittel geklärt werden. Das hängt ab vom Zugang zu Kapital und von den damit verbundenen Konditionen.

Eine Alternative zur Realinvestition bleibt immer auch die Anlage von Kapital auf dem Finanzmittelmarkt. Wird diese Variante ebenfalls ins Auge gefasst, gilt es, die passende Relation zwischen den Renditeerwartungen und dem mit ihnen verbundenen Risiko zu finden.

---

[5] Siehe hierzu u. a. Bösch: Finanzwirtschaft (2009) oder Zantow: Finanzwirtschaft des Unternehmens (2011).

7.5.4   Risikomanagement

Eine Hauptaufgabe des Finanzmanagements ist der Umgang mit Risiken. Der Thematik geschuldet, geht es hier um *finanzielle Risiken*. Zwar haben auch alle anderen Risiken ihre finanziellen Auswirkungen, es würde aber zu weit führen, hier über Marktrisiken, operationelle Risiken und andere Risikogruppen bis hin zu politischen Risiken zu schreiben. Ein erster Schritt besteht im *Erkennen* und damit im Erfassen finanzieller Risiken.

TIPP: Umgang mit Risiken

Es bringt nichts, Risiken einfach auszublenden. Nur dann, wenn man bewusst nach ihnen (und natürlich auch nach Lösungsmöglichkeiten) sucht, hat man eine Chance, sie erfolgreich zu managen.

Was spielt nun beim Umgang mit Risiken eine Rolle?

Entscheidend sind u. a. die folgenden Punkte:

- Wie hoch ist die Wahrscheinlichkeit, dass der riskante Zustand eintritt?
- Was kann schlimmstenfalls passieren? Wie hoch können die finanziellen Auswirkungen sein?
- Sind wir bereit, dieses Risiko zu tragen?
- Gibt es Möglichkeiten, das Risiko zu vermeiden, abzuwälzen oder abzusichern?
- Was kosten diese Möglichkeiten, mit dem Risiko umzugehen?

ACHTUNG: Umgang mit Risiken

Grundsätzlich gibt es die folgenden Strategien, mit Risiken umzugehen:
1. Das Risiko gar nicht eingehen.
2. Das Risiko abwälzen (z. B. durch den Verkauf von Forderungen).
3. Das Risiko versichern.
4. Das Risiko in Kauf nehmen.

Hinsichtlich des Umgangs mit Risiken ist zu überlegen, wo man ansetzen sollte: Ein Ansatzpunkt kann sein, das *Eintreten* des Risikos nach Möglichkeit ganz zu *vermeiden*. Dem würden die Strategien „nicht eingehen" oder „abwälzen" entsprechen. Das wird nicht immer möglich sein — eine hundertprozentige Sicherheit gibt es nicht. Für diesen Fall ist es wichtig, die *Auswirkungen* nach Möglichkeit *abzumildern*, indem man beispielsweise Sicherheiten vereinbart.

Bei Zahlungen gegen Rechnung steht in den Geschäftsbedingungen häufig, dass die Ware bis zur vollständigen Bezahlung Eigentum des Lieferanten bleibt. Kann oder will der Kunde nicht zahlen, kann der Lieferant die Ware zurückfordern. Er hat Vorrechte — bezogen auf die von ihm gelieferte Ware — vor anderen Gläubigern. Inwieweit dieses Vorrecht tatsächlich geltend gemacht werden kann, hängt von den konkreten Umständen ab. Schließlich kann der Kunde die Ware inzwischen weiterverarbeitet und auch verkauft haben. Aber zumindest der rechtliche Anspruch besteht.

> ### ▶ BEISPIEL: Eigentumsvorbehalt
>
> Im Rahmen einer Bauträgermaßnahme hat die Fenster und Türen GmbH etwa dreißig standardisierte Fenster in das Haus eingebaut. Der Bauträger gerät in Zahlungsschwierigkeiten und ist auch nach mehrmaliger Mahnung nicht in der Lage, die Rechnung zu begleichen. Um den Schaden so gering wie möglich zu halten, baut die Fenster und Türen GmbH schließlich die Fenster wieder aus.
> Der Schaden wird auf diese Weise nicht vollständig aufgehoben. Der Arbeitsaufwand bleibt dem Lieferanten, auch wird er Fenster, die bereits einmal an anderer Stelle eingebaut waren, nicht mehr zum Neupreis verkaufen können. Er hat den Verlust aber reduziert.

Gesamtrisiko und Einzelrisiken

Wenn es darum geht, konkret mit Risiken umzugehen, sollten Sie zwei Aspekte beachten:

Einerseits müssen die Risiken *im Gesamtkontext* gesehen werden. Risiken beeinflussen sich gegenseitig, können sich verstärken, aber auch aufheben. Es geht also um das Gesamtportfolio an Risiken.

> ▶ **BEISPIEL: Risikoportfolio**
>
> Ein Risiko besteht z. B. im Ausfall von Geschäftspartnern. Die Auswirkungen sind umso gravierender, je größer der Anteil des Geschäftspartners am Gesamtkundenportfolio ist. Die S&R GmbH hat nur drei Kunden, mit denen sie nennenswerte Umsätze macht. Einer dieser Kunden ist die Würfel GmbH. Weil er keinen Nachfolger für sein Unternehmen gefunden hat, zieht sich der Unternehmer Würfel bei Erreichen des Rentenalters mit seiner Würfel GmbH komplett aus dem Geschäft zurück. Der S&R GmbH brechen damit 30 Prozent ihres Umsatzes weg, was zu bedrohlichen Konsequenzen führt.

Was kann man dagegen tun? In solch einem Fall wäre es sinnvoll, den Versuch zu unternehmen, ein breiteres Kundenportfolio aufzubauen. Dann könnte der Wegfall eines Kunden viel leichter durch Mehrgeschäfte mit den anderen Kunden ausgeglichen werden.

Andererseits müssen *Einzelrisiken* gemanagt werden. Durch sorgfältige Prüfung, durch Absicherung oder aber auch dadurch, dass bestimmte Geschäftsbeziehungen mit unsicheren Kunden gar nicht erst eingegangen werden, sollten Sie jedes Einzelrisiko so gering wie möglich halten.

> ▶ **BEISPIEL: Einzelrisiken managen**
>
> Die Bestellung der S&R GmbH erfordert bei der Firma Holz und Nagel AG erhebliche Vorleistungen. Die S&R GmbH hat eine komplett neue Büroausstattung bestellt, im Gesamtumfang von über 1 Mio. EUR. Um das Risiko, dass die Rechnung später nicht bezahlt wird, abzufedern, verlangt die Holz und Nagel AG eine Anzahlung. Diese Anzahlung deckt zumindest den Materialeinkauf und einen Teil der Personalkosten. Über die Ausgestaltung der Zahlungsbedingungen war es dem Finanzmanagement der Holz und Nagel AG möglich, das Risiko für das eigene Unternehmen zu reduzieren.

Risikomanagement ist immer eine Kombination aus all den genannten Aspekten.

7.5.5 Treasury-Management

Auch die Gestaltung des Zahlungsverkehrs und die Abwicklung aller finanziellen Vorgänge gehört zum Aufgabenbereich des Finanzmanagements. Hier sind u. a. Fragen zu beantworten wie:

- Welche Bankverbindungen wollen wir eingehen/aufrechterhalten?
- Mit welchen Systemen wollen wir unseren Zahlungsverkehr abwickeln? Die Auswahl des entsprechenden Systems hat nicht nur Auswirkungen auf den dafür zu zahlenden Preis, sondern auch auf Fragen der zu bedienenden Schnittstellen zu anderen im Unternehmen genutzten Softwarelösungen und ggf. auf die Datensicherheit und die Zuverlässigkeit der Abwicklung der Vorgänge.
- Welche konkreten Finanzquellen wollen und werden wir nutzen? Hier geht es nicht um die generelle Frage des Eigen- oder Fremdkapitals, sondern darum, ob beispielsweise eine Finanzierung über einen Investitionskredit bei Bank A oder bei Bank B erfolgen soll.
- Welche konkreten Verbindlichkeiten werden wann beglichen?
- Welche Geldanlagen mit welchen Fristen werden wir tätigen?

! **ACHTUNG: Konditionen beachten**

Auf den ersten Blick erscheint es einfach: Ein Kredit wird mit der Bank abgeschlossen, die den günstigsten Zinssatz bietet. Bei näherer Betrachtung spielen aber noch andere Gesichtspunkte eine Rolle:
- Gibt es weitere, evtl. auch versteckte, Gebühren oder Kosten?
- Inwieweit schränken zu vereinbarende Kreditsicherheiten den Handlungsspielraum des Managements ein?
- Wie aufwendig ist die Zusammenarbeit mit der konkreten Bank?
Und ähnliche Fragen.

Fazit zum Aufgabenspektrum im Finanzmanagement

Die hier genannten grundsätzlichen Aufgaben des Finanzmanagements erfahren in den einzelnen Unternehmen unterschiedliche Spezifizierungen. Das ist z. B. abhängig von folgenden Fragen:

- Ist das Unternehmen Teil eines Konzerns?
- Sind in hohem Maße internationale Aufgabenstellungen zu beachten?
- Werden bankähnliche Aufgaben in Eigenregie durchgeführt (nationales oder internationales Cash-Pooling, Netting)?
- Sind bestimmte Aufgaben des Finanzbereiches zentralisiert oder ausgegliedert (Outsourcing)?
- Liegt der Schwerpunkt mehr auf der Seite der Kapitalbeschaffung oder eher im Anlagemanagement?

Ausgehend von diesen Gesichtspunkten tun sich verschiedene Blickwinkel auf:

- Das strategische Finanzmanagement orientiert sich an der Steigerung des Unternehmenswerts und ist vor allem langfristig ausgelegt. Es hat sowohl interne, als auch externe (also nicht direkt vom Unternehmen verursachte) Aspekte zu beachten.
- Die mittel- bis langfristige Planung und Steuerung integriert die Perspektiven der Liquiditätssicherung mit der Orientierung auf den Unternehmenserfolg. Der Schwerpunkt liegt hier auf den internen Aspekten.

Kurzfristig und auf die jeweilige aktuelle Situation bezogen steuert das Finanzmanagement die Liquidität des Unternehmens durch geeignete Maßnahmen innerhalb des Unternehmens.

8 Planung des langfristigen Kapitalbedarfs

Nachdem die finanzwirtschaftlichen Zielsetzungen geklärt und die Aufgaben des Finanzmanagements besprochen wurden, geht es in diesem Kapitel um die inhaltliche Frage, wie die Höhe des Kapitalbedarfs ermittelt und geplant werden kann, und das aus einer langfristigen Perspektive.

● **TIPP: Planung ist ein iterativer Prozess**

Planung ist — wie bereits gesagt — ein iterativer Prozess. Es wäre schön, könnte man mithilfe eines Gleichungssystems gleichzeitig alle relevanten Ein- und Auszahlungen planen und so den Finanzplan erstellen. Nur: Es gibt zurzeit leider kein praktikables Modell, das es erlauben würde, all die vorhandenen Zirkelschlüsse aufzulösen und die gesamten Unternehmensfinanzen simultan zu planen.

Deshalb werden wir in diesem Kapitel versuchen, einen Ansatz zu finden, wie man einzelne zu planende wirtschaftliche Größen nach und nach aus bekannten Daten entwickeln kann.

● **TIPP: Das Ganze im Blick behalten**

Keinesfalls zu empfehlen ist es, die einzelnen Positionen für sich allein zu betrachten. Schließlich bestehen zwischen ihnen Zusammenhänge. Versucht man beispielsweise, die Bestände an bezogenen Teilen isoliert zu betrachten und dort einen isolierten Trend zu ermitteln, ignoriert man vollkommen, dass diese Bestände das Ergebnis der eigentlichen betrieblichen Tätigkeit sind und demzufolge von anderen Größen abhängen.

Wir werden uns also zunächst mit der Frage befassen, welche sich im Zeitverlauf ändernde Größe (unabhängige Variable) den wahrscheinlich größten Einfluss auf andere Kennzahlen (abhängige Variablen) hat.

8.1 Grundlegendes Herangehen

Startpunkt der Überlegungen ist also die Frage: *Welche Größe bestimmt eine Vielzahl von anderen Kennziffern?* Die Planung dieser Größe bildet den Ausgangspunkt für das weitere Vorgehen.

Mit einigem Nachdenken kommt man schnell zu dem Schluss, dass besonders relevant das Agieren des Unternehmens auf seinen Absatzmärkten ist. Nur dann, wenn die Produkte und Dienstleistungen auch verkauft werden können, führt das zu neuen Einzahlungen in das Unternehmen. Als Kennzahlen kommen also grundsätzlich in Betracht:

- der Absatz,
- der Umsatz und
- der Cashflow.

Der Absatz ist die abgesetzte Menge an Waren oder Dienstleistungen, es handelt sich also um eine sog. Naturalgröße.

▶ **BEISPIEL: Naturalgrößen**

Der Absatz von 10.000 Kühlschränken, aber auch von 25 Beratungsstunden (z. B. bei einem Consultingunternehmen, das seine Beratungsleistung verkauft).

Diese Festlegung auf Naturaleinheiten (Stück, Stunden, Kubikmeter, Tonnen usw.) erleichtert den Umgang mit dieser Kennzahl nicht gerade. Deshalb kann man vereinfachend auch den Umsatz als Kennzahl verwenden. Er wird in Euro (oder einer anderen Währung) berechnet und ist dadurch gut vergleichbar. Die Erlöse aus dem Umsatz ergeben sich also aus der Menge an Waren oder Dienstleistungen, multipliziert mit dem Preis pro Mengeneinheit.

▶ **BEISPIEL: Erlöse aus dem Umsatz**

Absatz: 10.000 Kühlschränke
Verkaufspreis: 200 EUR pro Kühlschrank
Daraus resultiert ein Umsatz von 2 Mio. EUR.

Die Umsatzsteuer muss nicht berücksichtigt werden, weil sie sich zwar auf den Umsatz bezieht, aber kein Bestandteil des Umsatzes ist. Sie wird an den Staat abgeführt.

Ganz so einfach bleibt die Rechnung aber nicht, wenn man berücksichtigt, dass der Preis, zu dem eine Ware oder eine Dienstleistung auf dem Markt angeboten wird, sehr wohl einen Einfluss auf die Nachfrage hat. Die Absatzzahlen hängen nämlich auch von den verlangten Preisen ab.

▶ **BEISPIEL: Zusammenhang zwischen Absatz, Stückpreis und Umsatz**

Die S&R GmbH erhöht den Stückpreis (Verkaufspreis an den Großhandel) für ihr Produkt „Chinaböller" von 9,80 EUR auf 9,90 EUR pro Packung. Dadurch steigert sie ihren Umsatz bei 1,5 Mio. verkauften Packungen um 150.000 EUR auf 14,85 Mio. EUR allein durch die Preissteigerung.

Der nächste Versuch, mit einem Preis von 10,00 EUR pro Packung auf dem Markt erfolgreich zu sein, führt aber nur zu einer Umsatzsteigerung von 30.000 EUR. Der Grund hierfür ist folgender: Bei der ersten Preissteigerung wurde die Preissensibilität der Kunden noch nicht so stark auf die Probe gestellt. Bei der zweiten Erhöhung war das einigen Kunden zu viel. Sie sind auf ein Konkurrenzprodukt ausgewichen.

Das bedeutet: Eine Erhöhung des Absatzpreises führt im Allgemeinen erst einmal zu einer Umsatzsteigerung. Nach und nach schmilzt dann aber die Kundenzahl, weil einigen Kunden der Preis für die gebotene Leistung zu hoch erscheint. Das führt letztlich zu einem Umsatzrückgang.

Ähnlich ist das Kundenverhalten bei einer Preissenkung: Zunächst geht auch der Umsatz zurück. Bei einer weiteren Reduzierung können dann allerdings neue Kunden hinzugewonnen werden, was wiederum eine Erhöhung des Umsatzes bewirkt.

! **ACHTUNG: Kundenverhalten**

Diese Zusammenhänge lassen sich zwar in ihrer allgemeinen Form gut beschreiben und sind auch nachvollziehbar. Eine belastbare mathematische Funktion dafür gibt es aber nicht.

In der praktischen Anwendung werden solche Zusammenhänge meistens vernachlässigt. Man geht davon aus, dass die Preise aufgrund der Marktgegebenheiten mehr oder weniger genau passend sind und konzentriert sich auf den Umsatz als auslösende Kennzahl.

Offen bleibt noch, ob auch der Cashflow für eine solche Betrachtung geeignet wäre. In der Regel geht man davon aus, dass der Umsatz auch zahlungswirksam ist. Damit entspricht er dem Einzahlungsteil des Cashflows (Flow in). Ansonsten ist der Cashflow aber eine Kennzahl, die den Erfolg eines Unternehmens ausdrückt und demzufolge auch die Auszahlungen (Flow out) berücksichtigt. Damit ist er — ebenso wie der Gewinn — für unsere Zwecke nicht geeignet.

Typisches Vorgehen

1. In einem ersten Schritt wird (auf der Basis der erwarteten Absatzzahlen) der Umsatz geplant.
2. Im nächsten Schritt ermittelt man die Größen der Bilanz, die einen engen Zusammenhang mit der Umsatzentwicklung aufweisen.
3. Die Stärke dieses Zusammenhangs wird anhand von Daten aus der Vergangenheit ermittelt.
4. Daraus kann man den gesamten Kapitalbedarf ableiten.
5. Neben der absoluten Höhe werden auch die Fristen, in denen das Kapital zur Verfügung stehen muss, geplant.

❗ ACHTUNG: Vorgehensweise

Diese Vorgehensweise ist recht pragmatisch und hält nicht allen wissenschaftlichen Anforderungen stand. Für die Planung ist sie aber hinreichend genau.

Wenden wir uns nun den einzelnen Schritten zu.

8.2 Umsatzplanung

Die Planung des Umsatzes gehört wohl zu den zentralsten Bereichen der Finanzplanung und gestaltet sich dementsprechend schwierig. Wir wollen uns hier nicht damit auseinandersetzen, nach welchen Modellen der Umsatzplan erstellt werden kann, sondern nur das grundsätzliche Vorgehen beschreiben.

Ausgangspunkt Marktforschung
Eine gründliche Analyse der Märkte, auf denen sich ein Unternehmen bewegt oder bewegen wird, bildet die Basis jeder Umsatzplanung. Was kann wo zu welchen Preisen abgesetzt werden? Es werden in der Regel Zeitreihen ermittelt, die die Umsatzentwicklung der letzten Jahre abbilden. Mithilfe statistischer Methoden (beispielsweise mithilfe der Regressionsanalyse) wird ein allgemeiner Trend ermittelt und der künftige Umsatz entsprechend geplant.

! ACHTUNG: Daten der Vergangenheit

Die geschilderte Vorgehensweise beruht ausschließlich auf Daten der Vergangenheit. Sie zu nutzen ist durchaus legitim und sinnvoll. Allerdings sollte man sich darüber im Klaren sein, dass die Fortschreibung eines Trends in die Zukunft immer voraussetzt, dass die Rahmenbedingungen gleich bleiben.

Je nach Unternehmensgröße kann oder will man sich eine aufwendige statistische Ermittlung von Umsatzdaten unter Umständen nicht leisten. In diesem Fall kann man — ebenfalls basierend auf den Daten und damit auf den Erfahrungen der Vergangenheit — den künftigen Umsatz mehr oder weniger „aus dem Bauch heraus" schätzen. Die Ergebnisse, die man durch eine solche Schätzung erzielt, sind notwendigerweise von den subjektiven Kenntnissen der Schätzer geprägt.

Einflussgrößen auf die Umsatzentwicklung
Es wurde bereits angedeutet: Rahmenbedingungen bleiben nicht über Jahrzehnte gleich, sondern ändern sich. Diese Änderungen können sich auf den Umsatz mehr oder weniger deutlich auswirken. Man sollte also versuchen, die kausalen Zusammenhänge zwischen diesen Einflussgrößen und dem Umsatz

zu ergründen und die Ergebnisse dementsprechend in die Umsatzplanung einfließen lassen.

Solche Einflussgrößen können z. B. sein:

- **Das gesamtwirtschaftliche Wachstum**
Die gesamtwirtschaftlichen Entwicklungen haben einen deutlichen Einfluss auf die Nachfrage. Für die Planung des eigenen Umsatzes sollte deshalb nach Möglichkeit prognostiziert werden, wie sich die Nachfragesituation künftig entwickeln wird.

Daten zum gesamtwirtschaftlichen Wachstum, zu Konjunkturerwartungen, dem Geschäftsklimaindex und ähnlichen Indikatoren zur Wirtschaftsentwicklung veröffentlicht regelmäßig der Sachverständigenrat („Wirtschaftsweise").[6]

---

[6] Siehe www.sachverstaendigenrat-wirtschaft.de.

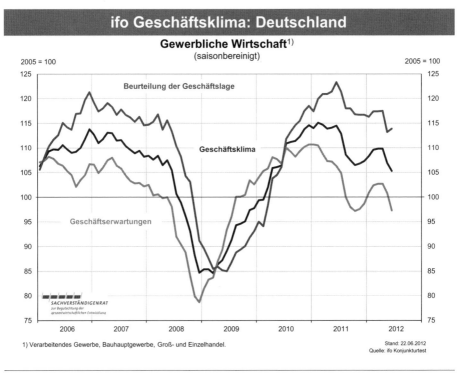

ifo Geschäftsklima: Deutschland

Gewerbliche Wirtschaft[1]
(saisonbereinigt)

1) Verarbeitendes Gewerbe, Bauhauptgewerbe, Groß- und Einzelhandel.

Stand: 22.06.2012
Quelle: ifo Konjunkturtest

Abb. 5: Geschäftsklimaindex

- **Die Branchenentwicklung**

Nicht alle Branchen entwickeln sich gleich. Auch bei anziehender Konjunktur kann es vorkommen, dass einzelne Branchen die eigentlich positive Entwicklung nicht mitmachen. Ungekehrt kann es auch bei nachlassender wirtschaftlicher Gesamtentwicklung Bereiche geben, die trotzdem weiter prosperieren.

- **Die Marktentwicklung**

Auch die Märkte entwickeln sich nicht gleichmäßig. Einem Marktwachstum auf der einen Seite können stagnierende oder gar rückläufige Märkte auf der anderen Seite gegenüberstehen. Unter Märkten kann man regionale Märkte, aber auch bestimmte Zielgruppen verstehen. Aufgrund regionaler Besonderheiten, wie beispielsweise der demografischen Entwicklung, können sich hier deutliche Differenzen herausbilden.

> ▶ **BEISPIEL: Regionale Besonderheiten**
>
> In Regionen mit starkem Bevölkerungsschwund kann in der Regel die Nachfrage nach Wohnraum leichter befriedigt werden, als in prosperierenden Großstädten. Ein Bauträger, der sich auf den Wohnungsbau spezialisiert hat, wird es demzufolge in ländlichen Gebieten schwerer haben, Wohnungen oder Häuser zu verkaufen. Hinzu kommt, dass bei einem Bevölkerungsschwund oft auch die Finanzkraft der verbleibenden Bevölkerung nicht den bundesweiten Durchschnitt erreicht.

- **Der eigene Marktanteil und die Absatzförderung**

Auch die Frage, wie groß der eigene Marktanteil und damit die eigene Marktmacht ist, beeinflusst ggf. die Möglichkeiten, den eigenen Umsatz auszuweiten.

Neben diesen äußeren Einflussfaktoren fließen auch eigene Vorstellungen in die Umsatzprognose ein. So spielt es beispielsweise eine Rolle, ob das Unternehmen einen eher wachstumsorientierten Kurs fährt oder ob es lediglich mit der bestehenden Größe weiter auf dem Markt bleiben will.

> ● **TIPP: Wachstum ist kein Wert an sich**
>
> Wachstum ist kein Wert an sich. Was für die Volkswirtschaft als Ganzes gilt, muss nicht in gleichem Maße für alle Unternehmen gelten. So sind beispielsweise viele mittelständische Handwerksbetriebe gar nicht daran interessiert, permanent zu wachsen. Der Grund: Wachstum muss auch finanziert werden können. Darüber hinaus ist Unternehmenswachstum zumeist auch mit steigenden Aufwendungen für die Organisation und Abstimmung innerhalb des Unternehmens verbunden, eine Aufgabe, die mit den vorhandenen Arbeitskräften oft gar nicht zu leisten ist.

Wachstum zeigt sich nicht nur in einem Zuwachs der hergestellten Produkte oder Dienstleistungen — die Produkte und Dienstleistungen müssen auch abgesetzt werden. Demzufolge spielen absatzfördernde Maßnahmen, wie beispielsweise Werbekampagnen, eine nicht unerhebliche Rolle für die Umsatzentwicklung.

> **!** **ACHTUNG: Neu gegründete Unternehmen**
>
> Ein Bezug auf Vergangenheitsdaten ist bei Unternehmen, die neu gegründet wurden (Existenzgründer) oder die sich auf für sie völlig neue Geschäftsfelder begeben, nicht möglich. Hier ist es besonders schwer, den Umsatz zu planen. Zumeist versucht man über Vorverträge, Absprachen oder Ähnliches abzuschätzen, was vom Markt aufgenommen werden könnte. In den wenigsten Fällen ist es aber so, dass man schon vor dem Produktionsstart belastbare vertragliche Abmachungen über den künftigen Absatz hat. Die so prognostizierten Umsätze sind folglich mit einem hohen Unsicherheitsfaktor verbunden.

Das Ergebnis all dieser Überlegungen ist ein Umsatzplan, der zunächst unabhängig von den tatsächlichen Finanzierungsvarianten aufgestellt wird. „Unabhängig" bedeutet aber nicht, dass man völlig ins Blaue hinein arbeitet. Selbstverständlich berücksichtigt man die groben Rahmenbedingungen mehr oder weniger intuitiv. So wird beispielsweise kein Mittelständler Umsätze planen, die Millioneninvestitionen erfordern würden, von denen nicht klar ist, wie sie überhaupt finanziert werden sollen. Allerdings gibt es an dieser Stelle noch keinen fixen Kapitalrahmen, sodass die allgemeine Möglichkeit, die Umsätze auch finanzieren zu können, erst einmal unterstellt wird.

8.3 Exkurs: Umsatz oder Betriebsleistung?

Wir haben bisher unterstellt, dass das Unternehmen seine hergestellten Produkte auch komplett absetzen kann. Darüber hinaus sind wir davon ausgegangen, dass der Absatz zeitnah erfolgt, also in der Regel innerhalb des Geschäftsjahres.

Weiterhin haben wir angenommen, dass der geplante Umsatz auch voll zahlungswirksam wird.

Die Wirklichkeit sieht aber nicht immer so aus. Es kann diverse Größen geben, die den Umsatz noch einmal variieren. Insbesondere zu nennen sind

- Erlösschmälerungen,
- Bestandsveränderungen, insbesondere bei den Fertigerzeugnissen, und
- aktivierte Eigenleistungen.

Erlösschmälerungen tragen ihre Auswirkung im Namen: Sie reduzieren die Umsatzerlöse. In der betrieblichen Praxis treten häufig die folgenden Formen von Erlösschmälerungen auf:

Rabatte und Boni
Rabatte sind Preisnachlässe, die das liefernde Unternehmen beispielsweise bei der Abnahme bestimmter Mengen gewährt. Im Nettoumsatz sind sie nicht berücksichtigt.

Boni sind Zugaben, die nicht bezahlt werden müssen.

▶ **BEISPIEL: Boni**

Die Compo GmbH rüstet ein Unternehmen mit neuer Computertechnik aus. Der Auftrag ist umfangreich und lastet die Compo GmbH für einen längeren Zeitraum aus.
Die Wartung der Computertechnik einschließlich der Aktualisierung der Software ist normalerweise kostenpflichtig und wird in einem Wartungsvertrag geregelt. Da die Compo GmbH an einer langfristigen Zusammenarbeit interessiert ist und auf Folgeaufträge im Konzern des belieferten Unternehmens hofft, gibt sie die Wartung für die ersten 18 Monate als Bonus dazu. Sie verpflichtet sich also dazu, die vertragsgemäßen Arbeiten in diesem Zeitraum kostenfrei durchzuführen.

Boni können auch in der Lieferung zusätzlicher Komponenten oder Ähnlichem bestehen. Die wirtschaftliche Wirkung ist die gleiche wie bei einem Rabatt: Es wird eine Leistung erbracht, die nicht (vollständig) bezahlt wird.

Erlösschmälerungen führen zu einer Reduzierung des Bruttoumsatzes. Trotzdem ist eine Leistung damit verbunden. Sollten Erlösschmälerungen eine mehr als marginale Größe erreichen, müssen die damit verbundenen Aufwendungen berücksichtigt werden.

TIPP: Rabatte und Boni

Ob Rabatte oder Boni gewährt werden, ist einerseits eine Entscheidung der Geschäftsführung, andererseits abhängig von den Marktgegebenheiten. So ist es in Deutschland nicht unüblich, beim Kauf eines Neuwagens einen Rabatt einzuräumen. Aus kaufmännischer Sicht sollte man allerdings darauf achten, dieses Instrument nicht überzustrapazieren. Kunden können sehr fordernd sein und erwarten ggf. bei jedem neuen Geschäft einen immer größeren Rabatt. In solch einem Fall ist es sinnvoller, die Möglichkeiten von vornherein festzulegen und auch Grenzen zu ziehen, die nicht überschritten werden. Zunächst einen Preisaufschlag intern einzukalkulieren, um dann „großzügig" einen Rabatt einzuräumen, ist eine sehr durchsichtige Strategie. Da Kunden die für sie relevanten Endpreise auf dem Markt vergleichen, lohnt sich solch ein Aufwand nur in Einzelfällen.

Bestandserhöhungen

Planen Sie ein, Ihre Vorräte zu erhöhen, sind dafür Aufwendungen erforderlich, die nicht zu Umsätzen führen. Erhöht wird allerdings die Betriebsleistung, weil Bestandserhöhungen mit Aufwendungen an Material und Arbeitszeit und evtl. auch an Gemeinkosten verbunden sind.

Bestandsreduzierungen

Der Verkauf von Produkten, die bereits im Vorfeld hergestellt wurden, erhöht den Umsatz, ohne dass dem eine entsprechende betriebliche Leistung in der gleichen Periode gegenübersteht.

Aktivierte Eigenleistungen

Eigenleistungen, die zu einer Erhöhung des betrieblichen Vermögens führen, können aktiviert, das heißt, in die Bilanz aufgenommen werden.

BEISPIEL: Eigenleistungen

Die Baumeister OHG ist ein Bauunternehmen. Um ihre Baumaschinen selbst warten zu können, errichtet das Unternehmen auf dem eigenen Firmengelände eine Lagerhalle. Der Bau der Lagerhalle führt nicht zu einem Umsatz, erhöht aber die Betriebsleistung.

Um die Betriebsleistung zu ermitteln, wird der Umsatz um die oben genannten Faktoren korrigiert. Ob nun die Betriebsleistung oder der Umsatz als Basis für die weitere Planung genommen werden sollte, ist nicht eindeutig zu klären. Als praktikabel hat es sich aber erwiesen, den Umsatz als Basis für die Berechnung des Vermögens zu verwenden. Ändert sich die allgemeine Geschäftspolitik nicht grundlegend, werden die Erlösschmälerungen einen in etwa gleichbleibenden Bestandteil des Umsatzes ausmachen. Da es in unseren Überlegungen vor allem um die Frage geht, inwieweit sich bestimmte Positionen der Bilanz bei Umsatzänderungen ebenfalls verändern, kann man dann die Erlösschmälerungen unberücksichtigt lassen.

Geplante Bestandsveränderungen und aktivierte Eigenleistungen sind in der Regel die Folge gezielter Eingriffe des Managements. Demzufolge wird man sie in die Planung des Vermögens separat einbeziehen.

Aus dem Gesagten resultiert, dass der Umsatz eine geeignete Größe ist, auf deren Grundlage man einen Großteil der Vermögenswerte mit hinreichender Genauigkeit planen kann.

8.4 Umsatzabhängige Größen

Im nächsten Schritt geht es darum, die Größen zu bestimmen, die vom Umsatz mehr oder weniger direkt beeinflusst werden. Vor allem bezieht sich das auf die Positionen der Bilanz — einerseits auf die Bestände, andererseits auf einige Kapitalpositionen.

8.4.1 Aktivseite der Bilanz

Für steigende Umsätze sind in aller Regel auch mehr betriebliche Vermögensgegenstände erforderlich. Dabei kann man aber keine generelle proportionale Entwicklung annehmen.

Immaterielle Vermögensgegenstände

Zu den immateriellen Vermögensgegenständen zählen aktivierte derivative Firmenwerte, aktivierte Aufwendungen für entgeltlich erworbene Lizenzen usw. Einen Zusammenhang mit dem Umsatz herzustellen ist kaum möglich.

> **!** **ACHTUNG: Zusammenhang mit dem Umsatz**
>
> Diese Aussage trifft jedoch nicht zu, wenn beispielsweise für die geplante Steigerung des Umsatzes zusätzliche Lizenzen erforderlich sind.

Sachanlagen

Hier ist es nicht unwahrscheinlich, dass Veränderungen nötig sind. Allerdings ist es zumeist nicht angebracht, einfach eine proportionale Steigerung der benötigten Betriebsmittel zu unterstellen. Bei den Sachanlagen sind sog. Sprünge zu beobachten: Bis zu einer bestimmten Menge bleibt der erforderliche Bestand an Maschinen, Anlagen oder auch Produktionsstätten konstant. Wird eine kritische Menge überschritten, benötigt das Unternehmen zusätzliche Betriebsmittel.

> **▶** **BEISPIEL: Zusätzliche Betriebsmittel werden benötigt**
>
> Fuhrunternehmer Landberg arbeitet als Subunternehmer für Tiefbaufirmen: Mit seinen beiden Muldenkippern transportiert er Erde und andere Schüttgüter. Als Fahrer fungieren er und sein Schwiegersohn.
>
> Für den Bau eines Landstraßenabschnitts wird die Transportleistung ausgeschrieben. Herr Landberg möchte den Auftrag gern akquirieren, weil er sein Unternehmen für mehr als ein Jahr komplett auslasten würde. Bei genauerem Rechnen stellt er fest, dass sein Unternehmen nicht nur ausgelastet würde, sondern dass er die kalkulierten Erdmengen mit seinen beiden Fahrzeugen in der geforderten Zeit gar nicht bewältigen könnte. Er benötigt also ein drittes Fahrzeug.

Nehmen wir an, dass der Unternehmer aus dem obigen Beispiel beschließt, die Transportkapazitäten zu erhöhen. Damit verbunden sind weitere Aufwendungen: Für das neue Wirtschaftsgut, den dritten Lkw, wird natürlich auch ein Fahrer benötigt, dessen Einstellung Personalaufwand nach sich zieht.

Selbst bei einer leistungsbezogenen Entlohnung entstehen auf diese Weise Fixkosten.

● **TIPP: Zusatzkapazitäten**

Überlegen Sie sich gut, ob Sie willens und in der Lage sind, solche Sprünge bei den Sachanlagen zu verkraften. Diese Strategie ist nur dann lohnenswert, wenn die zusätzlich geschaffenen Kapazitäten auch langfristig ausgelastet werden. Handelt es sich nur um kurzzeitige Effekte, ist es manchmal sinnvoller, die Zusatzkapazitäten nicht selbst aufzubauen, sondern über die Weitervergabe eines Auftrags an Dritte abzudecken.

! **ACHTUNG: Zusatzkapazitäten**

Die Sprünge nach oben befinden sich nicht an der gleichen Stelle wie Sprünge nach unten, beispielsweise, wenn Umsätze (wieder) zurückgehen. Es ist in aller Regel einfacher, neue Kapazitäten aufzubauen, als nicht mehr benötigte Kapazitäten abzubauen. Bei einem Umsatzrückgang wird diese Tatsache sicherlich erst einmal zu nicht ausgelasteten Kapazitäten führen.

Vorräte

Vorräte umfassen zum einen die Vorräte an Material, zum anderen die Bestände an Halbfabrikaten (unfertige Erzeugnisse, die sich im Produktionsprozess befinden) und an Fertigerzeugnissen. In allen Vorräten ist Kapital gebunden: Sie haben Aufwendungen, um Material zu kaufen und einzulagern. In den Halbfabrikaten steckt zusätzlich zu den Aufwendungen für Material noch Arbeit. Dieser Aufwand kann entstanden sein für operative Arbeit am Produkt selbst oder für dispositive Arbeit (für Hilfsprozesse, Transport usw., aber auch für Verwaltung), die in Form von Gemeinkosten zugerechnet wird. Gleiches gilt für die Bestände an Fertigerzeugnissen, also an Waren, die zwar hergestellt, aber noch nicht verkauft wurden.

Die Kapitalbindung wird erst aufgehoben, wenn die Waren oder Dienstleistungen verkauft wurden und das Geld auf dem Konto des verkaufenden Unternehmens eingegangen ist. Bis zu diesem Zeitpunkt müssen die Vorräte finanziert werden.

Es ist leicht verständlich, dass sich diese Bestände in Abhängigkeit vom Umsatz verändern.

● TIPP: Nicht zu pauschal planen

Auch wenn es eine Abhängigkeit zwischen den Bestandshöhen und den Umsätzen gibt, sollte man die Planung nicht zu pauschal vornehmen. Die Aufteilung sollte auf jeden Fall abgestuft nach Produkten bzw. Produktgruppen erfolgen. Darüber hinaus sollte nach einzelnen Bestandsarten (Halbfabrikate bestimmter Stufen, Fertigerzeugnisse) differenziert werden.

! ACHTUNG: Bestände, die bewusst verändert werden

Sollten aus irgendwelchen Gründen einzelne Bestände bewusst verändert werden, z. B. um eine Sicherheitsreserve, die in dieser Höhe nicht mehr benötigt wird, abzubauen, muss das selbstverständlich über Korrekturrechnungen in der Planung berücksichtigt werden.

Generell sind die Bestände an Material vor allem von den zu produzierenden Mengen abhängig. Vereinfachend geht man aber zumeist davon aus, dass die produzierten Mengen auch tatsächlich abgesetzt werden und demzufolge der Umsatz eine sinnvolle Bezugsgröße ist.

Auch dann, wenn beispielsweise aufgrund günstiger Einkaufsbedingungen (Sonderkonditionen, Mengenrabatte usw.) größere Mengen an Material oder bezogenen Teilen bestellt werden, ändern sich die Vorräte. Solche Besonderheiten machen es schwer, eine genaue Bestandsplanung im Voraus durchzuführen.

Forderungen
Setzt das Unternehmen mehr ab, ist es sehr wahrscheinlich, dass sich auch der durchschnittliche Bestand an Forderungen verändert. Unabhängig vom Umsatz können sich Forderungsbestände auch dann ändern, wenn z. B. aus finanzpolitischen Gründen andere Zahlungskonditionen gewährt werden.

Sonstige Positionen der Aktivseite

Es wird Ihnen aufgefallen sein, dass hier einige Positionen der Aktivseite nicht aufgeführt wurden. Hauptsächlich handelt es sich dabei um

- Finanzanlagen,
- Wertpapiere des Umlaufvermögens,
- Zahlungsmittelbestände und
- aktive Rechnungsabgrenzungsposten.

Diese Positionen stehen nur in einem schwachen Zusammenhang mit dem Umsatz und werden deshalb nach anderen Methoden geplant. Lediglich den Zahlungsmittelbeständen kann man als Liquiditätsreserve einen gewissen Zusammenhang mit dem Umsatz unterstellen. Zumeist ist es aber sinnvoller und genauer, den Bestand an liquiden Mitteln gesondert festzulegen. Oft erfolgt hier eine Vorgabe in absoluter Höhe.

> **BEISPIEL: Bestand an liquiden Mitteln**
>
> Der Aufsichtsrat hat festgelegt, dass der Bestand an liquiden Mitteln am Monatsende einen Wert von 500.000 EUR nicht unterschreiten darf.

> **TIPP: Bestand an Zahlungsmitteln**
>
> Ein Erfahrungswert besagt, dass der Bestand an Zahlungsmitteln (Bargeld und Geld auf Konten, auf die man innerhalb von maximal 30 Tagen zugreifen kann), zwischen einem und zwei Monatsumsätze betragen sollte. Damit wäre wieder ein Zusammenhang mit dem Umsatz hergestellt, der allerdings relativ willkürlich ist.

8.4.2 Passivseite der Bilanz

Die Passivseite der Bilanz gibt die Herkunft des Kapitals an. Sie ist demzufolge das Ergebnis der Planung der entsprechenden Vermögenswerte auf der Aktivseite. Trotzdem gibt es einige Positionen, die mehr oder weniger kausal vom Umsatz abhängen. Das sind zum Beispiel:

Kurzfristige Lieferantenverbindlichkeiten

Die Verbindlichkeiten aus Lieferungen und Leistungen, die in Form von Handelskrediten durch Lieferanten gewährt werden, stehen in einem engen Zusammenhang mit den bestellten Materialien und Leistungen. Ein Mehr an Materialvorräten hat also auch ein Mehr an unverzinslichen Lieferantenverbindlichkeiten zur Folge. Damit wirkt eine Aktivposition indirekt auch auf ihre Finanzierungshöhe ein.

▶ **BEISPIEL: Kurzfristige Lieferantenverbindlichkeiten**

Die S&R GmbH möchte aus Gründen der Produktionssicherheit ihren Bestand an Bandstahl, der als Ausgangsmaterial für ihr Produkt „Federklemme" dient, erhöhen. Um die Lagerbestände aufzufüllen, bestellt sie bis auf Weiteres immer 20 Prozent mehr als zuvor. Damit erhöht sich der jeweilige Rechnungsbetrag um 20 Prozent. Da sich die sonstigen Zahlungsbedingungen nicht geändert haben und die S&R GmbH das Zahlungsziel von 45 Tagen voll in Anspruch nimmt, steigen auch die Verbindlichkeiten aus Lieferungen und Leistungen entsprechend an. Der erhöhte Bestand (Aktivposition) führt zu vermehrten Verbindlichkeiten (Passivposition).

Zu dem Zeitpunkt, zu dem der geplante Bestand erreicht wird, reduzieren sich die Mengen zur Nachbestellung wieder auf das vorher übliche Maß. Gleiches gilt für die Verbindlichkeiten.

Rückstellungen

Bei ansonsten unveränderten Bedingungen kann man davon ausgehen, dass u. a. auch die Garantie- und Kulanzleistungen, die man selbst für seine Produkte bietet, proportional zum Umsatz steigen. Erwartet man, dass diese Leistungen ein bestimmtes Maß überschreiten, sollte das Unternehmen dafür Rückstellungen bilden (Garantie- und Kulanzrückstellungen). Aus kaufmännischer Vorsicht heraus sollte man die Bildung der Rückstellungen der Umsatzentwicklung anpassen. Damit trägt man dem Umstand Rechnung, dass die vom Umfang her nun größere Gefahr einer Inanspruchnahme aus Garantie besteht.

● TIPP: Rückstellungen

Die Frage, in welcher Höhe Rückstellungen gebildet werden dürfen bzw. sollen, wird immer Stoff für Diskussionen bieten. Damit Rückstellungen überhaupt gebildet werden dürfen, müssen sie auf tatsächlich getätigten Umsätzen beruhen. Darüber hinaus muss eine Wahrscheinlichkeit bestehen, später aus Garantien in Anspruch genommen zu werden.

Da wir uns hier in der Planungsphase befinden, können noch keine Rückstellungen gebildet werden — die Umsätze haben schließlich noch nicht stattgefunden. Was man jedoch tun kann, ist, dass man ihre voraussichtliche Höhe bereits in der Planung berücksichtigt.

Als Basis für die Höhe der Garantierückstellungen können entweder Werte aus der Vergangenheit oder Branchenerfahrungen dienen.

Garantierückstellungen sollen also handels- und steuerrechtlich das Risiko eines zukünftigen Aufwandes wegen der Verpflichtung zu kostenlosen Nacharbeiten, Ersatzlieferungen, Rückgewährungen nach Rücktritt vom Vertrag, Minderungen oder anderen Schadensersatzleistungen abdecken.

Anzahlungen

Ist es in einer Branche üblich, Anzahlungen zu leisten, verändert sich deren Höhe auch in Abhängigkeit vom Umsatz. In der Regel werden Anzahlungen als passive Rechnungsabgrenzungsposten gebucht. Auch diese Position wäre demnach umsatzabhängig.

Bilanzgewinn

Einen pauschalen Zusammenhang zwischen dem Umsatz und dem Bilanzgewinn herzustellen, wäre etwas abenteuerlich. Trotzdem erscheint es logisch, dass bei ansonsten unveränderten Bedingungen mit steigendem Umsatz auch der Gewinn steigt. Inwieweit er als Innenfinanzierungsquelle dienen kann, hängt natürlich davon ab, welcher Anteil des erwirtschafteten Überschusses im Unternehmen verbleibt (Selbstfinanzierung durch die Thesaurierung von Gewinnen) und welcher Anteil in Form von Dividendenzahlungen, Ausschüttungen oder Entnahmen (je nach Rechtsform des Unternehmens) das Unternehmen verlässt, und damit nicht mehr als Finanzierungsquelle zur Verfügung steht.

Sonstige Positionen der Passivseite

In einem ersten Schritt wird man versuchen, den Kapitalbedarf, der aus der Ermittlung der zu planenden Vermögenswerte resultiert, aus den zur Verfügung stehenden Quellen des Eigen- und Fremdkapitals zu decken. Der Weg ist also:

- Planung des Umsatzes,
- Planung der daraus resultierenden Vermögenswerte,
- Planung der Kapitalquellen.

> **!** **ACHTUNG: Herangehensweise**
>
> Diese Herangehensweise impliziert, dass letztlich alles finanziert werden kann. In der Praxis ist das aber nicht der Fall. Die zur Verfügung stehenden Finanzierungsquellen sind in ihrer Höhe begrenzt. Damit wird das Kapital selbst zum einschränkenden Faktor. Demzufolge müssen die genannten grundsätzlichen Schritte wiederholt werden, bis die real zur Verfügung stehenden Kapitalquellen mit dem errechneten Kapitalbedarf übereinstimmen. Fehlende Finanzierungsmöglichkeiten limitieren also ggf. die realen Prozesse.
>
> Andererseits kann ein Zuviel an Kapital dazu verleiten, dass Dinge anzustoßen, die wirtschaftlich suboptimal sind. Es ist die Aufgabe des Finanzmanagements, hierfür eine Lösung zu finden, die die wirtschaftlichen Interessen des Unternehmens als Ganzes am besten abbildet.

8.5 Verfahren zur Ermittlung der Werte des Umlaufvermögens

Nachdem wir bisher mehr oder weniger allgemein darüber gesprochen haben, dass es eine Abhängigkeit diverser Größen vom Umsatz gibt, wollen wir nun versuchen, Wege und Methoden zu finden, die diese Zusammenhänge mess- und planbar machen. Wir wenden uns also der Stärke des Zusammenhangs zu, der zwischen dem Umsatz und den umsatzabhängigen Größen besteht.

Die meisten Veränderungen ergeben sich erfahrungsgemäß bei Teilen des Umlaufvermögens. *Vorräte und Forderungen* sind stark anfällig für Veränderungen des Umsatzes. Aus diesem Grund wollen wir mit dem Umlaufvermögen beginnen, um danach auf weitere Positionen der Bilanz einzugehen.

> **!** **ACHTUNG: Umsatzplanung**
>
> Ziel dieses Kapitels ist es also, Zusammenhänge festzustellen, die zwischen der auslösenden Größe — in diesem Falle dem Umsatz — und den beeinflussten Größen (Vorräten usw.) bestehen. Aber selbst dann, wenn man einen mathematischen Zusammenhang erkennt, muss man sich immer im Klaren darüber sein, dass der auf diese Weise ermittelte Wert durch weitere Faktoren beeinflusst wird. Es kann sich also immer nur um einen Anhaltspunkt handeln. Die konkrete Planung erfordert das Einbeziehen der Kenntnisse „vor Ort".

8.5.1 Denkbare Varianten, den Zusammenhang zu ermitteln

Alle hier kurz vorgestellten Varianten beruhen auf der Auswertung von Zahlen, die aus der Vergangenheit stammen. Dessen muss man sich bewusst sein. In letzter Konsequenz bedeutet das nämlich, dass bei einer Veränderung der bisherigen Rahmenbedingungen die berechneten Ergebnisse entsprechend modifiziert werden müssen.

Lineare Regression

Eines der am häufigsten angewandten Verfahren der auf statistischen Daten beruhenden Prognose ist die lineare Regression. Auf die mathematischen Feinheiten dieses Verfahrens einzugehen, würde den Rahmen dieses Buches sprengen. Zum Grundprinzip sei nur das Folgende gesagt:

Man geht davon aus, dass eine variable Größe abhängig ist von einer anderen Größe. Demzufolge hat man es mit einer abhängigen und einer unabhängigen Variablen zu tun.

▶ **BEISPIEL: Abhängige und unabhängige Variable**

Für den Zweck der Finanzplanung kann man annehmen: Die unabhängige Variable sei der Umsatz. Die zugehörige abhängige Variable sei der Bestand an Halbfabrikaten. Beide Größen haben sich in der Vergangenheit von Jahr zu Jahr geändert und bleiben auch in der Zukunft nicht konstant. Der Umsatz bestimmt den Bestand.

Nun kann man die Veränderungen des Umsatzes in den vergangenen Jahren genauso wie die Änderungen der abhängigen Variablen (der Bestände) ermitteln und beide in ein Koordinatensystem eintragen. Man erhält auf diese Weise eine sog. Punktwolke.

Durch diese Punktwolke wird die Regressionsgerade gelegt, die den in der Wolke zum Ausdruck kommenden Trend möglichst genau repräsentiert. Das ist dann der Fall, wenn die quadrierten Abweichungen aller Punkte von der Geraden ein Minimum erreichen. Verdeutlichen kann man sich das anhand der folgenden Abbildung:

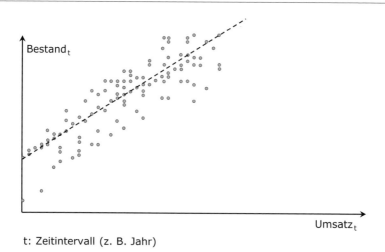

t: Zeitintervall (z. B. Jahr)

Abb. 6: Regressionsgerade

Jetzt kann man den geplanten Umsatz in das Diagramm eintragen und den dazugehörigen zu planenden Bestand ablesen.

TIPP: Regressionsgerade

Diese Berechnungen werden heute nicht mehr mit dem Taschenrechner durchgeführt, sondern mithilfe entsprechender Programme. Auch Tabellenkalkulationsprogramme wie z. B. Excel bieten diese Funktion.

Verbunden ist die lineare Regression mit der Verarbeitung einer nicht unerheblichen Datenmenge. Die Vergangenheitsdaten müssen über einen möglichst langen Zeitraum erfasst worden sein, denn mit abnehmender Datenmenge erhöht sich die Ungenauigkeit deutlich. Wegen dieses Aufwandes greift man — gerade bei kleineren Unternehmen — eher zu leichter handhabbaren Methoden, die immer noch eine hinreichende Genauigkeit bieten.

Die beiden nachfolgend genannten Verfahren lassen sich problemlos mit einem Tabellenkalkulationssystem, ja sogar mit einem normalen Taschenrechner (hier ist der zeitliche Aufwand natürlich größer), bewältigen.

Prozentualer Anteil

Ganz einfach ist es, die abhängige Variable als immer gleichbleibenden Anteil an der unabhängigen Variable zu definieren.

BEISPIEL: Prozentualer Anteil

In den vergangenen Jahren hat man die folgenden Werte des Umsatzes (unabhängige Variable) und des Bestandes an einer bestimmten Materialart i (abhängige Variable) ermittelt:

Jahr	1	2	3	4	5
Umsatz	12.000	12.500	14.000	13.800	14.500
Bestand	600	610	590	700	725
Anteil	5,0 %	4,9 %	4,2 %	5,1 %	5,0 %

Damit ergibt sich ein durchschnittlicher Anteil des Bestandes der Material-art i am Umsatz von 4,84 Prozent. Plant man nun für das nächste Jahr mit einem Umsatz von 15.000, müsste man einen Bestand von 726 in die Planung aufnehmen.

- Vorteile dieser Vorgehensweise
  Das Verfahren ist einfach auszuführen. Die Daten liegen in der Regel vor und der Rechenweg ist auch für Laien leicht nachzuvollziehen.

- Nachteile dieser Vorgehensweise
  Das obige Beispiel macht, bei aller Einfachheit, auch die Problematik dieser Vorgehensweise deutlich: Weichen einzelne Größen deutlich vom Durch-schnitt ab (hier im dritten Jahr), kann das den Durchschnittswert stark verändern und damit zu Fehlern führen.

- Noch ein anderes Problem ist dieser Vorgehensweise eigen: Man nimmt, ohne weiter darüber nachzudenken, an, dass sich alle relevanten Größen immer proportional verhalten. Diese Annahme ist aber von der Wirklichkeit oft weit entfernt.

Reagibilität

Die Bestimmung der Reagibilität stellt eine praktikable Zwischenvariante der beiden bisher genannten Verfahren dar. Hier wird ermittelt, wie die *Ände-rung* der abhängigen Variablen und die *Änderung* der unabhängigen Variablen zusammenhängen. Damit erhält man eine Größe, die keinen proportionalen Zusammenhang der absoluten Werte, sondern einen Zusammenhang der Än-derungen unterstellt.

▶ BEISPIEL: Reagibilität

Die S&R AG bestimmt für eine konkrete Produktlinie die prozentualen Veränderungen der Umsätze von einem Jahr zum anderen. Die Zeitreihe umfasst einen Zeitraum von 8 Jahren. Für den gleichen Zeitraum werden auch die Veränderungen von Jahr zu Jahr bei den Beständen des Zuliefer-produkts X ermittelt.

Durch die Bildung des arithmetischen Mittels ergibt sich, dass eine durch-schnittliche Änderung der Umsätze von beispielsweise 10 Prozent beglei-tet war von einer Änderung der Bestände um 6 Prozent. Setzt man die Veränderungen der abhängigen Variable (in Prozent) ins Verhältnis zur

Veränderung der unabhängigen Variable (in Prozent), erhält man einen Reagibilitätsfaktor von 0,6. Das bedeutet: Wenn eine Umsatzsteigerung von z. B. 12 Prozent geplant ist, sollte man mit einer Erhöhung der Bestände des Zulieferprodukts X um 7,2 Prozent (12 Prozent x 0,6) rechnen.

- Vorteil dieser Vorgehensweise
  Neben der einfachen Ausführbarkeit dieses Vorgehensweise und dem in aller Regel vorliegenden Datenmaterial wird der Nachteil der gleichbleibenden prozentualen Anteile und damit der unterstellten streng proportionalen Entwicklung aller Größen aufgehoben.
- Nachteil dieser Vorgehensweise
  Genau genommen ersetzt hier nur eine Unterstellung die andere. Auch dieses Verfahren ist nicht vollkommen und geht von Annahmen aus, die nicht immer in gleicher Weise gelten.

Fazit zu den genannten Verfahren

Am genauesten sind auf jeden Fall die statistischen Methoden, von denen hier die lineare Regression genannt wurde. Allerdings ist ihre Anwendung mit einem Aufwand verbunden, der nicht immer gewollt und auch nicht immer wirtschaftlich zu vertreten ist.

Von den beiden aufgeführten Praktikerverfahren liefert die Bestimmung der Reagibilität bei einem vergleichbaren Aufwand die sinnvolleren Ergebnisse.

8.5.2 Vergleichendes Beispiel

Dass die Ergebnisse der Berechnungen voneinander abweichen können, macht das folgende Beispiel deutlich. Wie bisher angenommen wurde, ist der Umsatz die auslösende Größe, also die unabhängige Variable. Als abhängige Variable soll der Bestand an Halbfabrikaten geplant werden.

Um den Überblick nicht zu sehr zu erschweren, wurden die Daten von fünf Jahren zugrunde gelegt.

● **TIPP: Welche Zeiträume sind als Datenbasis sinnvoll?**

Eine sinnvolle Datenbasis ergibt sich bei ca. 6 bis 8 Jahren. Werden kürzere Zeiträume gewählt, erhöht sich die Gefahr, dass die Werte nicht repräsentativ und damit Planungsungenauigkeiten vorprogrammiert sind.
Verlängert man dagegen die Datenreihe über 8 Jahre hinaus auf 12 oder 15 Jahre, ergeben sich kaum noch gravierende Verbesserungen hinsichtlich der Genauigkeit. Lediglich der Rechenaufwand und der Aufwand, die Ausgangsdaten zu erheben und zugriffsbereit zu speichern, steigen.

Umsatz	Veränderung Umsatz in Prozent	Bestand Halbfabrikate	Veränderung Bestand in Prozent	Reagibilität	Anteil Bestand am Umsatz
1	2	3	4	5 (=4/2)	6 (=3/1)
23.500		6.200			26,4 %
24.300	+ 3,4	6.210	+ 0,2	0,06	25,5 %
24.700	+ 1,6	6.220	+ 0,2	0,13	25,2 %
25.900	+ 4,9	6.300	+ 1,3	0,68	24,3 %
27.100	+ 4,6	6.310	+ 0,2	0,04	23,3 %
Durchschnitt				0,22	24,94 %

Die wichtigsten Aussagen bis hierher sind:

- Der Anteil der Bestände an Halbfabrikaten am Umsatz beträgt im Durchschnitt 24,94 Prozent.
- Die Reagibilität beträgt 0,22. Das heißt: Umsatzveränderungen haben auch zu Veränderungen bei den Beständen geführt. Die Schwankungen bei den Beständen haben im Durchschnitt 22 Prozent der Schwankungen beim Umsatz betragen.

Nehmen wir jetzt an, dass für das kommende Jahr ein *Umsatz von 29.000* geplant wird. Die Aufgabe besteht nun darin, die dafür erforderlichen Bestände an Halbfabrikaten zu planen, und zwar unter Anwendung der beiden Praktikerverfahren.

- Unterstellt man generell proportionale Entwicklungen zwischen Bestand und Umsatz plant man ganz einfach einen Anteil von 27,94 Prozent des geplanten Umsatzes als voraussichtlichen Bestand ein: (29.000 x 27,94) : 100 = 7.233.

- Verwendet man das Verfahren der Reagibilität, rechnet man: Der Umsatz soll von 27.100 auf 29.000 steigen. Das entspricht einer Steigerung von 7 Prozent. Bei einer Reagibilität der Bestände an Halbfabrikaten von 0,22 müsste man dort eine Steigerung von 7 Prozent x 0,22 = 1,54 Prozent einplanen. Damit ergäbe sich ein Planbestand von 6.310 + 1,54 Prozent = 6.407.

Dieser Unterschied ist schon gravierend.

> **!** **ACHTUNG: Beide Verfahren arbeiten mit Durchschnitten**
>
> Auch wenn das Verfahren der Reagibilität das allem Anschein nach bessere, weil zutreffendere Ergebnis liefert, muss man sich immer vergegenwärtigen: Beide Verfahren arbeiten mit Durchschnitten und allen damit verbundenen Ungenauigkeiten.

8.6 Umsatzabhängige Bilanzpositionen der Passivseite

Das hier vorgestellte Praktikerverfahren der Reagibilität kann neben der Bestimmung der Planwerte für Bestände und Forderungen auch für andere Positionen sinnvoll angewendet werden. Hier sind vor allem Positionen der Passivseite der Bilanz zu nennen:

- Rückstellungen für Garantieleistungen
  Wie bereits gesagt, hängen erforderliche Garantieleistungen, Nachbesserungen usw. von der Menge der abgesetzten Produkte und damit vom Umsatz ab. Das gilt so explizit natürlich nur dann, wenn sich keine nennenswerten Änderungen im Qualitätsmanagement oder anderen, die Garantieleistungen beeinflussenden Faktoren ergeben. Vom Grundsatz kann man hier aber die Reagibilität zur Umsatzentwicklung für die Planung dieser Rückstellungen verwenden.

- Anzahlungen
  Auch für Anzahlungen von Kunden, die im eigenen Unternehmen als eine
  Finanzierungsquelle genutzt werden können, gilt, dass sie vom Umsatz
  abhängen.

! ACHTUNG: Anzahlungen

Das hat natürlich nur für die Bereiche und Kundengruppen Gültigkeit, in
denen tatsächlich Anzahlungen üblich sind und auch vertraglich vereinbart werden.

- Kurzfristige Lieferantenverbindlichkeiten
  Diese Verbindlichkeiten aus Lieferungen und Leistungen hängen zwar
  auch vom Umsatz ab, das aber nur mittelbar. Enger ist ihr Zusammenhang
  mit dem Wert des eingekauften Materials. Aus diesem Grund ist es bei der
  Planung der Lieferantenverbindlichkeiten sinnvoll, die Reagibilität zur benötigten Materialmenge zu bestimmen und nicht zum Umsatz.
- Forderungen
  Die Forderungen spielen eine Sonderrolle. Es ist durchaus möglich,
  ihren Planwert mithilfe der Reagibilität zu ermitteln. Wahrscheinlich wird der Reagibilitätsfaktor nahe 1 liegen. Es ist augenscheinlich,
  dass sich Forderungsbestand und Umsatz zueinander fast proportional verhalten. Bei einem Umsatzwachstum von beispielsweise 20 Prozent ist zu erwarten, dass sich auch der durchschnittliche Bestand
  an Forderungen um ca. 20 Prozent erhöht. Vorausgesetzt wird dabei, dass sich die Zahlungsbedingungen nicht grundlegend ändern.
  Unter Einbeziehung der Zahlungsbedingungen und eventuell geplanter
  Änderungen kann man den erwarteten Bestand an Forderungen auch ermitteln, indem man rechnet:

Forderungsbestand =
durchschnittlicher Tagesumsatz x Debitorenziel[7]

---

[7] Unter dem Begriff „Debitorenziel" versteht man das durchschnittliche Zahlungsziel,
das man seinen Kunden einräumt.

TIPP: Unterschiedliche Zahlungsziele

Es ist nicht unwahrscheinlich, dass man auf verschiedenen Märkten, bei verschiedenen Produktgruppen oder auch bei verschiedenen Kunden unterschiedliche Zahlungsziele in Ansatz bringt. In solch einem Fall sollte man den gewogenen Durchschnitt des Debitorenziels, bezogen auf die genannten Unterscheidungsmerkmale, berechnen.

Zwischenfazit

Auf diese Weise kann man, ausgehend von der Umsatzplanung, die dafür erforderlichen

- Vorräte an Material, Halbfabrikaten und Fertigerzeugnissen,
- unter der oben angegebenen Prämisse die Forderungen,
- Verbindlichkeiten aus Lieferungen und Leistungen,
- Rückstellungen für Garantie- und Kulanzleistungen und
- Kundenanzahlungen

ermitteln.

TIPP: Nicht zu stark zusammenfassen

Fassen Sie bei der Planung dieser Werte nicht zu stark zusammen. Eine Berechnung ist nur sinnvoll, wenn auch wirklich inhaltliche Zusammenhänge zwischen diesen Größen bestehen. Es ist also in der Regel nicht zweckmäßig, den Gesamtumsatz des Unternehmens, sondern den Umsatz einzelner Produktgruppen, ggf. auch aufgeteilt auf verschiedene Märkte, als Basis zu nehmen. Auch reicht es nicht aus, Vorräte als Ganzes zu betrachten. Hier ist einerseits nach Material, bezogenen Teilen, Halbfabrikaten und Fertigerzeugnissen und andererseits nach den einzelnen Produktgruppen zu differenzieren.

ACHTUNG: Passivpositionen

Die hier angeführten Passivpositionen sind *keine Vermögenswerte*, sondern Kapitalquellen. Demzufolge werden sie auch nicht zu den Aktivpositionen addiert. Sie wurden hier aufgeführt, weil ihre Bestimmung nach der gleichen Methodik (Reagibilität) erfolgen kann, wie wichtige Aktivpositionen.

Als Nächstes wenden wir uns den Bilanzpositionen zu, die nicht sinnvoll mithilfe der Reagibilität ermittelt werden können.

8.7 Ermittlung des Werts der erforderlichen Sachanlagen

Zu den Sachanlagen zählen Dinge wie

- Maschinen und Anlagen,
- Grundstücke,
- Gebäude.

Ein Unternehmen weiß zumeist recht genau, welche Teile des Anlagevermögens für den Produktionsprozess direkt erforderlich sind — als Beispiele wären Produktionsmaschinen, aber auch Werkhallen zu nennen — und welche Teile anderen Zwecken dienen — zum Beispiel ein Verwaltungsgebäude.

8.7.1 Nicht direkt mit der Produktion verbundene Sachanlagen

Diese Teile des Anlagevermögens lassen nur schwer einen Zusammenhang zum Umsatz erkennen.

> **BEISPIEL: Nicht direkt mit der Produktion verbundene Sachanlagen**
>
> Im Bürogebäude der S&R AG sind u. a. die Abteilungen für die Kostenrechnung und das Controlling untergebracht. Beide Abteilungen arbeiten mit den Zahlen, die die Produktion verursacht, aber ihr Arbeitsaufwand hängt nicht direkt von der Produktionsmenge ab.

In welchem Umfang ist dieser Teil des Anlagevermögens zu planen?

Man geht von den Buchwerten des vergangenen Jahres aus und reduziert sie um die planmäßigen Abschreibungen. Berücksichtigen muss man weiterhin erforderliche und geplante Investitionen in diesen Teilbereich, die den Wert erhöhen. Das auf diese Weise ermittelte Vermögen geht in die Planbilanz ein und muss finanziert werden.

> **! ACHTUNG: Es gibt keine Gebrauchsanweisung**
>
> Wenn Sie an dieser Stelle eine leichte Berechnungsvorschrift erwartet haben, müssen wir Sie leider enttäuschen. Es gibt keine allgemeingültige Gebrauchsanweisung. Die Werte müssen stattdessen immer anhand der konkreten Gegebenheiten einzeln ermittelt und geplant werden.

Aber der fehlende Zusammenhang zum Umsatz erleichtert auch die Planung. Die anzusetzenden Werte sind deutlich weniger schwankungsanfällig, als beispielsweise die Werte von Werkzeugmaschinen.

> **● TIPP: Ermittlung des Kapitalbedarfs**
>
> Um den Kapitalbedarf zu ermitteln, reicht es in einem ersten Schritt vollkommen aus, das Vermögen an Sachanlagen in summarischer Form zu bestimmen. Eine weitere Unterteilung ist nicht erforderlich.
>
> Später, wenn es um die Planung und Sicherung der Liquidität geht, muss diese Summe so aufgeteilt werden, dass der Kapitalbedarf der einzelnen Monate oder — falls dieser Detailliertheitsgrad nicht möglich ist — zumindest der einzelnen Vierteljahre festgestellt werden kann.

8.7.2 Produktionsanlagen

Auch bei den Maschinen und Anlagen, die direkt der Produktion dienen, kann man nicht einfach eine proportionale Entwicklung oder eine Reagibilität zum Umsatz unterstellen.

In einem ersten Schritt tut man das Gleiche wie bei den nicht mit der Produktion verbundenen Sachanlagen: Die Buchwerte um die Abschreibungen reduzieren und bereits geplante und vorgesehene Investitionen addieren.

Danach ist es die Aufgabe der Planung, herauszufinden, bei welchen geplanten Produktionsmengen es erforderlich wird, *zusätzliches Anlagevermögen* zu beschaffen.

! **ACHTUNG: Wann ist ein Kapazitätsabbau sinnvoll?**

Natürlich gilt auch die gegenteilige Überlegung: Bei welchen Mengen sollte man Anlagevermögen abbauen, z. B. indem man eine nicht mehr benötigte Maschine verkauft. In vielen Fällen wird man das aber nicht tun, sondern die Maschine als Kapazitätsreserve behalten. Die Betriebskosten für eine zeitweilig nicht benötigte Maschine gehen zwar gegen Null, finanziert werden muss sie aber trotzdem. In ihr ist Kapital gebunden, das nur durch den Verkauf von Produkten oder aber durch den Verkauf der Maschine selbst wieder freigesetzt wird.

Ein Verkauf und damit Kapazitätsabbau ist dann sinnvoll, wenn das Wirtschaftsgut *voraussichtlich dauerhaft* nicht mehr benötigt wird.

Kapazitätsauslastung prüfen

Ein wichtiger Ansatzpunkt ist die aktuelle Kapazitätsauslastung. Sind Maschinen oder Anlagen nicht voll ausgelastet, kann man in bestimmtem Maße die Produktion steigern, ohne neues Anlagevermögen anschaffen zu müssen.

▶ **BEISPIEL: Kapazitätsauslastung prüfen**

In der S&R AG erweist sich die Maschine zum Stanzen eines bestimmten Teils als Kapazitätsengpass. Bevor aber eine weitere Maschine angeschafft wird, stellt die Abteilung „Fertigungstechnologie" die Produktion auf ein Zweischichtsystem um. In Abhängigkeit davon, ob diese Maßnahme dauerhaft ist oder nicht, wird der zusätzliche Personalbedarf durch Überstunden, zeitlich befristete Neueinstellungen (z. B. über Leiharbeit) oder zusätzlich einzustellendes Personal abgedeckt.

Solche Veränderungen ziehen allerdings immer eine Vielzahl weiterer Umgestaltungen nach sich.

Kapazitätsauslastungsgrad

Der Kapazitätsauslastungsgrad gibt an, wie viel Prozent der möglichen Arbeitsstunden (an einer speziellen Maschine) auch tatsächlich genutzt werden. Er berechnet sich:

Kapazitätsauslastungsgrad =
Fertigungsstunden : Kapazitätsstunden × 100

TIPP: Kapazitätsauslastungsgrad

Ein geplanter Kapazitätsauslastungsgrad von nahezu 100 Prozent ist nicht sinnvoll, weil auf diese Weise keine Zeiten für Reparaturen, Instandhaltungsmaßnahmen usw. zur Verfügung stehen. Werte zwischen 80 und 85 Prozent sind eher angemessen.

Anlagenverfügbarkeit und Anlagenausfallrate

Eng mit dem Kapazitätsauslastungsgrad verbunden sind die Kennzahlen „Anlagenverfügbarkeit" und „Anlagenausfallrate". Die gesamte Betriebszeit einer Anlage setzt sich zusammen aus

- der *Hauptnutzungs- bzw. Fertigungszeit* (das ist die Zeit, in der auf der Anlage tatsächlich gefertigt wird),
- der *Nebennutzungszeit* (das sind die Zeiten, die für Rüst- und Umstellmaßnahmen erforderlich sind) und
- der *Stillstandzeit* (das ist die Zeit, die für Instandhaltungsmaßnahmen, Wartung, Reparatur und Leerlauf infrage kommt).

Bestimmt man den Anteil der Hauptnutzungzeit an der gesamten Betriebszeit, erhält man die sog. Anlagenverfügbarkeit. Der Anteil der Stillstandszeiten an der gesamten Betriebszeit kennzeichnet die Anlagenausfallrate. Eine Analyse dieser Werte gibt Anhaltspunkte, wie die Kapazität ggf. besser ausgelastet werden kann.

! ACHTUNG: Zusammenhang mit der Produktionssteuerung

Die eben vorgestellte Problematik reicht weit in den Bereich der Technologie und der Produktionssteuerung hinein. Ein Finanzcontroller wird die Werte zumeist nicht selbst ermitteln, sondern sich von den entsprechenden Abteilungen zuarbeiten lassen.

▶ BEISPIEL: Zusammenhang mit der Produktionssteuerung

Das AB-Werk stellt Bohrfutter für Schlagbohrmaschinen her. Durch eine Veränderung der Losgröße, das heißt, der Menge an Teilen, die immer an einer Station bearbeitet werden, bevor sie weitergegeben werden, könnte es gelingen, den Durchsatz an Teilen zu erhöhen. Der Nachteil ist ein erhöhter Aufwand für den innerbetrieblichen Transport. Die für die technologischen Abläufe zuständige Abteilung wägt ab und kommt zu dem Schluss, dass der zusätzliche Transportaufwand weniger negative Auswirkungen hat, als die Anschaffung einer zusätzlichen Schleifmaschine.

Ansatzpunkte für die Finanzplanung des Anlagevermögens

Aus den oben vorgestellten Berechnungen ergibt sich eine Summe, die den Wert des Anlagevermögens darstellt, das für reibungslose Produktionsabläufe und eine ordnungsgemäße Verwaltung und Organisation des Unternehmens erforderlich ist. Sollte sich herausstellen, dass diese Summe nicht ohne Weiteres finanziert werden kann, sollte man in die folgenden Richtungen weiterdenken:

- Können bestimmte Bereiche ausgelagert werden (Outsourcing), sodass das Unternehmen die dafür erforderlichen Betriebsmittel nicht selbst anschaffen resp. bereitstellen muss?
- Kann die Produktion so umorganisiert werden, dass man durch eine gleichmäßigere Auslastung der vorhandenen Produktionskapazitäten größere Mengen herstellen kann, ohne den Bestand an Betriebsmitteln erhöhen zu müssen?

TIPP: Vorgehen bei starken Schwankungen des Absatzes

Dieses Vorgehen ist dann möglich und ggf. sinnvoll, wenn der Absatz im Jahresrhythmus deutlich schwankt. Man stellt über das gesamte Jahr relativ gleichmäßig eine durchschnittliche Menge her. „Überproduktionen" werden eingelagert und bei Bedarf abgesetzt. Der Nachteil besteht darin, dass hierbei die durchschnittlichen Bestände an Fertigerzeugnissen, die ja finanziert werden müssen, ansteigen. Der Vorteil liegt in der gleichmäßigeren Auslastung und der Tatsache, dass der Spitzenbedarf und die dafür notwendigen Kapazitäten geringer sind. Der „neue" Spitzenbedarf liegt in der Nähe des durchschnittlichen Bedarfs.

- Können Betriebsmittel gemietet oder geleast werden? Dann spart man den Aufwand für ihre Anschaffung und die Abschreibungen, dafür muss man dann allerdings die entsprechenden Leasingraten tragen.

8.8 Weitere nicht umsatzabhängige Aktiva

Hier wären insbesondere zu erwähnen die

- immateriellen Vermögensgegenstände,
- Finanzanlagen,
- Wertpapiere des Umlaufvermögens,
- Zahlungsmittel,
- aktiven Rechnungsabgrenzungsposten.

Immaterielle Vermögensgegenstände

Bei den immateriellen Vermögensgegenständen ist nicht mit einer Veränderung zu rechnen — die angesetzten Werte in der Bilanz bleiben also unverändert. Lediglich die Abschreibungen werden abgezogen. Selbstverständlich sind geplante entgeltliche Erwerbe von immateriellen Vermögensgegenständen in der Planung zu berücksichtigen. Es muss also eine individuelle, auf die einzelnen Vermögenswerte bezogene Planung erfolgen.

Finanzanlagen

Zu den Finanzanlagen gehören zum einen die Beteiligungen, zum anderen die Wertpapiere, die zum längerfristigen Verbleib im Unternehmen bestimmt sind.

Ähnlich wie bei den immateriellen Vermögensgegenständen ist hier keine durch den Umsatz bedingte Veränderung feststellbar. Sowohl das Eingehen von Beteiligungen als auch die langfristige Geldanlage in Wertpapieren müssen also individuell geplant werden.

! | **ACHTUNG: Werthaltigkeit der immateriellen Vermögensgegenstände**

Man sollte in besonderem Maße auf die Werthaltigkeit dieser Vermögensgegenstände achten. Sie werden nicht planmäßig abgeschrieben, sondern nur dann, wenn sich ihr Wert tatsächlich verringert hat. Diese Abschreibungen erfolgen also situativ und reduzieren das Vermögen. Dadurch verkürzt sich einerseits die Bilanz und es wird weniger Kapital zur Finanzierung benötigt. Andererseits sind die Abschreibungen Aufwendungen, die den Jahresüberschuss reduzieren, wodurch weniger Gewinn für die Finanzierung zur Verfügung steht.

Der Gesetzgeber unterscheidet nicht, ob man eine Aktie eines Unternehmens oder ein ganzes Unternehmen gekauft hat — beides gilt als Finanzanlage. Beteiligungen an Unternehmen müssen ebenfalls abgeschrieben werden, wenn sich auf lange Sicht keine Gewinne aus dem Tochterunternehmen ziehen lassen bzw. wenn keine Möglichkeit zum Weiterverkauf besteht.

Zahlungsmittel

Der erforderliche Bestand an Zahlungsmitteln hängt im Wesentlichen davon ab, wie sicher künftige Ein- und Auszahlungen prognostiziert werden können. Wirtschaftlich am sinnvollsten wäre es, keinerlei Zahlungsmittel vorzuhalten und alle überschüssige Liquidität sofort in das Unternehmen zu investieren. Es liegt aber auf der Hand, dass das in dieser Rigorosität nicht möglich ist.

Zahlungsmittelbestände dienen also als Puffer für die Ungenauigkeiten in der Planung aller Cashflows. Mit ihrer Planung befasst sich Teil „Planung und Sicherung der Liquidität".

Aktive Rechnungsabgrenzungsposten

Aktive Rechnungsabgrenzungsposten müssen immer individuell anhand der konkreten Gegebenheiten geplant werden.

8.9 Zusammenfassende Vermögensplanung

Ziel dieses Schritts ist es, einen Gesamtwert des Vermögens zu ermitteln, das notwendig ist, um die betrieblichen Prozesse zu sichern — hierbei handelt es sich um das betriebsnotwendige Vermögen.

Die Planung der Vermögenswerte sollte differenziert nach den oben angeführten Methoden erfolgen. In einer ersten Näherung reicht es aus, den durchschnittlichen Bedarf zu ermitteln.

> **! ACHTUNG: Schwankungen planen**
>
> Es ist klar, dass dieser Durchschnitt im Jahresverlauf Schwankungen unterliegen. Diese Schwankungen und vor allem ihre Finanzierung zu planen ist die Aufgabe der Liquiditätsplanung, der wir uns in Teil „Planung und Sicherung der Liquidität" ausführlicher zuwenden.

Mit dem auf diese Weise ermittelten Wert hat man zumindest einen Ansatzpunkt für die Ermittlung des langfristigen Kapitalbedarfs. In einer Planbilanz würde er der Aktivseite der Bilanz entsprechen.

> **! ACHTUNG: Nicht betriebsnotwendiges Vermögen**
>
> Nicht alle im Unternehmen vorhandenen Vermögenswerte sind tatsächlich für einen reibungslosen Ablauf erforderlich. Wie in einem Privathaushalt sammeln sich auch in einem Betrieb Vermögenswerte an, die mit der aktuellen betrieblichen Tätigkeit in keinem direkten Zusammenhang stehen. Sie müssten separat geplant und anschließend zum betriebsnotwendigen Vermögen addiert werden.

> **BEISPIEL: Nicht betriebsnotwendiges Vermögen**
>
> Die S&R AG nutzt seit ihrer Gründung ein Grundstück innerhalb des Stadtgebiets. Sowohl die Stadt als auch das Unternehmen selbst sind im Laufe der Jahrzehnte gewachsen. Da das Firmengelände nach und nach von Wohngebieten umschlossen wurde, ist kein räumliches Wachstum mehr möglich. Nachdem das Management lange Zeit versucht hatte, trotz der beengten Verhältnisse wirtschaftlich gute Ergebnisse zu erwirtschaften, hat es sich entschlossen, die Produktionsstätten in ein Industriegebiet am Stadtrand zu verlegen, das zudem noch den Vorteil eines Autobahnanschlusses in unmittelbarer Nähe bietet.
>
> Am bisherigen Firmensitz ist nur noch die Konzernleitung geblieben. Die ursprünglichen Produktionsräume wurden nach diversen Umbauten an Handelseinrichtungen und Gewerbetreibende verpachtet.
>
> Die verpachteten Immobilien zählen nicht zum betriebsnotwendigen Vermögen, gehören aber weiterhin zum Eigentum der Gesellschaft und müssen demzufolge auch bilanziell erfasst und finanziert werden.

Für die Planung des Gesamtkapitalbedarfs werden alle Vermögenswerte zusammengefasst. Hieraus ergibt sich der Gesamtbetrag, der finanziert werden muss. Aus welchen Quellen die Finanzierung erfolgen kann, ist Gegenstand des nächsten Kapitels.

9 Planung der Finanzierungsquellen

In Teil „Planung und Steuerung der Unternehmensfinanzen", Kapitel „Planung des langfristigen Kapitalbedarfs" haben wir den Wert aller Vermögensgegenstände, die für die betriebliche Tätigkeit erforderlich sind, berechnet. Dieser Wert entspricht nicht exakt der Bilanzsumme. Um die Bilanzsumme zu bestimmen, muss das sog. nicht betriebsnotwendige Vermögen addiert werden, also die Wirtschaftsgegenstände, die nicht unbedingt notwendig sind. Wir gehen davon aus, dass auch sie finanziert werden müssen.

> **TIPP: Engpässe bei der Finanzierung**
>
> Sollte es zu Engpässen bei der Finanzierung kommen, besteht immer die Möglichkeit, die nicht betriebsnotwendigen Wirtschaftsgegenstände zu verkaufen und so das zu finanzierende Volumen zu reduzieren.

9.1 Grundsätzliche Reihenfolge der Finanzierungsquellen

Wie bereits ausführlich dargestellt wurde, steht Eigenkapital grundsätzlich zeitlich unbefristet zur Verfügung. Es bietet die größte Sicherheit bei den Finanzierungsmöglichkeiten. Reicht das vorhandene Eigenkapital nicht aus, müssen Fremdfinanzierungsmittel eingesetzt werden.

Diese Sichtweise ist allein dem Sicherheitsaspekt geschuldet. Bezieht man Rentabilitätsgesichtspunkte mit in die Betrachtung ein, kann die Entscheidung ob Eigen- oder Fremdkaptal verwendet werden soll, durchaus anders ausfallen.

Unter Berücksichtigung der Frage, wie lange Kapital zur Verfügung steht, und der Tatsache, dass manche Finanzierungsquellen zweckgebunden sind, wird die Kapitalstruktur nochmals modifiziert.

Die Planung der Finanzierungsquellen, also der Passivseite der Bilanz, erfolgt deshalb in den folgenden Schritten:

1. Planung der eigenen Mittel,
2. Planung der Fremdmittel,
3. Modifizierung der Kapitalstruktur anhand weiterer Kriterien.

9.2 Planung der eigenen Mittel

9.2.1 Kapitalmaßnahmen

In der Regel kann das vorhandene Eigenkapital aus dem Vorjahr übernommen werden. Das gilt allerdings nur dann uneingeschränkt, wenn keinerlei Kapitalmaßnahmen vorgesehen sind bzw. im letzten Jahr durchgeführt wurden.

Was könnten solche Kapitalmaßnahmen sein?

Gewinnentnahmen
Die Möglichkeiten, Gewinne zu entnehmen, sind abhängig von der Rechtsform.

- Einzelunternehmen und Personengesellschaften
  Hier gibt es keinerlei einschränkende Vorschriften. Der Kaufmann kann Überschüsse jederzeit in sein Privatvermögen übernehmen, indem er einen entsprechenden Betrag auf sein Privatkonto überweist. Selbstverständlich muss diese Auszahlung buchhalterisch auf dem Kapitalkonto berücksichtigt werden, das um die entnommene Summe reduziert wird.
- GmbH
  Bei einer GmbH muss die Gesellschafterversammlung einen Beschluss über die Verwendung des Gewinns fassen. Möglich ist beispielsweise die Ausschüttung eines Teils des Gewinns oder des gesamten ausschüttungsfähigen Gewinns an die Gesellschafter. Der Anteil, der dem einzelnen Gesellschafter zusteht, ergibt sich aus seinem Anteil am gezeichneten Kapital

(Stammkapital). Die Entnahme erfolgt in Form einer Überweisung auf das Privatkonto des Gesellschafters.

- Aktiengesellschaft
Auch im Falle einer Aktiengesellschaft ist ein formaler Beschluss der Hauptversammlung über die Verwendung des Gewinns erforderlich. Eine Ausschüttung erfolgt in Form einer Dividendenzahlung. Ob unterschiedliche Zahlungen auf unterschiedliche Aktienarten (Vorzugsaktien, Stammaktien) erfolgen, ergibt sich aus den Vorgaben der Satzung der Aktiengesellschaft und aus den auf ihnen beruhenden Beschlüssen der Hauptversammlung.
- Dividenden werden auf die Konten der Aktionäre überwiesen.
- Genossenschaften
Auch im Fall der Genossenschaften ist ein Beschluss der General- bzw. Vertreterversammlung erforderlich. Die Zahlung der Dividenden erfolgt anhand der gezeichneten Genossenschaftsanteile. Hier gibt es also keine Verteilung „nach Köpfen", wie das bei den Stimmrechten geregelt ist.

Kapitalherabsetzungen

Bei Personengesellschaften ist, wirtschaftlich gesehen, jede Abbuchung vom Kapitalkonto eines Gesellschafters eine Herabsetzung des Gesellschaftskapitals. Das Gesellschaftskapital ist hier also kündbar.

! | **ACHTUNG: Personengesellschaften und Einzelkaufleute**

Da es bei Personengesellschaften und Einzelkaufleuten keine haftungsrechtliche Trennung zwischen dem Unternehmens- und dem Privatvermögen gibt, wird die Haftungsbasis durch eine Kapitalherabsetzung nicht geschmälert.

Auch bei Genossenschaften ist eine Kündigung der Mitgliedschaft und damit der Genossenschaftsanteile möglich. Die Frist für die Rückzahlung ist lang; sie beträgt mindestens ein Jahr. Damit ist die Reduzierung der Haftungsbasis in der Regel beherrschbar.

> **!** **ACHTUNG: Gekündigte Genossenschaftsanteile**
>
> Gekündigte Genossenschaftsanteile werden in der Bilanz separat ausgewiesen.

Bei Kapitalgesellschaften (GmbHs und Aktiengesellschaften) gibt es detaillierte gesetzliche Regelungen zur Kapitalherabsetzung. Wirtschaftlich gesehen werden in diesem Fall die Eigentümer (Gesellschafter bzw. Aktionäre) ausgezahlt, indem gegen die Zahlung von Geld der Wert der Gesellschaftsanteile bzw. der Aktien herabgesetzt wird. Auf diese Weise verschlechtert sich die Position der Gläubiger — das als Haftungsbasis und Puffer vorhandene Eigenkapital verringert sich. Die Gläubiger müssen deshalb in einem aufwendigen Verfahren über die Kapitalherabsetzung informiert werden und ihre Zustimmung erteilen. Dabei ist die Zustimmung *sämtlicher* Gläubiger erforderlich. Stimmt ein Gläubiger nicht zu, muss die Gesellschaft ihn auszahlen.

> **!** **ACHTUNG: Nominelle Kapitalherabsetzung**
>
> Wird das Eigenkapital lediglich buchmäßig herabgesetzt (nominelle Kapitalherabsetzung), weil Verluste entstanden sind, die nicht mehr durch Rücklagen aufgefangen werden können, ist keine Gläubigerzustimmung erforderlich. Hierbei handelt es sich lediglich um das buchmäßige Nachvollziehen eines Vorgangs, der bereits während des Geschäftsjahres stattgefunden hat — nämlich das Erwirtschaften eines Fehlbetrags (Verlusts).

Kapitalerhöhungen

Kapitalerhöhungen sind die Folge eines erhöhten Kapitalbedarfs. Dabei wird dem Unternehmen

- durch die bisherigen Eigentümer oder
- durch neu in den Gesellschafterkreis aufgenommene Eigentümer

neues Eigenkapital zur Verfügung gestellt. Das erfolgt letztlich durch eine Einzahlung auf das Konto des Unternehmens.

Bei börsennotierten Aktiengesellschaften wird eine Kapitalerhöhung durchgeführt, indem über die Börse neue (junge) Aktien ausgegeben werden. Die

Zeichner dieser Aktien können sowohl bisherige Aktionäre, als auch neue Aktionäre sein.

Hat es im letzten Jahr eine solche Kapitalerhöhung gegeben, muss der dadurch neu zum Eigenkapital hinzugekommene Betrag natürlich zum bisher vorhandenen Eigenkapital addiert werden. Das Gleiche gilt dann, wenn eine Kapitalerhöhung für das Planjahr bereits fest eingeplant ist.

Der Planung zugrunde gelegt werden

- das bisherige Eigenkapital
- zuzüglich des durch Kapitalerhöhungen zugeführten (oder bereits fest eingeplant und noch zuzuführenden) Eigenkapitals
- abzüglich des entnommenen Eigenkapitals.

Diese Summe ist allerdings nur eine vorläufige Zahl. Kann der Kapitalbedarf durch die im Folgenden aufgeführten Möglichkeiten nicht gedeckt werden, ist oft eine weitere Kapitalerhöhung die einzig mögliche Maßnahme.

9.2.2   Thesaurierung von Gewinnen

Ein Jahresüberschuss, der erwirtschaftet wurde, kann im Unternehmen verbleiben. Er wird in die Gewinnrücklagen eingestellt oder auf neue Rechnung vorgetragen (Gewinnvortrag). Die Entscheidung über die Verwendung von Gewinnen treffen die Eigentümer, bei einer Aktiengesellschaft also die Hauptversammlung, bei einer GmbH die Gesellschafterversammlung.

> ▶ **BEISPIEL: Thesaurierung von Gewinnen**
>
> Die S&R GmbH hat, nach Abzug von Kapitalertrags- und Gewerbesteuer, einen Jahresüberschuss von 521.000 EUR erwirtschaftet. Die Gesellschafter beschließen:
> Ein Betrag von 150.000 EUR soll an die Gesellschafter ausgeschüttet werden. 350.000 EUR werden in die sonstigen Gewinnrücklagen eingestellt. Der Restbetrag von 21.000 EUR wird auf neue Rechnung vorgetragen.

Nicht ausgeschüttete Gewinne stehen also als Finanzierungsquelle zur Verfügung. Im obigen Beispiel sind das 371.000 EUR. Sie erhöhen das bilanzielle Eigenkapital des Unternehmens.

Für die Planung der Finanzierungsquellen ist an dieser Stelle entscheidend, welche Summe des Jahresüberschusses im Unternehmen verbleiben soll. Wie bereits in Teil „Grundlagen" beschrieben wurde, prallen hier die grundsätzlichen Interessen von Management und Eigentümern aufeinander. Während das Management die Thesaurierung bevorzugt, wollen die Eigentümer zumeist eine höhere Ausschüttung. Eine grundsätzliche Lösung für diesen Konflikt gibt es nicht.

TIPP: Streitfall

Im deutschen Aktienrecht hat sich der Gesetzgeber dahin gehend geholfen, dass im Streitfall die Hauptversammlung, also die Eigentümer, nur über 50 Prozent des ausschüttungsfähigen Gewinns entscheiden kann. Die andere Hälfte liegt in der Entscheidungshoheit des Managements.
In der Praxis kommt dieser Konfliktfall nur sehr selten vor. Es ist üblich, dass sich bereits im Vorfeld Management und Hauptaktionäre auf einen gemeinsamen Vorschlag einigen.

Bei der Beantwortung der Frage, ob und in welcher Höhe Gewinne zur Stärkung des Eigenkapitals im Unternehmen verbleiben sollen, sind die Eigentümer nicht immer ganz frei in ihrer Entscheidung. Gerade bei kleineren Unternehmen ist der Eigentümer in der Regel auf die erwirtschafteten Gewinne oder zumindest auf einen Teil von ihnen angewiesen, um seinen Lebensunterhalt bestreiten zu können. Selbst dann, wenn es wirtschaftlich sinnvoll wäre, Gewinne wieder zu reinvestieren, ist er ggf. gezwungen, eine Ausschüttung vorzunehmen.

Ergebnisplanung

Bei der Ergebnisplanung muss der Finanzplaner einen Zirkelschluss lösen. Er muss die Gewinnerwartungen und die Ausschüttungspolitik möglichst genau einschätzen, damit er weiß, wie viel Eigenkapital in der zu planenden Periode zur Verfügung steht. Die Möglichkeit, Gewinne zu erwirtschaften hängt aber von der Summe des für Investitionen zur Verfügung stehenden Kapitals ab.

Mögliche Ansatzpunkte für die Planung sind u. a.

- Die bisherigen Gewinnmargen
  Hierbei handelt es sich um den Anteil des Gewinns am Umsatz. Um zu einem relativ genauen Ergebnis zu kommen, müsste man steuerliche Belange mit berücksichtigen.
- Das geplante Unternehmenswachstum
  Auch Wachstum muss finanziert werden, und bei gleichbleibenden Finanzierungsstrukturen ist das nicht unbegrenzt möglich.[8]
- Die bisherige Ausschüttungspolitik
  Welche Summen erwarten die Eigentümer als Ausschüttung bzw. welche Ausschüttungen sind zwingend erforderlich, um ihren Lebensunterhalt zu bestreiten?
- Bilanzpolitische Maßnahmen
  Die Höhe des Gewinns wird teilweise nicht unerheblich von der Bilanzpolitik des Unternehmens beeinflusst. Die Höhe von (außerplanmäßigen) Abschreibungen oder von Rückstellungen beeinflusst das Jahresergebnis, ohne dass entsprechende Zahlungen gegenüberstehen. Solcherlei bilanzpolitische Spielräume werden oft ausgenutzt. Im Rahmen der Finanzplanung muss darauf geachtet werden, ob hier bewusst eingegriffen wurde.

▶ **BEISPIEL: Zusammenhang Bilanzpolitik und Gewinn**

Die Geschäftsführung der Bau GmbH bildet Rückstellungen für Nachbesserungen und Gewährleistungen an der Obergrenze des gesetzlich gerade noch tolerierten. Dadurch reduziert sich der ausgewiesene Jahresüberschuss. Die Bildung der Rückstellungen ist ein Aufwand, dem aber keine Auszahlungen gegenüberstehen. Der Gewinn wird so rechnerisch gekürzt, ohne dass das Vermögen tatsächlich reduziert wird.

Aus den Planungen zum Gewinn und seiner Verwendung und unter Einbeziehung der bisherigen Eigenkapitalhöhe sowie geplanter Kapitalmaßnahmen kann das zur Verfügung stehende bilanzielle Eigenkapital summarisch ermittelt werden.

---

[8] Vgl. die Ausführungen zur Sustainable Growth Rate in Teil „Planung und Steuerung der Unternehmensfinanzen", Kapitel „Grundmodelle der Finanzpolitik".

Das Ergebnis eines Unternehmens kann aber auch negativ sein. Es erwirtschaftet einen Jahresfehlbetrag. Zeichnet sich solch eine Entwicklung ab, ist es notwendig, das bilanzielle Eigenkapital um den erwarteten Verlust zu kürzen. Die Verrechnung eines Verlusts mit Gewinnvorträgen oder rücklagen führt zu einer Kürzung des bilanziellen Eigenkapitals, die ebenfalls berücksichtigt werden muss.

Unter Beachtung der genannten voraussichtlichen Entwicklungen kann ein Finanzplaner eine Summe berechnen, die dem bilanziellen Eigenkapital voraussichtlich entspricht. Sie kann als Finanzierungsquelle für das Unternehmensvermögen verwendet werden.

Zumeist besteht an dieser Stelle der Rechnung noch eine Deckungslücke. Sie muss mit Fremdkapital geschlossen werden.

9.3 Planung des Fremdkapitals

Was nicht durch Eigenkapital finanziert werden kann, muss durch fremdes Geld finanziert werden. Diese Aussage ist relativ banal. Für die praktische Finanzplanung heißt das zunächst, dass die Differenz zwischen den Vermögenswerten (Gesamtkapitalbedarf), die wir in Teil „Planung und Steuerung der Unternehmensfinanzen", Kapitel „Planung des langfristigen Kapitalbedarfs" berechnet haben, und dem vorhandenen Eigenkapital den Wert ergibt, der aus fremden Quellen gedeckt werden muss.

Damit hat man allerdings nur die Gesamtsumme. Für die genauere Planung sind eine Reihe von Prämissen zu beachten, auf die wir an dieser Stelle eingehen.

9.3.1 Fristenkongruente Finanzierung

Im Gegensatz zum Eigenkapital muss Fremdkapital irgendwann einmal zurückgezahlt werden. Wann genau das ist, hängt von der vertraglichen Gestaltung ab. Demnach unterscheidet man zwischen

- kurzfristigem Fremdkapital und
- langfristigem Fremdkapital.

Kurzfristig heißt im Allgemeinen, dass eine Rückzahlung innerhalb eines Jahres vorgesehen ist. Demzufolge bedeutet „langfristig", dass die Rückzahlung erst in mehr als einem Jahr zu erfolgen hat.

> **!** **ACHTUNG: Was ist kurzfristig, was langfristig?**
>
> Diese Fristen sind keine gesetzlichen Grenzen, sondern haben sich aus den kaufmännischen Regeln entwickelt. Während hinsichtlich der Abgrenzung von Kurzfristigkeit allgemeine Übereinstimmung herrscht (bis zu einem Jahr), gibt es bei der Definition von Langfristigkeit unterschiedliche Auffassungen. So vertreten einige Autoren die Ansicht, dass Rückzahlungsfristen von 2 bis 5 Jahren in einen als mittelfristig definierten Bereich fallen.
>
> Für die praktische Anwendung haben solche definitorischen Feinheiten keine echte Relevanz. Deshalb belassen wir es hier bei der Unterteilung in kurzfristig (bis zu einem Jahr) und langfristig (länger als ein Jahr).

Die Frage, wie lange Fremdkapital zur Verfügung steht, hat einen gravierenden Einfluss auf einige Relationen in der Bilanz. Im Rahmen der Kreditfinanzierung sind wir bereits kurz auf die Goldene Bilanzregel eingegangen.

Goldene Bilanzregel

Langfristig gebundenes Vermögen ist durch Finanzmittel zu finanzieren, die auch langfristig zur Verfügung stehen. Kurzfristig gebundenes Vermögen kann auch kurzfristig finanziert werden.

Nur dann, wenn Teile des Vermögens kurzfristig wieder zu Geld gemacht werden können, ist es vertretbar, sie auch kurzfristig zu finanzieren.

> ▶ **BEISPIEL: Kurzfristige Finanzierung**
>
> Bestände an Fertigerzeugnissen oder Forderungen werden bei einem normalen Geschäftsbetrieb kurzfristig wieder zu Geld. Hier ist es auch aus Gründen der Sicherheit nicht problematisch, wenn die Finanzierungsquellen ebenfalls kurzfristig sind. Passende Finanzierungsquellen wären z. B. die Verbindlichkeiten aus Lieferungen und Leistungen.
>
> So ist es unkompliziert, Forderungen aus Warenlieferungen, die innerhalb der nächsten 4 Wochen voraussichtlich beglichen werden, mit Verbindlichkeiten aus Lieferungen und Leistungen zu finanzieren — also durch das Ausnutzen von Zahlungszielen. Das heißt: Man plant so, dass man selbst seine Rechnungen am Ende des Zahlungszeitraums bezahlt, und zwar mit Geld, das aus Zahlungseingängen auf eigene Forderungen stammt.

Die Anwendung der Goldenen Bilanzregel findet ihren Ausdruck im Prinzip der fristenkongruenten[9] Finanzierung. Die zugehörige Kennzahl ist der Anlagedeckungsgrad (konkret: der Anlagedeckungsgrad II oder der Deckungsgrad B)[10]. Die „Deckung" in der Finanzwirtschaft ist das Verhältnis von Kapitalpositionen zu Vermögenspositionen.

$$\text{Anlagedeckungsgrad II} = \frac{\text{Eigenkapital} + \text{langfristiges Fremdkapital}}{\text{Anlagevermögen}} \times 100$$

Der Anlagedeckungsgrad sollte größer als 100 Prozent sein. Damit ist das Anlagevermögen als ein langfristiger Vermögensbestandteil komplett durch die beiden langfristig zur Verfügung stehenden Kapitalquellen Eigenkapital und langfristiges Fremdkapital finanziert.

Die Goldene Bilanzregel bringt das Prinzip der fristenkongruenten Finanzierung nur sehr allgemein zum Ausdruck. *Generell gilt es, eine Übereinstimmung zwischen den Fristen, zu denen das Kapital zur Finanzierung von Vermögensteilen gebraucht wird, und den Fristen, die es zur Verfügung steht, herzustellen.*

---

[9] Kongruent = übereinstimmend.

[10] Andere Ausprägungen des Anlagedeckungsgrades haben eine geringere Bedeutung und damit auch eine geringere Verbreitung. Vgl. dazu u. a. Wöltje: Betriebswirtschaftliche Formelsammlung. München 2010 unter dem Stichwort „Langfristige Liquiditätsanalyse".

●	**TIPP: Fristenkongruente Finanzierung**

Auf die fristenkongruente Finanzierung sollte große Aufmerksamkeit verwendet werden. Bei einer Nichtbeachtung drohen vor allem die folgenden Risiken:

- Eine Anschlussfinanzierung ist nur zu deutlich schlechteren Konditionen möglich. Dieses Problem taucht zum Beispiel dann auf, wenn man wegen niedrigerer Zinsen ein Investitionsgut nur mit einem über zwei Jahre laufenden Kredit finanziert hat, obwohl die Nutzungsdauer des Investitionsguts fünf Jahre beträgt. Nach zwei Jahren muss ein neuer Kredit für die restlichen maximal drei Jahre abgeschlossen werden, der aber höhere Finanzierungskosten mit sich bringt, weil sich die Konditionen zwischenzeitlich geändert haben.

- Eine Anschlussfinanzierung ist gar nicht möglich und man ist gezwungen, mit Notmaßnahmen (z. B. dem Verkauf von betriebsnotwendigem Vermögen oder einem nicht kostendeckenden Verkauf von Produkten) die Liquidität wieder herzustellen.

Eine Festlegung auf eine kürzere Laufzeit ist natürlich oft mit der Hoffnung auf später noch niedrigere Zinsen verbunden. Wenn Sie dieses Risiko bewusst eingehen, ist das legitim, nur sollten Sie immer beachten, dass diese Hoffnung, wie bei jeder anderen Spekulation auch, eventuell nicht aufgehen wird.

Bankers Rule

Anlagevermögen, also die Maschinen und Anlagen, Gebäude und Grundstücke, bindet Kapital über mehrere Jahre. Das ist offensichtlich und über die Goldene Bilanzregel berücksichtigt. Darüber hinaus ist aber zu bedenken, dass auch im Umlaufvermögen Kapital über lange Fristen gebunden ist. Das erscheint zunächst widersinnig, gilt doch gemeinhin, dass Vorräte an Material, Halbfabrikaten und Fertigerzeugnissen innerhalb eines Jahres durch den Umsatz wieder liquidiert werden. Die realen Wirtschaftsgüter werden wieder zu Geld.

Diese Sicht auf das Umlaufvermögen ist aber eindimensional. Parallel zum Verkauf von Produkten wird neues Material gekauft und eingelagert, Material aus dem Eingangslager entnommen und in die Produktion eingesteuert, unfertige Erzeugnisse werden zu Fertigerzeugnissen usw. Dadurch ist der materielle Bestand an Umlaufvermögen zwar immer im Fluss, in seiner wertmäßigen Höhe bleibt er aber immer bestehen. Diese Wertgröße wird als „Working Capital" bezeichnet.

Definition Working Capital

Das Working Capital ist der Teil des Umlaufvermögens, der langfristig finanziert wird, weil er als eine Art „Bodensatz" immer vorhanden sein muss. Es ändert sich in seiner körperlichen Zusammensetzung permanent, bleibt aber, identische Bedingungen vorausgesetzt, in gleicher Höhe vorhanden.

Als Bilanzkennzahl wird das Working Capital folgendermaßen berechnet:

Working Capital = Umlaufvermögen — kurzfristige Verbindlichkeiten

Unter den kurzfristigen Verbindlichkeiten versteht man in der Regel das unverzinste Fremdkapital, die Verbindlichkeiten aus Lieferungen und Leistungen.

Die Beurteilung der Höhe des Working Capitals ist ambivalent.

- Im Working Capital ist Kapital gebunden, deshalb wird das Finanzcontrolling darauf hinarbeiten, es möglichst gering zu halten. Die Untergrenze liegt dort, wo durch zu geringes Working Capital Prozesse im Unternehmen so gestört werden, dass die Kosten zur Regulierung höher sind, als die eingesparten Finanzierungskosten.

> ### ► BEISPIEL: Zu geringes Working Capital
>
> In der S&R AG lagern Ersatzteile für eine komplexe Anlage im Wert von etwa 1 Mio. EUR. Bereits seit acht Jahren wurden diese Ersatzteile nicht benötigt, weshalb der Finanzcontroller ihre Notwendigkeit bezweifelt und einen Verkauf anregt. Der Bereichsleiter Produktion hält ihm entgegen, dass bei einem Ausfall der Anlage für einen Zeitraum von mehr als einem Tag verschiedenste Prozesse im Unternehmen ins Stocken geraten würden und aus dem daraus resultierenden Umsatzausfall ein Schaden von etwa 2,5 Mio. EUR zu erwarten wäre. Das Verhältnis zwischen dem eventuellen Schaden und den Finanzierungskosten von jährlich etwa 60.000 EUR überzeugt den Finanzcontroller, dass die Ersatzteile weiter vorgehalten werden sollten.

- Langfristig finanziertes Umlaufvermögen, also Working Capital, lässt keine Liquiditätsprobleme aufgrund einer nicht fristenkongruenter Finanzierung erwarten. Je größer das Working Capital ist, desto sicherer ist die Finanzierung, weil das Umlaufvermögen zu einem großen Teil mit langfristig zur Verfügung stehendem Kapital finanziert ist.

Dieser zweite Gesichtspunkt bildet die Basis für die sog. Bankers Rule: Mindestens die Hälfte des Umlaufvermögens sollte langfristig finanziert sein, um dem Unternehmen auch weiterhin eine ausreichende Liquidität zu sichern.

TIPP: Bankers Rule

Die Bankers Rule ist, wie schon ihr Name verrät, angelsächsischen Ursprungs. Sie wird also überwiegend in den USA und in Großbritannien verwendet, findet aber auch zunehmend in Deutschland bei der Beurteilung der Finanzierungsstruktur durch Banken Anwendung.
Die Regel ist willkürlich in der Form, dass eine feste Grenze festgelegt wurde, die nicht wissenschaftlich untermauert ist. Als Unternehmen ist es aber sinnlos, gegen solche Regeln zu opponieren. Zumeist sitzt die Bank als potenzieller Kapitalgeber am längeren Hebel und kann damit in ihrer Bewertung solche oder ähnliche Regeln einfach festlegen.

Eine fristenkongruente Finanzierung ist für die finanzielle Sicherheit des Unternehmens essenziell. Sie findet ihren Ausdruck vor allem in der Goldenen Bilanzregel und in der Anforderung, einen angemessenen Teil des Umlaufvermögens langfristig zu finanzieren.

9.3.2 Vorgaben zur Kapitalstruktur

Unter Kapitalstruktur versteht man:

- Das Verhältnis einzelner Kapitalarten zur Bilanzsumme
  Beispielsweise der Anteil, den das Eigenkapital am gesamten Kapital ausmacht. Die entsprechenden Kennzahlen heißen „Quoten". So ist die Eigenkapitalquote der in Prozent ausgedrückte Anteil des Eigenkapitals an der Bilanzsumme.

- Das Verhältnis einzelner Kapitalarten untereinander
  Der Verschuldungsgrad (oder Verschuldungskoeffizient) ist das Verhältnis von Fremdkapital zu Eigenkapital. Er wird entweder als ein Vielfaches oder als eine Prozentzahl ausgedrückt.

▶ **BEISPIEL: Verschuldungsgrad**

Ein Unternehmen weist in seiner Bilanz Eigenkapital i. H. v. 400.000 EUR aus. Die Bilanzsumme beträgt 2 Mio. EUR, damit hat das Unternehmen Schulden (also Fremdkapital) i. H. v. 1,6 Mio. EUR.

Die Eigenkapitalquote beträgt 400.000 : 2.000.000 x 100 = 20 Prozent.

Der Verschuldungsgrad berechnet sich 1.600.000 : 400.000 = 4 (oder 400 Prozent).

Die wirtschaftliche Aussage beider Kennziffern ist identisch.

Wie bereits in Teil „Grundlagen" angerissen wurde, bedeutet ein hoher Anteil an Eigenkapital Sicherheit. Eigenkapital ist aber auch eine „teure" Kapitalform. Daraus leitet sich automatisch die Frage ab, wie hoch die Eigenkapitalquote eines Unternehmens sein sollte. Diese Frage lässt sich nicht pauschal beantworten. So gibt es teilweise deutliche Unterschiede je nach Unternehmensgröße und Rechtsform, aber auch je nach Branche. Im Jahr 2009 hat die Deutsche Bundesbank Verhältniszahlen aus den Abschlüssen deutscher Unternehmen veröffentlicht, die u. a. die Eigenkapitalquoten beinhaltet haben. Der Durchschnitt aller Unternehmen lag bei knapp 29 Prozent, wobei Kapitalgesellschaften eine durchschnittlich höhere Eigenkapitalquote hatten als Einzelunternehmen und Personengesellschaften. Kleine Unternehmen weisen zumeist eine geringere Eigenkapitalquote auf als Großunternehmen. Zwischen den Branchen schwanken die Quoten ebenfalls. So liegen das Baugewerbe und der Einzelhandel deutlich unter den Durchschnitten, das verarbeitende Gewerbe indes deutlich darüber.

Über die Gründe für diese Unterschiede kann man nur spekulieren. Denkbar sind

- unterschiedliche Zugangsmöglichkeiten zu Eigenkapital,
- Zwang zur Gewinnentnahme bei kleineren Unternehmen und dadurch geringere Möglichkeiten der Gewinnthesaurierung,
- Differenzen in der typischen Vermögensstruktur einzelner Branchen.

An dieser Stelle sollen nicht die Hintergründe dieser Unterschiede erforscht werden, sondern die Auswirkungen, die Vorgaben zur Kapitalstruktur auf die Finanzplanung haben.

Dass dem Management Vorgaben zur Kapitalstruktur gemacht werden, ist nicht unüblich. Die am häufigsten zu verzeichnende Vorgabe ist eine Untergrenze für die Eigenkapitalquote. Die Vorgaben können sowohl von außen als auch von den Eigentümern kommen.

Vorgaben von außen

Wir haben es bereits mehrfach angesprochen: Eigenkapital bedeutet Sicherheit. Sicherheit für das Unternehmen selbst, aber auch für die Kapitalgeber.

Speziell Banken stecken als Kreditgeber nicht in dem Dilemma, einerseits eine hohe Sicherheit und andererseits eine hohe Rendite zu erwarten. Ihre Rendite für die Hingabe von Geld besteht in den ausgemachten Zinsen, die, wie wir bereits zu Beginn dieses Buches festgestellt haben, vertraglich vereinbart und damit unabhängig von der geschäftlichen Entwicklung sind. Da die Rendite nach Vertragsabschluss nicht mehr verändert wird (der Zinssatz ist ja entschieden), strebt die Bank nach höchstmöglicher Sicherheit. Und die ist dann gegeben, wenn ein ausreichend großes Eigenkapitalpolster als Puffer vor einer eventuellen Überschuldung steht.

Wozu führt diese Herangehensweise?

In verbindlichen Bestandteilen von Kreditverträgen — den sog. Financial Covenants — werden Vorgaben zur Kapitalstruktur gemacht.

▶ **BEISPIEL: Vorgaben zur Kapitalstruktur**

Aus einem Kreditvertrag zwischen der S&R GmbH und der Jupiterbank für den Mittelstand: „Der Kreditnehmer trägt dafür Sorge, dass die Eigenkapitalquote der S&R GmbH nicht unter einen Wert von 25 Prozent sinkt. Maßgeblich für die Ermittlung sind die Endwerte der Quartalszwischenbilanzen. Wird dieser Grenzwert unterschritten, ist die Jupiterbank berechtigt, eine Grundschuld im ersten Rang i. H. v. 500.000 EUR auf das Objekt (hier folgt eine genaue grundbuchmäßige Beschreibung der Immobilie) einzutragen, die sich im Eigentum von Bernd Schall befindet."

Im vorliegenden Beispiel wurde also eine Zusatzsicherheit für die Bank vereinbart. Denkbar sind auch andere Bedingungen, wie beispielsweise eine Anhebung des Zinssatzes bis hin zur vorfristigen Kündigungsmöglichkeit des Kreditvertrags durch die Bank.

Das hat Auswirkungen auf die Finanzplanung:

- Das Unternehmen ist nicht mehr völlig frei in der Auswahl seiner Finanzierungsquellen. Auch wenn eine zusätzliche Kreditierung möglich wäre (z. B. bei einer anderen Bank), wäre das im Sinne der obigen Vereinbarung kontraproduktiv.
- Das Unternehmen ist weiterhin daran gehindert, die Vermögensgegenstände, die für eine Zusatzsicherheit vorgesehen sind, anderweitig zu beleihen oder gar zu verkaufen.
- Das Finanzcontrolling des Unternehmens muss während der gesamten Laufzeit des Kredits darauf achten, dass die Vereinbarungen eingehalten werden.

TIPP: Aktiv an der Einhaltung der Vertragsbedingungen arbeiten

Wichtig ist, dass man nicht warten kann, bis „das Kind in den Brunnen gefallen ist". Es reicht nicht aus, die Vertragsverletzung irgendwann festzustellen, man muss aktiv an der Einhaltung der Vertragsbedingungen arbeiten und bereits Ansätze, die später zu einer Verletzung führen könnten, beurteilen und entsprechende Gegenmaßnahmen einleiten.

Kapitalstrukturvorgaben von außen schränken also den Handlungsspielraum des Managements bei der Finanzplanung ein. Im ungünstigsten Fall kann eine Deckungslücke nicht durch Fremdkapital geschlossen werden.

Vorgaben von den Gesellschaftern

Nicht nur die Fremdkapitalgeber verfolgen mit der Finanzierung eines Unternehmens ihre Interessen, auch die Eigentümer sind oft an bestimmten Kapitalstrukturen interessiert. Ihre Interessenlage ist allerdings ambivalent:

- Einerseits kann durch die Ausnutzung des Leverage-Effekts die Rendite des eingesetzten Eigenkapitals erhöht werden, was für vermehrte Fremdfinanzierung spricht.
- Andererseits erhöht sich auch das Risiko der Eigentümer, wenn die Schulden zunehmen. Kredite müssen bedient werden, und zwar unabhängig von der wirtschaftlichen Situation des Unternehmens. Ist die Eigenkapitaldecke zu gering, kann der Einfluss der Eigentümer schlagartig verloren gehen, wenn das Unternehmen aufgrund einer Überschuldungssituation Insolvenz anmelden muss.

▶ **BEISPIEL: Eigenkapitaldecke**

Beträgt das ausgewiesene bilanzielle Eigenkapital 250.000 EUR, wäre eine Überschuldung bei aufgelaufenen Verlusten in dieser Höhe gegeben. Bei einer Eigenkapitalsumme von 50.000 EUR tritt dieser Zustand schon viel früher ein. Da bei einer Insolvenz die Eigentümer de facto alle Rechte verlieren, sind sie an einer ausreichenden Eigenkapitaldecke interessiert.

- Das Management ist nicht mehr frei in seinen Entscheidungen, es muss die im Sinne der Kreditgeber getroffenen Vereinbarungen erfüllen. Das wirkt sich letztlich auf die Eigenkapitalgeber aus und beeinflusst auch deren Strategie.

Darüber hinaus spielt auch die persönliche Risikoneigung der Eigentümer eine nicht unerhebliche Rolle.

Auf der Grundlage all dieser Erwägungen ist es häufig so, dass die Eigentümer dem Management (und damit den mit der Finanzplanung befassten Personen) Vorschriften hinsichtlich der Kapitalstruktur machen.

▶ **BEISPIEL: Vorschriften zur Kapitalstruktur 1**

Unternehmer Hans R. hatte die in Familienbesitz befindliche GmbH nach den üblichen Kriterien finanziert, auch über einen nicht unerheblichen Anteil durch Kredite. In einer für das Unternehmen kritischen Situation — der Absatz war aufgrund einer Wirtschaftskrise deutlich eingebrochen — stellte zu allem Überfluss seine Hausbank alle Kredite fällig. Sie hatte eine negative Prognose für das Unternehmen ausgemacht und wollte so schnell wie möglich die ausgeliehenen Gelder zurückhaben, um erwartete Verluste nicht noch größer werden zu lassen.

Neben der Aussage von Hans R., dass Banken einem zuerst einen Regenschirm leihen, um ihn dann bei Regen schnellstmöglich wieder zurückzufordern, führte die Situation zu langwierigen Wirtschaftsprozessen, die klären sollten, ob die Kündigung der Kredite zur Unzeit erfolgt ist.

Trotz dieser schwierigen Situation ist es Hans R. gelungen, neue Kapitalquellen zu erschließen und sein Lebenswerk zu retten. Seine Schlussfolgerung war aber eindeutig: „Wir begeben uns nie wieder in die Abhängigkeit einer Bank. Lieber verzichten wir auf Wachstum und Gewinn, als noch einmal in solch eine für das Unternehmen lebensbedrohliche Situation zu geraten."

Fortan wurde das Management angewiesen, alle Kredite zurückzuführen, keine neuen mehr aufzunehmen und als einziges Fremdkapital Rückstellungen, unverzinste Verbindlichkeiten aus Lieferungen und Leistungen und ggf. passive Rechnungsabgrenzungsposten zuzulassen.

Es kann aber auch zu Vorgaben in anderer Richtung kommen.

▶ BEISPIEL: Vorschriften zur Kapitalstruktur 2

Das im Schwäbischen ansässige Unternehmen B., das weltweit als Hersteller von Herrenmode bekannt ist, hatte eine Eigenkapitalquote von mehr als 50 Prozent. Begründet wurde das u. a. damit, dass die Kollektion einer Saison schnell floppen könne und demzufolge entsprechende Reserven in der Finanzstruktur vorhanden sein müssten.

Eigentümer des Unternehmens war ein international tätiger Finanzinvestor. Er sah in der hohen Eigenkapitalquote ein Hindernis für eine „angemessene" Eigenkapitalrendite und forderte eine Sonderdividende in dreistelliger Millionenhöhe. Da er fast alleiniger Gesellschafter war, konnte er diesen Wunsch auch durchsetzen.

Wozu hat das geführt?

Die Zahlung der Sonderdividende erfolgte aus den Gewinnrücklagen — ein durchaus möglicher Vorgang. Da der entsprechende Betrag aber nicht liquide zur Verfügung stand, musste die Unternehmensführung einen Liquiditätskredit aufnehmen, was die Eigenkapitalquote zusätzlich reduziert hat. Als Ergebnis all dieser Maßnahmen sank die Eigenkapitalquote auf etwa 18 Prozent.

Fazit für die Finanzplanung
Auch die Vorgaben der Eigentümer hinsichtlich der Kapitalstruktur können zu deutlichen Einschränkungen der Handlungsspielräume führen.

9.3.3 Zugang zu Kapitalquellen

Der Wunsch, eine bestimmte Kapitalstruktur zu gestalten, ist die eine Seite, die Möglichkeit, sich Kapital beschaffen zu können, die andere. Und ein fehlender oder eingeschränkter Zugang zu bestimmten Kapitalquellen ist eine durchaus ernst zu nehmende restriktive Größe.

Generelle Zugangsbeschränkungen
Kreditfähigkeit und Kreditwürdigkeit
Um Zugang zu Fremdkapital zu erhalten, wird vorausgesetzt, dass man kreditfähig und kreditwürdig ist. Beide Begriffe klingen ähnlich, drücken aber doch etwas Unterschiedliches aus.

Kreditfähigkeit ist die vom Gesetz her gegebene Befugnis, Kredite aufzunehmen. Das trifft für voll geschäftsfähige natürliche Personen zu und für Unternehmen, egal ob es sich um Kapitalgesellschaften oder um Personenhandelsgesellschaften handelt. Damit ist diese Voraussetzung für einen Kreditvertrag in der Regel gegeben.

! **ACHTUNG: Wer darf einen rechtsgültigen Kreditvertrag abschließen?**
Auch wenn ein Unternehmen an sich kreditfähig ist, ist zum Abschluss eines rechtsgültigen Kreditvertrags nicht automatisch jeder Mitarbeiter befugt. Für die Geschäftsführung trifft das Vertretungsrecht nach außen uneingeschränkt zu (ggf. ist das Vieraugenprinzip zu beachten), für Prokuristen und andere leitende Mitarbeiter gilt das mit Einschränkungen.

Kreditwürdigkeit ist — anders als die Kreditfähigkeit — nicht gesetzlich geregelt. Es obliegt der Einschätzung des Kapitalgebers, die Kreditwürdigkeit eines (künftigen) Schuldners festzustellen. Er trifft sein eigenes Urteil hinsichtlich

- der wirtschaftlichen (materiellen) Kreditwürdigkeit und
- der persönlichen Kreditwürdigkeit

des Kreditnehmers.

Während die Einschätzung der wirtschaftlichen Kreditwürdigkeit auf der Überprüfung diverser Unterlagen beruht, basiert die Einschätzung der persönlichen Kreditwürdigkeit vor allem auf dem Vertrauen, das man dem Kreditnehmer entgegenbringt. Hierbei spielt die fachliche und führungstechnische Qualifikation des Kreditnehmers ebenso eine Rolle wie seine unternehmerischen Fähigkeiten und seine Zuverlässigkeit.

▶ **BEISPIEL: Persönliche Kreditwürdigkeit**

Die Pläne, die der Berater der Gerngroß GmbH bei der Bank eingereicht hat, waren vielversprechend. Danach wurde es jedoch problematisch: Herr Gerngroß versprach immer wieder, diverse Unterlagen einzureichen, was er aber ständig versäumte. Zeitgleich ging er bereits finanzielle Verpflichtungen für sein Unternehmen ein, ohne die Finanzierung verhandelt zu haben. Als er dann über Bestellungen einer dritten Firma parlierte, die sich auf Nachfrage nur als eine interessierte Anfrage erwiesen, zog der Bankmitarbeiter seine Konsequenzen: Er schätzte Herrn Gerngroß als nicht sehr zuverlässig ein und bedauerte, keine Finanzierungszusage geben zu können.

Die Einschätzung sowohl der materiellen als auch der persönlichen Kreditwürdigkeit dient immer der Frage, wie sicher die vertragsgemäße Rückzahlung des Darlehens ist, und zwar jetzt, aber auch in der Zukunft.

> ### TIPP: Bei mehreren Kreditinstituten nachfragen
>
> Da die Kriterien, nach denen die einzelnen Kreditinstitute über die Kreditwürdigkeit entscheiden, nicht bankübergreifend identisch sind, kann es sich lohnen, bei mehreren Kreditinstituten nachzufragen. Was bei einem Institut zu einer negativen Entscheidung geführt hat, muss bei einem anderen Institut noch lange nicht zum selben Ergebnis führen.

Absolute Höhe des Kapitalbedarfs

In Teil „Grundlagen", Kapitel „Fremdkapital und seine Eigenschaften" haben wir bereits darauf hingewiesen, dass bei einigen Finanzierungsquellen bestimmte Mindestgrößen erforderlich sind, um auf dem Kapitalmarkt überhaupt Interesse zu erwecken. Das trifft besonders auf die Anleihefinanzierung zu. Aufgrund der in der Regel zu geringen Volumina bleibt fast allen mittelständischen Unternehmen der direkte Zugang zum Kapitalmarkt verschlossen.

Projektbezogene Beschränkungen

Kapitalquellen sind nicht multivalent einsetzbar, sondern oft an festgelegte Verwendungen gebunden.

> ### TIPP: Kontokorrentkredit
>
> Lediglich der Kontokorrentkredit steht voll in der Dispositionsfreiheit des Managements. Das Ausnutzen einer Kreditlinie ist zwar grundsätzlich dafür vorgesehen, kurzfristige Schwankungen im Kapitalbedarf aufzufangen, eine Verwendungskontrolle erfolgt aber nicht.
>
> Diese hohe Flexibilität hat ihren Preis. Kontokorrentzinsen sind im Vergleich zu den Zinsen von Investitionskrediten exorbitant hoch. Schon deshalb sollte man die Möglichkeit, „ins Minus zu gehen", nur in genau überlegten Fällen und auch dann nur zeitlich befristet nutzen.

Andere Fremdfinanzierungsmittel sind in der Regel an bestimmte Projekte gebunden und dürfen nicht zweckentfremdet werden.

Investitionskredite

Investitionskredite werden für konkrete Maßnahmen vergeben. Man sollte sich keinesfalls vorstellen, dass die Bank den vereinbarten Betrag auf das Firmenkonto überweist. Die technische Abwicklung erfolgt nach dem folgenden Schema:

- Im Kreditvertrag werden die Kredithöhe, die Konditionen und der Verwendungszweck festgelegt.
- Oft wird das zu finanzierende Wirtschaftsgut als Sicherheit vereinbart (in Form einer Sicherungsübereignung).
- Mit der Kreditzusage im Rücken kann die verbindliche Bestellung ausgelöst werden.
- Das Unternehmen leitet die Rechnung für das Wirtschaftsgut an die finanzierende Bank weiter.
- Dort wird u. a. geprüft, ob das Wirtschaftsgut dem vereinbarten Verwendungszweck entspricht.
- Gibt es keine Beanstandungen, überweist die Bank den Rechnungsbetrag an den Lieferanten und belastet das Kreditkonto des Unternehmens mit der entsprechenden Summe.

Der Vorteil dieses Ablaufs besteht darin, dass die Bank zum einen die Mittelverwendung überprüfen kann und zum anderen rechtzeitig erkennt, wenn die vereinbarte Kreditsumme überschritten wird. Eine solche Überschreitung wird sie nur im Einzelfall und nach Nachverhandlungen zulassen.

!   **ACHTUNG: Kreditlaufzeit**

Wir hatten bereits in Teil „Grundlagen", Kapitel „Die Kreditfinanzierung" darauf hingewiesen, dass ein Wirtschaftsgut nur so lange finanziert werden kann, wie es genutzt wird. Die Laufzeit des Kreditvertrags wird also die erwartete Nutzungsdauer keinesfalls überschreiten.

Fördermittel

Liegt bei Investitionskrediten die Frage der vertragsgemäßen Verwendung der Kreditmittel noch im Ermessen der Bank, ist die Mittelverwendungskontrolle bei Fördermitteln sehr streng. Der Fördergeber (oft die Kreditanstalt für Wiederaufbau (KfW) als zentrale Förderbank des Bundes) gibt von vornherein einen konkreten Verwendungszweck vor.

▶ BEISPIEL: Fördermittel

Ein Wohnungsunternehmen hat das folgende Projekt angestoßen: Ein denkmalgeschütztes Haus — wie sich später herausstellen sollte, das älteste Haus der Stadt — hat über Jahre leergestanden und soll nun denkmalgerecht saniert werden. Für die dabei entstehenden Mehrkosten gibt es Fördermittel aus einem Städtebauförderprogramm. Gleichzeitig soll auf einem weiteren Teil des Grundstücks ein Neubau entstehen.

Durch die Mittelverwendungskontrolle wird sichergestellt, dass die Denkmalschutzfördermittel ausschließlich für die Sanierung des Altbaus verwendet und nicht etwa in die benachbarte Neubaumaßnahme umgeleitet werden.

● TIPP: Umgang mit Fördermitteln

Es empfiehlt sich, die vertragsgerechte Verwendung von Fördermitteln penibel einzuhalten. In der Regel erfolgen Nachkontrollen! Werden dann Abweichungen vom Förderzweck festgestellt, müssen die zu Unrecht ausgezahlten Mittel kurzfristig zurückgezahlt werden. Tritt dieser Fall ein, wäre es nicht das erste Mal, dass ein Unternehmen dadurch in arge Liquiditätsprobleme gerät.

Generell ist festzustellen, dass es beim Fremdkapital eine enge Verbindung zwischen der Kapitalquelle und dem Verwendungszweck gibt. Die zweckgerechte Verwendung von Fremdmitteln ist demzufolge eine restriktive Größe bei der Planung und Gestaltung einer Finanzierung.

10 Zusammenfassende Planungsaktivitäten

10.1 Iterativer[11] Planungsprozess

In den vorangegangenen Kapiteln haben wir ein Kaleidoskop von Bedingungen kennengelernt, die die Planung insbesondere des Fremdkapitals erschweren. Aber auch beim Eigenkapital gibt es Restriktionen. Demzufolge kann die Planung des Kapitalbedarfs nicht nur in eine Richtung und mit exakt aufeinanderfolgenden Schritten durchgeführt werden.

Stattdessen beginnt man an einer Stelle, versucht die entsprechenden Faktoren einzubeziehen und nimmt so lange Änderungen vor, bis ein in sich stimmiger Plan entstanden ist.

- Begonnen wird in der Regel mit der Ermittlung des langfristigen Kapitalbedarfs in Form einer Planung der notwendigen Vermögenswerte.
- Es folgt die Feststellung des vorhandenen Eigenkapitals.
- Der letzte Schritt der „ersten Runde" ist dann eine Zusammenstellung der Fremdkapitalquellen.

Da dieses Vorgehen nicht auf Anhieb zu einem abgeschlossenen Finanzplan führt, muss immer wieder nachjustiert werden.

!   **ACHTUNG: Planung ist immer ein iterativer Prozess!**

Im Planungsprozess selbst erkennt man, welche Prämissen nicht zueinander passen!
Es gibt keine allgemeingültige Vorschrift, welche Positionen Vorrang haben. Es ist vielmehr die Aufgabe des Managements, Prioritäten zu setzen.

---

[11] Iterativ = wiederholend, eine bestimmte Aktion immer wieder wiederholen, bis ein bestimmtes Ergebnis erreicht ist.

Diese generelle Vorgehensweise soll hier anhand der folgenden Beispiele[12] verdeutlicht werden.

10.2 Beispiel I: Iterative Planung

> **!** **ACHTUNG: Veränderungen der finanziellen Größen**
>
> In diesem ersten Beispiel spielen vor allem die *Veränderungen* der finanziellen Größen eine Rolle.

Die S&R AG plant für das kommende Jahr mit den folgenden Werten:

Investitionsausgaben	16 Mio. EUR
Umsatz	200 Mio. EUR
Nettomarge (nach Steuern)	5 Prozent des Umsatzes
Gewinnausschüttung	40 Prozent des Jahresüberschusses
Abschreibungen	20 Mio. EUR
Zur Rückzahlung fälliger Kredit	60 Mio. EUR
Angestrebte Erhöhung des Eigenkapitals	46 Mio. EUR

Es soll geklärt werden, ob die Finanzierung in der geplanten Zusammensetzung möglich ist. Gibt es eventuell Finanzierungslücken und wie könnten sie geschlossen werden?

> **●** **TIPP: Finanzierungslücken**
>
> Bei dieser Fragestellung reicht es aus, die Herkunft und die Verwendung der Finanzmittel zu analysieren und zu vergleichen.

---

[12] Die Beispiele sind eng angelehnt an: Bösch, Martin, Finanzwirtschaft, München 2009, S. 339 ff

Schritt 1:

Zunächst bestimmen wir anhand der Angaben von oben den geplanten Jahresüberschuss. Netto sollen nach Abzug aller Steuern 5 Prozent des Umsatzes erwirtschaftet werden. 5 Prozent von 200 Mio. EUR ergeben einen *Jahresüberschuss von 10 Mio. EUR.*

Schritt 2:

Danach stellt sich die Frage, wofür die Finanzmittel im Planjahr benötigt werden *(Finanzmittelverwendung).*

• Für Investitionsausgaben:	16 Mio. EUR
• zur Kredittilgung:	60 Mio. EUR
• für Gewinnausschüttungen:	4 Mio. EUR
	(40 Prozent des Jahresüberschusses)

Damit wird eine Kapitalverwendung von 80 Mio. EUR geplant, die durch die vorhandenen Finanzierungsquellen gedeckt werden muss.

Schritt 3:

Als Nächstes wird also überlegt, aus welchen Quellen Finanzmittel zur Verfügung stehen *(Finanzmittelherkunft).* Geplant wird mit den folgenden Größen:

• Jahresüberschuss:	10 Mio. EUR
• Kapitalerhöhung:	46 Mio. EUR
• Abschreibungen:	20 Mio. EUR

!　**ACHTUNG: Wieso sind Abschreibungen ein Teil der Kapitalherkunft?**

Damit Abschreibungen als Teile der Kapitalherkunft betrachtet werden können, müssen sie durch den Absatz der Produkte auf dem Markt „verdient" werden. Das ist dann der Fall, wenn der Aufwand für Abschreibungen durch den Preis der verkauften Produkte und Dienstleistungen voll gedeckt ist. In diesem Fall haben Sie den Gegenwert der Aufwandsgröße

„Abschreibungen" in den Preis einkalkuliert und erhalten mit jedem verkauften Produkt den Gegenwert der Abschreibungen als positiven Cashflow (Cash in) auf ihrem Konto gutgeschrieben. Das hat folgende Auswirkungen:

- Ihr Vermögen ändert sich nicht, weil parallel zu den Abschreibungen der Wert der sie verursachenden Vermögensgegenstände sinkt (durch ihre Nutzung verschleißen sie). Bilanziell erfolgt ein sog. Aktivtausch — ein Vermögenswert (Anlagegut) wird in einen anderen Vermögenswert (Geld) getauscht, ohne das Gesamtvermögen zu ändern.
- Die Einzahlungen führen aber zu einer Erhöhung des liquiden Vermögens. Zum einen erhalten Sie über die Verkaufserlöse Geld, zum anderen vermindern die Abschreibungen nicht Ihren Kontostand.

Bei dieser Überlegung haben wir vorausgesetzt, dass die gebuchten und in die Preise einkalkulierten Abschreibungen auch dem tatsächlichen Wertverlust der Vermögensgegenstände entsprechen. Sollte das nicht der Fall sein, müsste die Rechnung entsprechend korrigiert werden.

Als Kapitalherkunft stehen damit planmäßig 76 Mio. EUR zur Verfügung. Damit ergibt sich eine *Deckungslücke von 4 Mio. EUR.*

Es liegt also auf der Hand, dass dieser erste Planansatz nicht funktioniert.

Schritt 4:

Nun geht es im Sinne eines iterativen Prozesses darum, Überlegungen anzustellen, wie diese Deckungslücke geschlossen werden könnte. Denkbare Varianten sind:

- Eine Überprüfung des Bestandes an liquiden Mitteln und eine Klärung, ob sie in dieser Höhe erforderlich sind. Durch einen Abbau von Kassenbeständen könnte die Deckungslücke unter Umständen geschlossen werden — die Senkung des Bestandes an liquiden Mitteln wäre eine Finanzierungsquelle.
- Die Aufnahme eines Kredits in Höhe der Deckungslücke. Zum Beispiel könnte man einen Teil der Investitionen durch Fremdkapital finanzieren.
- Der Verkauf von nicht betriebsnotwendigem Vermögen, soweit es denn vorhanden sein sollte. (Keinesfalls sinnvoll ist der Verkauf von betriebs-

notwendigem Vermögen, wie zum Beispiel von im Produktionsprozess eingesetzten Maschinen.)

- Eine Reduzierung der Investitionen, indem beispielsweise ein Teil der benötigten Betriebsmittel nicht gekauft, sondern geleast wird.
- Eine Kombination all dieser Möglichkeiten.
- Ein Verzicht auf die Gewinnausschüttung. Ob das möglich ist, hängt vor allem von der Interessenlage und damit der Zustimmung der Eigentümer ab.

Welche dieser Möglichkeiten genutzt wird oder ob noch andere Varianten ins Spiel kommen, ist eine Frage der konkreten Rahmenbedingungen. Es ist die Aufgabe des Finanzmanagements, solcherlei Widersprüche zu lösen.

10.3 Beispiel II: Erkennen von Inkompatibilitäten

Oft werden bestimmte Rahmendaten oder Zielgrößen vorgegeben, die es umzusetzen gilt. Dabei kann es allerdings auch vorkommen, dass die Vorgaben nicht aufeinander aufbauen und damit die Erfüllung der einen Vorgabe mit anderen Prämissen kollidiert. Dieses Problem muss mithilfe der Finanzplanung gelöst werden.

Das folgende Beispiel ist nicht untypisch. Die Geschäftsführung geht von einem durchschnittlichen Wachstum des Umsatzes aus. Andere Kennzahlen werden erst einmal als konstant angenommen. Das gilt vor allem für die Gewinnmarge und den Verschuldungsgrad.

TIPP: Sustainable Growth Rate

Wenn Sie sich an die Sustainable Growth Rate (gleichgewichtige Wachstumsrate) erinnern: Auch dort wurde ein gleichbleibender Verschuldungsgrad angenommen.

In einem Unternehmen besteht die folgende Ausgangssituation, die in den Zahlen des Jahresabschlusses dokumentiert ist:

Umsatz	1.000.000 EUR
Jahresüberschuss (nach Steuern)	200.000 EUR
Anlagevermögen	300.000 EUR
Umlaufvermögen	350.000 EUR
Eigenkapital	200.000 EUR
Fremdkapital	450.000 EUR

Das Jahresergebnis wurde bereits vollständig in die Bilanz eingearbeitet und dem Eigenkapital zugeschlagen. Damit ergibt sich eine Bilanzsumme von 650.000 EUR.

Das Unternehmen schreibt linear ab, mit einem hier angenommenen durchschnittlichen Abschreibungssatz von 10 Prozent p. a.

Die Geschäftsführung plant zunächst mit den folgenden Annahmen: Der Umsatz wird um 10 Prozent steigen; dabei bleibt die Gewinnmarge gleich. Weiterhin plant das Unternehmen mit einem gleichbleibenden Verschuldungsgrad und einer unveränderten Liquidität. Vom erwirtschafteten Gewinn (des alten Jahres) soll die Hälfte ausgeschüttet werden.

Zunächst werden eine Planbilanz und eine Plangewinn- und Verlustrechnung erstellt:

Die Marge beträgt 20 Prozent (Umsatz 1.000.000 EUR, Jahresüberschuss 200.000 EUR), damit ergibt sich, wenn eine gleichbleibende Marge unterstellt wird, eine grobe Gewinn- und Verlustrechnung:

	Umsatz	1.100.000 EUR
—	Aufwand und Steuern	880.000 EUR
=	Jahresüberschuss	220.000 EUR

Aus dem (alten) Jahresüberschuss soll die Hälfte ausgeschüttet werden. Damit kann die andere Hälfte den Gewinnrücklagen zugeführt werden. Das neue Eigenkapital beträgt demnach:

	Eigenkapital (alt)	200.000 EUR
−	Gewinnausschüttung	100.000 EUR
+	Neuer Jahresüberschuss	220.000 EUR
=	Eigenkapital (neu)	320.000 EUR

Aus diesen Angaben wird eine Planbilanz zusammengestellt. Wir werden merken, dass sie in dieser Form nicht aufgeht:

Aktiva		Passiva	
Anlagevermögen	270.000 EUR	Eigenkapital	320.000 EUR
Umlaufvermögen	350.000 EUR	Fremdkapital	450.000 EUR
Summe	620.000 EUR	Summe	770.000 EUR

Das Anlagevermögen reduziert sich um die Abschreibungen (10 Prozent von 300.000 EUR), das Umlaufvermögen bleibt vorerst gleich. Nicht berücksichtigt sind dabei die liquiden Mittel und ihre Veränderung. Sie reduzieren sich um die Ausschüttung von 100.000 EUR (50 Prozent des alten Jahresüberschusses) und erhöhen sich um 220.000 EUR (den neuen Jahresüberschuss). Dabei wird der Einfachheit halber unterstellt, dass der Jahresüberschuss in liquider Form vorliegt. So verbleibt ein Liquiditätszufluss von 120.000 EUR aus dem Jahresüberschuss plus 30.000 EUR aus den Abschreibungsgegenwerten, also insgesamt 150.000 EUR. Somit wäre die Bilanz also wieder ausgeglichen.

Was aber nicht erfüllt wird, sind andere Anforderungen:

- Die Liquidität sollte gleich bleiben, wird aber, sollte nichts anderes angepasst werden, um 150.000 EUR erhöht.

- Der Verschuldungsgrad reduziert sich von ursprünglich 2,25 auf 1,50.

Aus wirtschaftlichen Gründen sind diese Entwicklungen sicherlich zu begrüßen, nur muss die Planung entsprechend angepasst werden. Welche Varianten sollte man betrachten?

- Als einfachste Version würde es sich anbieten, den Zuwachs an Liquidität einfach zu akzeptieren.
- Bei einer normalen wirtschaftlichen Entwicklung sollte man davon ausgehen, dass die Abschreibungen durch Investitionen wieder ausgeglichen werden. Ob es sich dabei um Neu- oder Ersatzinvestitionen handelt, ist erst einmal unerheblich. Die Bilanzsumme würde sich ebenfalls nicht ändern, weil der Wiederaufbau des Anlagevermögens mit einem gleich hohen Rückgang der Liquidität verbunden ist und damit das Gesamtvermögen unverändert bleibt.
- Möglich wäre auch eine höhere Ausschüttungsquote. Bei einer Komplettausschüttung des Gewinns bliebe der Verschuldungsgrad fast konstant, weil sich das Eigenkapital kaum verändert. Der Gewinn erhöht sich um 20.000 EUR (aus der Erhöhung des Jahresüberschusses durch den zusätzlichen Umsatz, weil die Gewinnmarge gleich bleibt). Da wir unterstellen, dass der Gewinn in liquider Form vorliegt, erhöht sich auch die Liquidität um 20.000 EUR. Nicht ausgeglichen werden aber die Abschreibungen.
- Eine Kreditaufnahme, nur um den Verschuldungsgrad zu erhöhen, ist nicht sinnvoll, wenn das Kapital nicht in weitere Wirtschaftsgüter investiert wird.

Fazit: Der Zielkonflikt kann ohne Kenntnis der genauen internen Gegebenheiten des Unternehmens nicht gelöst werden. Eine oder mehrere der Vorgaben müssen demzufolge aufgegeben werden. Was jeweils am sinnvollsten ist, muss im speziellen Einzelfall entschieden werden.

Das Beispiel macht aber auch deutlich, dass man mit irgendwelchen Vorgaben beginnen muss. Im Ergebnis dieser Rechnungen wird sich dann ein sinnvoller Finanzplan herausschälen.

11 Vereinfachter Planungsansatz

11.1 Vorteile und Grenzen

In manchen Fällen scheint es überzogen zu sein, die Kapitalbedarfsplanung nach den bisher genannten Methoden durchzuführen. Gerade in kleineren Unternehmen fehlt die Zeit, sich ausführlich mit der Herleitung der erwarteten Bestände und der Analyse der Kapitalquellen zu befassen. Darüber hinaus liegen die erforderlichen Daten oft nicht im nötigen Detailliertheitsgrad vor. Demzufolge sucht man nach einem Ansatz, der Planergebnisse mit

- akzeptabler Genauigkeit,
- möglichst geringem Planungsaufwand und
- auf der Basis leicht zugänglicher Daten

liefert.

Der Vorteil des auf den nächsten Seiten vorgestellten Planungsansatzes besteht gerade in dem geforderten relativ geringen Planungsaufwand. Dieser Vorteil wird erkauft, mit einer Vielzahl pauschaler Aussagen.

Der Nachteil des Ansatzes besteht u. a. darin, dass als Planungsgrundlage zwar Größen gewählt werden, die unleugbar in einem Zusammenhang mit den zu planenden Größen stehen, aber keine Querverbindungen erfasst werden.

Das Ergebnis wird also mit einiger Wahrscheinlichkeit größere Ungenauigkeiten aufweisen als die bisher vorgestellte Form der aufeinander abgestimmten Vorgehensweise.

TIPP: Welchen Ansatz verwenden?

Welchen Ansatz Sie letztlich für die Planung wählen sollten, hängt u. a. davon ab, mit welcher Genauigkeit Sie bei den Ergebnissen des Planungsprozesses rechnen.

Der vereinfachte Planungsansatz beruht, wie die bisher vorgestellten Ansätze auch, auf einer Planung des Absatzes und damit des Umsatzes. Möglichkeiten, wie der Umsatz ermittelt werden kann, wurden bereits dargelegt. Bei den anderen Werten (abhängige Variablen) wird überwiegend davon ausgegangen, dass sie Anteile von bestimmten Größen sind und die Abhängigkeit folglich linear ist.

11.2 Gewinnplanung

Die einfachste Version geht von den folgenden Prämissen aus:

- Das Sortiment wird sich nicht wesentlich verändern.
- Die Finanzierungsbedingungen bleiben gleich.
- Es gibt kein wesentliches außerordentliches Ergebnis oder das außerordentliche Ergebnis verändert sich nicht.
- Die steuerlichen Gegebenheiten verändern sich nicht.

Akzeptiert man diese Voraussetzungen, kann man den Gewinn als einen einfachen Prozentsatz der Betriebsleistung annehmen.

HINWEIS

In Beispiel II (Inkompatibilitäten) aus dem vorigen Kapitel sind wir genau so vorgegangen: Die Gewinnmarge sollte unverändert bleiben.

Das bedeutet also, dass die Gewinnmarge im gesamten Planungszeitraum als konstant angenommen wird. Im praktischen Leben erweisen sich diese Annahmen aber doch als zu stark vereinfachend. Deshalb werden einzelne

Positionen der Gewinn- und Verlustrechnung nicht als Prozentsatz, sondern auf andere Weise geplant.

● **TIPP: Verschiebungen im abgesetzten Sortiment**

Sollten sich im Planungszeitraum Verschiebungen im abgesetzten Sortiment abzeichnen, kann das einfache Verfahren nicht mehr sinnvoll angewendet werden. Ein möglicher Kompromiss wäre die Planung nach dem vereinfachten Verfahren in verschiedenen Produktgruppen, die *in sich* eine *relativ einheitliche Kostenstruktur* aufweisen. Nach dem auf diese Weise ermittelten Betriebsergebnis (EBIT) kann man die weiteren Positionen der Gewinn- und Verlustrechnung dann weiter zusammenfassen.

Als unabhängige Variable, also als die Größe, die die anderen dominiert, wird die *Betriebsleistung* gewählt. Wie bereits dargelegt wurde, beruht die Betriebsleistung auf dem Umsatz, der bereinigt wird um

- Erlösschmälerungen,
- Bestandsveränderungen (Aufbau als +, Abbau als —),
- aktivierte Eigenleistungen.

Von der Betriebsleistung werden nun einzelne Kostenpositionen abgezogen, und zwar auf der folgenden Planungsgrundlage:

Kennzahl		Planungsgrundlage
	Betriebsleistung	ermittelt aus dem geplanten Umsatz
—	Materialeinsatz/bezogene Leistungen	Prozentsatz der Betriebsleistung
=	Rohertrag	
—	Personalkosten (variabel)	Prozentsatz der Betriebsleistung
—	Personalkosten (fix) (Personalaufwand für die Verwaltung usw.)	Fortschreibung des letzten Werts
—	Abschreibungen	individuelle Planung aufgrund des Anlagespiegels

—	sonstiger Aufwand	Prozentsatz der Betriebsleistung
=	Betriebsergebnis (EBIT)	
+/—	Beteiligungsergebnis	individuelle Planung oder Fortschreibung des letzten Werts
—	Zinsen (kurzfristig)	erwarteter/vereinbarter Zinssatz x durchschnittliche Inanspruchnahme der letzten beiden Jahre
—	Zinsen (langfristig)	durchschnittliche Werte der letzten beiden Jahre, abgleichen mit der Investitionsplanung und evtl. bereits bestehenden Verträgen
+	Zinserträge	erwarteter Zinssatz x durchschnittliche Höhe der Geldanlagen der letzten beiden Jahre
=	ordentliches Ergebnis	*Hinweis*: Die Differenz zwischen dem ordentlichen Ergebnis und dem Betriebsergebnis ist das Finanzergebnis.
+/—	außerordentliches Ergebnis	direkt planen *Notlösung*: Prozentsatz der Betriebsleistung, aber ein Kennzeichen des außerordentlichen Ergebnisses ist gerade, dass es nicht regelmäßig, sondern unregelmäßig anfällt!
=	Gewinn vor Steuern	
—	Gewerbesteuer	Berechnung nach örtlichem Hebesatz
—	Körperschaftssteuer	nach gültigem Steuersatz
=	Jahresüberschuss/Jahresfehlbetrag nach Steuern	

Tab. 3: Planung des Jahresüberschusses/Fehlbetrags

● TIPP: Ermittlung der Prozentsätze

Als Basis für die Ermittlung der Prozentsätze in obiger Tabelle verwendet man Werte aus den vergangenen Jahren. Es ist nicht zielführend, ausschließlich den Wert des letzten Jahres anzusetzen. Besser ist es, einen Durchschnitt der letzten Jahre zu bilden. Ein Zeitraum von 2–3 Jahren ist dabei ausreichend. Längere Zeiträume führen nur zu einer scheinbaren Verbesserung der Genauigkeit. Schließlich beruht das gesamte Verfahren auf stark vereinfachenden Annahmen.

> ● **TIPP: Das Finanzergebnis nicht nur als Prozentsatz der Betriebsleistung bestimmen**
>
> Das Finanzergebnis lediglich als Prozentsatz der Betriebsleistung zu bestimmen, wäre insofern zu ungenau, als Zinssatzänderungen dann keine Berücksichtigung finden würden. Eine teilweise auch kurzfristige Änderung der Fremdkapitalzinssätze ist aber keine Seltenheit.

Als Ergebnis erhält man den voraussichtlichen Jahresüberschuss (oder eben Jahresfehlbetrag). Er wird um eventuelle Gewinn- oder Verlustvorträge, die man dem letzten Jahresabschluss entnehmen kann, zum Bilanzgewinn ergänzt.

Bereits an dieser Stelle sollte man sich erste Gedanken über die Entnahme-/Ausschüttungspolitik machen, weil sie die spätere Bestimmung des Finanzmittelbedarfs beeinflusst.

11.3 Planung der Bilanzwerte

> ● **TIPP: Anpassung der Werte für die Aktiv- und Passivseite der Bilanz**
>
> Auch hier wird sich nicht sofort eine ausgeglichene Bilanz einstellen. Es ist deshalb unumgänglich, nachdem die Werte für die Aktiv- und für die Passivseite der Bilanz berechnet wurden, beide abzugleichen und aneinander anzupassen.
>
> Ausgleichsposten sind in der Regel
> - die liquiden Mittel und
> - die Inanspruchnahme kurzfristiger Kredite (Kontokorrentkredit).

11.3.1 Aktiva

Auch hier wird teilweise wieder ein proportionales Verhältnis der abhängigen Variablen zur beeinflussenden Größe unterstellt. Diese beeinflussende Größe ist die Bilanzsumme. Allerdings wird die Bilanzsumme durch die Rechnung überhaupt erst ermittelt. Es besteht also wieder das Problem eines Zirkelschlusses.

In der Praxis behilft man sich dadurch, dass man eine vorläufige Bilanzsumme schätzt, die von ihr abhängigen Größen berechnet und daraus dann die zu planende Bilanzsumme ermittelt. Da es sich insgesamt um ein Näherungsverfahren handelt, kann die Berechnung nach einem „Durchlauf" beendet werden.

Einige Positionen sollten separat bestimmt werden, weil es keinen deutlichen Zusammenhang mit der Bilanzsumme gibt. Um welche Kennzahlen es sich dabei handelt, kann der folgenden Tabelle entnommen werden.

	Kennzahl	Planungsgrundlage
	immaterielle Vermögensgegenstände	separate Planung
+	Sachanlagen	Iststand abzüglich der planmäßigen Abschreibungen zuzüglich der geplanten Investitionen (Datenquellen: Anlagespiegel, Investitionsplanung)
+	Finanzanlagen	separate Planung
=	Anlagevermögen	
+	Vorräte an Roh-, Hilfs- und Betriebsstoffen	Prozentsatz der Bilanzsumme
+	Vorräte an unfertigen Erzeugnissen (Halbfabrikaten)	durchschnittliche tägliche Betriebsleistung x durchschnittliche Bindungsdauer der Vorräte in der Produktion *Variante*: Da Halbfabrikate erst peu à peu an Wert zunehmen, könnte man auch die Hälfte der täglichen Wertschöpfung + den Bedarf an Material und bezogenen Teilen mit der durchschnittlichen Bindungsdauer multiplizieren.
+	Vorräte an Fertigerzeugnissen	durchschnittliche tägliche Betriebsleistung x durchschnittliche Lagerdauer
+	Forderungen aus Lieferungen und Leistungen (Debitoren)	Tagesumsatz x durchschnittliches Debitorenziel
+	liquide Mittel	direkte Vorgabe oder Prozentsatz der Bilanzsumme
(=)	Umlaufvermögen	(Zwischensumme)
=	Bilanzsumme	(Summe aus Anlage- und Umlaufvermögen)

Tab. 4: Bestimmung von Positionen, die keinen deutlichen Zusammenhang mit der Bilanzsumme haben

▌● **TIPP: Vorräte an Roh-, Hilfs- und Betriebsstoffen**

Die Vorräte an Roh-, Hilfs- und Betriebsstoffen werden als Anteil an der Bilanzsumme bestimmt. Das unterstellt eine gleichbleibende Vorratsintensität. Ein Zusammenhang mit der Bilanzsumme liegt näher als ein Zusammenhang mit der Betriebsleistung. Erst *deutliche* Änderungen der Betriebsleistung führen auch zu Änderungen bei den Materialbeständen. Ansonsten ist es eher wahrscheinlich, dass die Bestände etwa gleich bleiben und sich lediglich die Bestellzyklen verkürzen.

Die auf diese Weise ermittelte Bilanzsumme entspricht dem Gesamtkapitalbedarf. Diesen Wert gilt es zu finanzieren.

11.3.2 Passiva

In der nun schon gewohnten Form gehen wir an die Planung der Passiva. Zunächst das Eigenkapital:

Kennzahl	Planungsgrundlage
Nominelles Eigenkapital	unverändert gemäß Satzung oder Gesellschaftsvertrag, bei Personengesellschaften Kapitalkonten der Gesellschafter
+ Rücklagen	Kapital- und Gewinnrücklagen aus der Planung des Vorjahres, bereinigt um beschlossene Kapitalveränderungen (z. B. Höhe der Gewinnthesaurierung)
+ Gewinnvortrag	aus der Vorjahresplanung bzw. Istwerte
− Verlustvortrag	aus der Vorjahresplanung bzw. Istwerte
= bilanzielles Eigenkapital	

Tab. 5: Planung der Passiva

▌● **TIPP: Veränderungen bei den Kapitalkonten**

Speziell bei Personengesellschaften gibt es häufig Veränderungen bei den Kapitalkonten. Die Gesellschafter entnehmen Kapital für die persönliche Lebenshaltung oder lassen Gewinne stehen bzw. zahlen Kapital ein. In solchen Fällen sollte das Kapitalkonto (bzw. bei mehreren Gesellschaftern die einzelnen Kapitalkonten) anhand der Erfahrungen der Vergangenheit und der Pläne für die Geschäftsjahre des Planungszeitraums einzeln geplant werden.

Die Planung des Fremdkapitals erfolgt nach dem folgenden Schema:

Kennzahl	Planungsgrundlage
langfristige Bankverbindlichkeiten	Prozentsatz des Anlagevermögens, Abgleich mit dem Investitionsplan und bestehenden Verträgen
+ Anleiheverbindlichkeiten	separate Planung, falls diese Finanzierungsform gewählt wird
+ Zuführungen zu den Pensionsrückstellungen	EUR/pensionsberechtigter Mitarbeiter
+ Einstellungen in die kurzfristigen Rückstellungen	Prozentsatz vom Umsatz oder direkte Planung
+ kurzfristige Kredite	Prozentsatz der Bilanzsumme
+ Kontokorrentkredit	durchschnittliche Inanspruchnahme der letzten Jahre
+ geplante Gewinnausschüttung	Ausschüttungspolitik der vergangenen Jahre, abgleichen mit der Gewinnplanung (wenn Liquiditätskredit notwendig ist)
+ Verbindlichkeiten aus Lieferungen und Leistungen	durchschnittliche Bestellmenge x genutztes Lieferantenziel (Debitorenlaufzeit)
+ erhaltene Anzahlungen	Prozentsatz der unfertigen Erzeugnisse

Tab. 6: Planung des Fremdkapitals

TIPP: Anleihefinanzierung

Die Finanzierung über Anleihen ist aus praktischen Gründen großen Unternehmen vorbehalten. Sie haben in der Regel eine ausgefeilte Technik der Finanzplanung und werden die hier vorgestellte vereinfachte Vorgehensweise kaum nutzen. Die Anleihefinanzierung wurde deshalb nur der Vollständigkeit halber aufgenommen.

● **TIPP: Jahresüberschuss**

Der Jahresüberschuss liegt in der Regel nicht bar vor. Demzufolge muss für eine Ausschüttung die entsprechende Liquidität geschaffen werden. Erfolgt das über eine Kreditfinanzierung, muss die entsprechende Summe geplant werden. Die Finanzierung sollte im Sinne der Goldenen Bilanzregel kurzfristig (Laufzeit max. ein Jahr) erfolgen.

● **TIPP: Anzahlungen**

Anzahlungen können auch als passive Rechnungsabgrenzungsposten gebucht werden.

Die Addition des Eigen- und des Fremdkapitals ergibt dann das zur Verfügung stehende Kapital, das in dieser Höhe geplant wird. Dieser Wert wird abgeglichen mit dem Kapitalbedarf. Im Anschluss erfolgen dann Korrekturen, bis beide Bilanzseiten übereinstimmen.

Nicht berücksichtigt werden bei diesem Vorgehen die konkreten Finanzierungsquellen. Ob die geplanten Kredite auch tatsächlich zur Verfügung stehen geht hier nicht in die Rechnung ein. Das heißt: Man geht davon aus, dass die Finanzierung auf jeden Fall zustande kommt.

Fazit zu Teil „Planung und Steuerung der Unternehmensfinanzen"

Die erste Hauptaufgabe des Finanzmanagements ist es, den Bedarf an Kapital und die Quellen, aus denen dieser Bedarf gedeckt werden soll, zu ermitteln und aufeinander abzustimmen. Dabei hat sich das Finanzmanagement an den finanzwirtschaftlichen Zielsetzungen des Unternehmens zu orientieren, die wiederum die Interessenlage aller mit dem Unternehmen verbundenen Gruppen zu berücksichtigen haben.

Diese Aufgabe wird erfüllt, indem zunächst der Kapitalbedarf des Unternehmens für die nächsten Planungsperioden (Jahre) ermittelt und im Anschluss mit den Finanzierungsquellen, die zur Verfügung stehen, abgeglichen wird. Dieser Prozess ist iterativ, das heißt: Er wird mehrmals hintereinander durchlaufen, und zwar so lange, bis die Werte keine Unplausibilitäten mehr aufweisen.

Planung ist ihrer Natur nach mit Unsicherheiten verbunden, weil der Blick in die Zukunft gerichtet ist. Eine Basis zur Ermittlung der Zukunftszahlen bilden die Werte der vergangenen Jahre. Zumindest in großen Teilen setzt man bei dieser Vorgehensweise voraus, dass sich wesentliche Rahmenbedingungen nicht ändern.

Welche der hier vorgestellten Möglichkeiten, aus den Daten der Vergangenheit die Zukunftswerte zu generieren, genutzt wird, hängt ab von

- den zur Planung nutzbaren personellen und zeitlichen Kapazitäten,
- den zur Verfügung stehenden Daten und
- der vom Management für erforderlich gehaltenen Genauigkeit.

In fast allen Fällen geht man davon aus, dass die Mehrzahl der zu planenden Größen von der Entwicklung einer variablen Größe abhängt, und zwar vom Umsatz.

Der zweiten Hauptaufgabe des Finanzmanagements — nämlich der Planung und der Sicherung der Liquidität — widmet sich der nun folgende Teil „Planung und Sicherung der Liquidität".

Planung und Sicherung der Liquidität

Den langfristigen Kapitalbedarf und die Methoden zu seiner Berechnung haben Sie nun kennengelernt. In diesem letzten Teil befassen wir uns mit der Liquiditätsplanung und mit der Steuerung der Liquidität.

Wir beginnen mit einigen Überlegungen zum Cashflow. Sie erfahren, wie er sich grundsätzlich zusammensetzt, und vor allem, warum die Cashflow-rechnung einerseits und die Gewinn- und Verlustrechnung andererseits nicht zum gleichen Ergebnis führen. In unserer Betrachtung wird insbesondere das Working Capital als ein langfristiger Kapitalbinder eine entscheidende Rolle spielen. Die Frage, welche Strategie ein Unternehmen bei der Steuerung seiner Liquidität verfolgt, hat Auswirkungen auf das gesamte Finanzmanagement.

Danach wenden wir uns der Planung der Liquidität im engeren Sinne zu: Welche Bestandteile muss ein Liquiditätsplan unbedingt enthalten, damit er als Arbeitsinstrument taugt, und wie kann er sinnvoll aufgeteilt werden?

Den Abschluss bildet dann ein Kapitel zu den verschiedenen Cash-Management-Systemen.

12 Liquidität als Unternehmensziel

12.1 Liquidität vs. Rentabilität?

Im Zusammenhang mit den Unternehmenszielen (siehe Teil „Planung und Steuerung der Unternehmensfinanzen", Kapitel „Finanzwirtschaftliche Zielsetzungen") haben wir die Bedeutung der Liquidität für die Sicherung des Überlebens eines Unternehmens bereits kurz angesprochen. Die Kernaussage war:

Kann ein Unternehmen seine Zahlungsverpflichtungen nicht einhalten, weil das benötigte Geld nicht „flüssig" ist, führt das unweigerlich dazu, dass das Unternehmen aus dem Wirtschaftsleben ausscheidet. Wer seine Rechnungen nicht termingerecht und betragsgenau begleichen kann, ist in den Beziehungen von Unternehmen untereinander und natürlich auch in den Beziehungen zu Privatpersonen kein akzeptabler Partner.

> **▶ BEISPIEL: Insolvenz**
>
> Frau Schnappauf arbeitet als Sachbearbeiterin für die XYZ GmbH. Auf ihr Gehalt wartet sie seit 3 Monaten vergebens. Mindestens ebenso folgenschwer ist, dass ihr Arbeitgeber bereits den vierten Monat in Folge die fälligen Beiträge zur Renten- und Krankenversicherung nicht mehr abgeführt hat. Die Gründe für dieses Fehlverhalten des Unternehmens sind unerheblich, es ist offensichtlich nicht mehr in der Lage, seinen Zahlungsverpflichtungen nachzukommen, weshalb die Geschäftsführung verpflichtet ist, Insolvenz anzumelden.

Bei Illiquidität besteht eine gesetzliche Pflicht für die Geschäftsführung, Insolvenz anzumelden. Das gilt unabhängig von der Rechtsform. Wird diese Pflicht schuldhaft versäumt, macht sich der Geschäftsführer oder Vorstand auch persönlich straf- und haftbar.

> **! ACHTUNG: Zahlungsschwierigkeiten**
>
> Illiquidität darf nicht mit vorübergehenden Zahlungsschwierigkeiten verwechselt werden. Eine solche Zahlungsstockung kann in der Regel durch einen Anruf beim Gläubiger und die Bitte um Zahlungsaufschub behoben werden. Selbst ein nicht abgesprochenes Überziehen von Zahlungszielen ist — auch wenn es keinesfalls den kaufmännischen Regeln entspricht — nicht mit Illiquidität gleichzusetzen, solange **die** *Zahlungsfähigkeit* in einem vertretbaren Zeitraum wiederhergestellt wird. Das wäre z. B. dann der Fall, wenn der Schuldner seinerseits einige Tage auf eine Zahlung warten musste und seine Schulden sofort nach Zahlungseingang auf seinem Konto begleicht.

Außerdem haben wir festgestellt, dass Liquidität für sich genommen nicht das bestimmende Unternehmensziel sein kann. Der Zweck eines Unternehmens besteht darin, Überschüsse zu erwirtschaften. Das ist nur möglich, wenn vorhandenes Kapital investiert wird. Dabei wird es aber aus einem „liquiden" in einen „gebundenen" Zustand überführt. Dieser zeitweilige Verzicht auf Liquidität ist ein Grundmerkmal jeder wirtschaftlichen Tätigkeit.

Im langfristigen Finanzmanagement werden vor allem Bilanzstrukturen geplant. Man mag dagegen einwenden, dass die *tatsächliche* Entwicklung der Bilanzstrukturen meistens mehr oder weniger zufällig erfolgt. Das liegt darin begründet, dass in den Unternehmen permanent operative Entscheidungen getroffen werden müssen, die eine Veränderung von Bilanzpositionen nach sich ziehen. Selbst kleinste Zahlungen führen in ihrer Konsequenz zu veränderten Zahlen in der Bilanz und in der Ergebnisrechnung.

> **▶ BEISPIEL: Einfluss operativer Entscheidungen auf Bilanzpositionen**
>
> Herr Bayer parkt auf einer Dienstreise für 5 EUR auf einem gebührenpflichtigen Parkplatz. Dieser Betrag wird ihm ersetzt, was das liquide Vermögen (Bankkonto) seiner Firma reduziert.
>
> Frau Hesse kauft einen Karton Kopierpapier. Auch hier reduziert sich das liquide Vermögen. Parallel dazu erhöht sich der Bestand an Büromaterial.

Im eigentlichen Jahresabschluss tauchen diese Zahlen nur zeitverzögert und zusammengefasst auf, nämlich dann, wenn nach Abschluss des Geschäftsjahres das Zahlenwerk komplett erstellt wird.

Aber: Bilanzstrukturen sind relevant für die Versorgung eines Unternehmens mit Kapital, und deshalb gilt es, eine ständige Kontrolle über den Umfang und die Struktur des gebundenen Kapitals zu behalten. Die Schwerpunkte liegen dabei

- im Umlaufvermögen (ein überhöhter Kapitalbedarf wegen zu hoher Vorräte, Forderungen usw. führt zu geringerer Rentabilität),
- im möglichst rentablen Einsatz des Anlagevermögens,
- in der Einhaltung bestimmter Bilanzrelationen und
- in der Frage, ob die finanziellen Reserven optimal geplant sind — ob sie also ausreichen, um die betrieblichen Prozesse reibungslos ablaufen zu lassen, ohne zu viel Kapital zu binden.

Zielkonflikte?

Liquidität ist eine *zwingende* Nebenbedingung der wirtschaftlichen Tätigkeit und hat damit Vorrang vor der Rentabilität. Andererseits ist die Rentabilität in ihrer Ausprägung als Eigenkapitalrendite das Hauptkriterium für den Unternehmenserfolg. Damit kommt im Zweifelsfall, das heißt, immer dann, wenn die Existenz eines Unternehmens auf dem Spiel steht, die Sicherung der Liquidität vor der Erhöhung der Rentabilität. Sie wird aber trotzdem nicht zum wirtschaftlichen Hauptziel des Unternehmens.

TIPP: Liquiditätsreserven

Die Frage, wie hoch die Liquiditätsreserven sein sollten, ist in letzter Konsequenz immer eine individuelle Entscheidung. Je stärker das Sicherheitsbedürfnis der Entscheider ist, desto höher werden sie die Liquiditätsreserven ansetzen.

Objektiv ist die Höhe dieser Reserven vor allem abhängig von der Frage, mit welcher Sicherheit künftige Zahlungsströme vorausgesagt werden können.

Der Planung und Steuerung dieser Vorgänge wenden wir uns mit dem folgenden Kapitel zu.

12.2 Kurz- und langfristiges Finanzmanagement im Vergleich

Finanzpolitische Entscheidungen in einem Unternehmen haben unterschiedliche Zeithorizonte.

- **Langfristiges Finanzmanagement**

Beim langfristigen Finanzmanagement geht es um Entscheidungen, deren Auswirkungen teilweise mehrere Jahre andauern. Das sind einerseits das Management der Investitionsausgaben und andererseits das Management der Finanzierungsstruktur. Auch wenn es sich um langfristig wirksame Entscheidungen handelt, haben sie Auswirkungen auf die Liquidität.

- **Investitionsausgaben**

Ausgaben für das Anlagevermögen wirken sich in der Regel gravierend auf die Liquidität aus. Das Wirtschaftsgut muss bezahlt werden, und zwar meistens in einer Summe.

! **ACHTUNG: Umsatzsteuer**

Bei der Betrachtung der Liquidität ist die Umsatzsteuer mit einzubeziehen. Zwar bekommt man sie in Form der Vorsteuer vom Finanzamt erstattet, aber sie fließt beim Begleichen der Rechnung erst einmal ab.

▶ **BEISPIEL: Umsatzsteuer**

Herr Schall bestellt eine Maschine zum Befüllen von Papphülsen. Sie kostet netto 180.000 EUR. Dazu kommen aber noch einmal 19 Prozent Umsatzsteuer, sodass der gesamte Liquiditätsabfluss bei 214.200 EUR liegt.
Der Cash-Rückfluss erfolgt auf zwei unterschiedliche Arten: Mit der nächsten Umsatzsteuervoranmeldung kann die S&R GmbH 34.200 EUR Vorsteuer

geltend machen, die sie in einer Summe vom Finanzamt gutgeschrieben bekommt.
Die Nettosumme von 180.000 EUR wird über die gesamte Nutzungsdauer verteilt in Form von Abschreibungsgegenwerten zu Einzahlungen führen, allerdings nur unter der Voraussetzung, dass der Marktpreis, der die Abschreibungsgegenwerte enthält, von den Kunden auch akzeptiert und gezahlt wird.

Wir haben es also zunächst mit einem erheblichen Cash-Abgang zu tun, der in seiner Gesamtheit verteilt über die Nutzungsdauer in Form von Mehrerlösen zurückfließt.

- **Ausschüttungen**
Die Ausschüttungspolitik des Unternehmens ist ebenfalls langfristig angelegt. Ausschüttungen an die Eigentümer sind das Pendant zu den Einzahlungen, die sie ursprünglich zur Aufbringung des Eigenkapitals geleistet haben. Sie führen zu einem Liquiditätsabfluss, der gespeist wird durch die Mehrerlöse aus dem Umsatz (höhere Einzahlungen aus dem Umsatz gegenüber den Auszahlungen für die Produktionsfaktoren).

Entsprechend sind die Tilgungen von Krediten zu sehen: Über sie wird Fremdkapital zahlungswirksam zurückgegeben.

- **Kurzfristiges Finanzmanagement**
Der kurzfristige Bereich des Finanzmanagements umfasst maximal ein Jahr bzw. einen Produktionszyklus. Hier wird das Umlaufvermögen einschließlich der Lieferantenforderungen gesteuert. Der Zahlungsmittelausgang (Cash out) ergibt sich aus den Ausgaben für das Umlaufvermögen, der Zahlungsmitteleingang (Cash in) aus den Umsatzerlösen beim Verkauf der Produkte des Unternehmens.

! **ACHTUNG: Umsatzsteuer**

Auch hier ist wieder die Umsatzsteuer in die Planung mit einzubeziehen.

Die Steuerung sowohl der langfristigen als auch der kurzfristigen Zahlungsströme ist die Aufgabe des Liquiditätsmanagements. Wir haben es also mit Zahlungsströmen (Cashflows) zu tun, die es zu koordinieren gilt. Aus diesem Grund wenden wir uns zunächst einer Analyse der verschiedenen Bestandteile des Cashflows zu.

13 Der Cashflow als Basis der Finanzmittelplanung

13.1 Die Ebenen des Erfolgs

Bereits in Teil „Grundlagen" wurden wesentliche Grundbegriffe erläutert und dabei deutlich gemacht, dass es verschiedene Betrachtungsebenen gibt.

- **Controlling**

Im Controlling wird der Betriebserfolg ermittelt. Dabei werden die Leistungen eines Unternehmens seinen Kosten gegenübergestellt. Bei den Kosten wird unterschieden, ob sie „aufwandsgleich" sind, also auch als betrieblicher Aufwand in der Gewinn- und Verlustrechnung geltend gemacht werden können, oder ob es sich um kalkulatorische Kosten handelt.

- **Gewinn- und Verlustrechnung**

Bei der Gewinn- und Verlustrechnung werden Aufwand und Ertrag einander gegenübergestellt. Dabei gibt es Aufwand, der den Kosten (allerdings nicht den kalkulatorischen Kosten!) entspricht, und sog. neutralen Aufwand. Ein neutraler Aufwand ist entweder ein außerordentlicher Aufwand oder ein betriebsfremder (nicht mit der eigentlichen betrieblichen Tätigkeit in Zusammenhang stehender) Aufwand. Entsprechend geht man bei den Erträgen vor, man unterscheidet leistungsgleiche Erträge und neutrale Erträge.

- **Cashflowrechnung**

Bei der Cashflowrechnung werden Einzahlungen und Auszahlungen, also Bewegungen auf den Bankkonten oder im baren Kassenbestand einander gegenübergestellt.

! ACHTUNG: Cashflow

Der *Cashflow* umfasst sämtliche Ein- und Auszahlungen, und damit das gesamte *liquide Vermögen*. Das ist nicht identisch mit den Einnahmen und Ausgaben. Eine Ausgabe tätigt man in dem Moment, in dem man eine konkrete Zahlungsverpflichtung eingeht. Das Entstehen einer Verbindlichkeit führt also zu einer Ausgabe, aber (noch) nicht zu einer Auszahlung.

Ähnlich verhält es sich bei den Einnahmen: Schreibt man eine Rechnung und baut auf diese Weise eine Forderung auf, ist das eine Einnahme, die allerdings erst später zu einer Einzahlung führt.

Einnahmen und Ausgaben umfassen die Ebene des *Geldvermögens*.

Zur Verdeutlichung dieser Zusammenhänge sollen einige Beispiele dienen:

▶ BEISPIEL: Das liquide Vermögen ist nicht mit den Einnahmen und Ausgaben identisch

- Die Tilgung von Krediten/die Rückzahlung von Schulden führt zu einer Auszahlung, ist aber kein Aufwand und keine Ausgabe.
- Ausschüttungen sind ebenfalls Auszahlungen, aber keine Aufwendungen.
- Abschreibungen sind Aufwendungen, aber keine Auszahlungen und keine Ausgaben.
- Eine Kapitalerhöhung führt zu einer Einzahlung, aber nicht zu einem Ertrag
- ...[1]

Den Gesamtzusammenhang zwischen Cashflowrechnung, Gewinn- und Verlustrechnung und den Auswirkungen auf die Bilanz stellt die folgende Abbildung dar.

---

[1] Genaueres hierzu finden Sie in den meisten BWL-Lehrbüchern, u. a. bei Wöhe/Döring: Einführung in die Allgemeine Betriebswirtschaftslehre. München 2010, S. 695 ff.

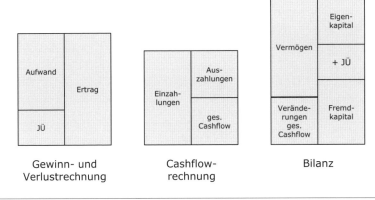

Abb. 7: Zusammenhang zwischen Gewinn- und Verlustrechnung, Cashflow und Bilanz

13.2 Ermittlung des Cashflows

13.2.1 Direkte Ermittlung

An sich ist es ganz einfach: Man addiert sämtliche Einzahlungen einer Periode und erhält so den Einzahlungscashflow (Cash in). Danach addiert man sämtliche Auszahlungen zum Auszahlungscashflow (Cash out) und zieht die summierten Auszahlungen von den summierten Einzahlungen ab. Die Differenz bildet den Gesamtcashflow.

Der Cashflow ist der Einzahlungsüberschuss der Unternehmung.

TIPP: Operativer Cashflow

Nimmt man nicht sämtliche Ein- und Auszahlungen, sondern nur diejenigen, die dem operativen Geschäft zuzurechnen sind, erhält man anstelle des Gesamtcashflows den operativen Cashflow.

Das Problem liegt aber in der praktischen Umsetzung. Ein solches Vorgehen, das auf die tatsächlichen Zahlungen zurückgreift, ist nur für denjenigen möglich, der einen direkten Zugriff auf die Daten des Unternehmens hat. Es handelt sich demzufolge um die direkte (interne) Ermittlung des Cashflows.

Als Außenstehender bleibt einem nichts anderes übrig, als den Cashflow aus den veröffentlichten Daten des Unternehmens indirekt herzuleiten.

TIPP: Höhe des Cashflows

Außenstehende, die sich für die Höhe des Cashflows interessieren, sind vor allem Gläubiger und Analysten.

ACHTUNG: Veröffentlichung des Cashflows

In den letzten Jahren sind immer mehr Unternehmen dazu übergegangen, den Cashflow zu veröffentlichen. In diesen Fällen erübrigt sich natürlich die retrograde Ermittlung.

Oft handelt es sich bei dem veröffentlichten Cashflow um den Gesamtcashflow. Das ist zwar deutlich besser als gar nichts, aber um sinnvolle Schlussfolgerungen ziehen zu können, müsste der Cashflow dann noch in seine Komponenten aufgesplittet werden.

13.2.2 Indirekte Ermittlung

Ein positiver Cashflow entsteht zum einen durch den Gewinn, der dazu führt, dass die Aufwendungen kleiner sind, als die Erträge. Zum anderen kann nur dann ein positiver Cashflow entstehen, wenn es Aufwendungen gibt, denen keine Auszahlungen gegenüberstehen. Andererseits schmälern Erträge, denen keine Einzahlungen gegenüberstehen, den Cashflow.

zahlungsunwirksame Aufwendungen	Erhöhung des Cashflows gegenüber dem Jahresüberschuss
zahlungsunwirksame Erträge	Verminderung des Cashflows gegenüber dem Jahresüberschuss

Tab. 7: Auswirkungen von zahlungsunwirksamen Aufwendungen und Erträgen auf den Cashflow

Zahlungsunwirksame *Aufwendungen* sind vor allem Abschreibungen und die Bildung von Rückstellungen. Zu den zahlungsunwirksamen *Erträgen* gehört z. B. der Aufbau von Forderungen.

▶ **BEISPIEL: Zahlungsunwirksame Aufwendungen und Erträge**

Die S&R GmbH schreibt im laufenden Geschäftsjahr insgesamt 150.000 EUR auf ihr Anlagevermögen ab. Es handelt sich um die planmäßigen bilanziellen Abschreibungen, also eine Aufwandsposition, die in der Gewinn- und Verlustrechnung den Jahresüberschuss mindert.

Was tut sich aber in diesem Zusammenhang auf dem Konto des Unternehmens? Nichts! Die Abschreibungen sind nicht zahlungswirksam. Damit wird der Cashflow um 150.000 EUR größer als der Jahresüberschuss.

Darüber hinaus hat das Unternehmen für einen anstehenden Gerichtsprozess um Schadenersatzansprüche eine Rückstellung i. H. v. 20.000 EUR gebildet. Das ist die Summe, die der Prozessgegner fordert. Auch dieser Betrag ist ein Aufwand, der sich erst einmal nicht auf dem Konto wiederfindet. Somit ist der Cashflow um 170 000 EUR höher als der Jahresüberschuss.

Weiterhin hat die S&R GmbH Waren im Wert von 25.000 EUR an die Schwarzpulver OHG geliefert. Dadurch ist eine Forderung entstanden, die als Einnahme zu buchen ist. Trotz des großzügigen Zahlungsziels von 60 Tagen hat die Schwarzpulver OHG noch nicht gezahlt. Dieser Vorgang hat die Einnahmen der S&R GmbH erhöht, war aber bislang noch nicht zahlungswirksam. Angenommen, die Forderung existiert zum Bilanzstichtag immer noch, mindert sie den Cashflow gegenüber dem Jahresüberschuss. Fasst man all diese Vorgänge zusammen, ist der Cashflow um 145.000 EUR höher, als der für den gleichen Zeitraum ausgewiesene Jahresüberschuss.

! **ACHTUNG: Cashflowrechnung**

Im obigen Beispiel wurde der Aufbau einer Forderung erwähnt, die den Cashflow gegenüber dem Jahresüberschuss mindert. Das Beispiel hat sich nur auf diese eine Forderung bezogen. Im normalen Wirtschaftsleben gibt es immer einen Bestand an Forderungen, der sich mit jeder neuen Rechnung und jedem Begleichen einer Rechnung verändert.

Das Schreiben einer Rechnung erhöht den Ertrag des Unternehmens, es verbucht eine Einnahme. Der Zahlungseingang erfolgt (außer bei Barzahlung) später. Dann wird die Einnahme cashflowwirksam.

Unterschiede zwischen der Gewinn- und Verlustrechnung einerseits und der Cashflowrechnung andererseits bewirken immer *Änderungen* des Forderungsbestandes. Ein Aufbau führt zu einem im Vergleich zur Gewinn- und Verlustrechnung geringeren Cashflow, ein Abbau zu einem höheren Cashflow.

Es gibt noch einen weiteren Faktor, der Abweichungen des Cashflows vom ausgewiesenen Jahresergebnis nach sich zieht. Dabei handelt es sich um Veränderungen der Bestände an Vorräten oder Eigenleistungen. Das Prinzip ist das gleiche, wie es oben bei den Forderungen beschrieben wurde: Kauft man beispielsweise mehr Material ein, als man im gleichen Zeitraum verarbeitet, erhöht sich der Bestand an Materialvorräten. Wie sind die Auswirkungen auf die beiden Erfolgsrechnungen?

- *Gewinn- und Verlustrechnung:* Der Kauf von Material ist nicht ergebniswirksam. Es wird lediglich bisher vorhandene Liquidität in Materialbestand umgewandelt. Das Gesamtvermögen bleibt in seiner Höhe unverändert — demzufolge entsteht durch diesen Vorgang weder ein Überschuss, noch ein Fehlbetrag.
- *Cashflowrechnung:* Die Bezahlung des Materials führt zu einem Zahlungsmittelabfluss, also zu einem negativen Cashflow.

Die Erhöhung der Vorräte oder Eigenleistungen ist bilanztechnisch eine positive zahlungsunwirksame Bestandsveränderung, die den Cashflow gegenüber dem Jahresüberschuss mindert. Bei einer Reduzierung verhält es sich genau umgekehrt.

Damit kann man den (operativen) Cashflow auf die folgende Weise indirekt ermitteln:

		Beispiele
	Jahresüberschuss	
+	Aufwendungen, die nicht zahlungswirksam sind	Abschreibungen, Bildung von Rückstellungen
—	Erträge, die nicht zahlungswirksam sind	Erhöhung von Forderungen, Auflösung von Rückstellungen
—	zahlungswirksame Bestandserhöhungen	Erhöhung der Vorräte oder Eigenleistungen
+	zahlungswirksame Bestandsreduzierungen	Verminderung der Vorräte oder Eigenleistungen durch den Verkauf der damit hergestellten Produkte oder Dienstleistungen
=	operativer Cashflow	

Tab. 8: Ermittlung des operativen Cashflows

! **HINWEIS**

In die hier vorgestellte Betrachtungsweise fließt nur die operative Komponente des Cashflows ein. Die Aufteilung des Gesamtcashflows in seine wesentlichen Komponenten wird im folgenden Kapitel genauer unter die Lupe genommen.

Eine *exakte* Ermittlung des Cashflows ist auf indirektem Wege nicht möglich. Das liegt daran, dass die benötigten Werte der obigen Rechnung zwar grundsätzlich in den veröffentlichten Jahresabschlüssen vorliegen, aber zumeist in einer dem Jahresabschluss geschuldeten gerundeten Variante. Ferner wären ergänzend noch andere Feineinstellungen nötig, deren Werte in einem normalen Geschäftsbericht nicht ohne Weiteres zu finden sind. Ein Beispiel wären Einstellungen in den Sonderposten mit Rücklagenanteil oder seine (teilweise) Auflösung.

● **TIPP: Die Überschlagsrechnung reicht in der Regel aus**

Für den praktischen Gebrauch reicht die dargestellte Überschlagsrechnung. Feinere Analysen sind vor allem auch für die interne Controllingabteilung sinnvoll. Sie kann aber auch auf alle internen Zahlen zugreifen.

13.3 Die Komponenten des Cashflows

Eine Schwierigkeit beim Verstehen und Interpretieren des Cashflows besteht darin, dass häufig unspezifisch von „dem Cashflow" gesprochen wird. Auf diese Weise wird der operative Cashflow einfach mit dem Gesamtcashflow gleichgesetzt. Die Zahlungsströme, die ein Unternehmen verlassen und die ihm zufließen, können aber durchaus differenzierte Ursachen haben. Der Gesamtcashflow setzt sich aus den folgenden Komponenten zusammen:

- operativer Cashflow,
- Investitionscashflow,
- Finanzierungscashflow.

Auf diese Komponenten und die Zusammenhänge, die zwischen Ihnen bestehen, gehen wir an dieser Stelle kurz ein.

13.3.1 Operativer Cashflow

Wie es der Name schon sagt: Der operative Cashflow hat mit der eigentlichen, der operativen Tätigkeit des Unternehmens zu tun. Einfach ausgedrückt ist er der *Umsatzüberschuss* der Unternehmung.

▶ **BEISPIEL: Operativer Cashflow**

Die Baumhaus GmbH legt die folgenden Zahlen vor:
Umsatzerlöse: 100 Mio. EUR

Aufwand	
Materialaufwand	55 Mio. EUR
Personalaufwand	20 Mio. EUR
Abschreibungen	9 Mio. EUR
Bildung von Rückstellungen	4 Mio. EUR
Zinsen	2 Mio. EUR
Steuern	2 Mio. EUR
Gesamtaufwand	**92 Mio. EUR**

Diese Werte lassen sich direkt aus der Gewinn- und Verlustrechnung ziehen.

Der Bilanz kann man außerdem entnehmen, dass die Forderungen aus Lieferungen und Leistungen um 1 Mio. EUR angestiegen sind. Das bedeutet, dass nicht der gesamte Umsatz zahlungswirksam geworden ist. Wurde beispielsweise ein Zahlungsziel von 30 Tagen eingeräumt und die Rechnung Mitte Dezember gestellt, ist es normal, dass sie erst im Folgejahr bezahlt wird, die Geldmittel also erst nach dem (für den 31.12. angenommenen) Bilanzstichtag auf dem Konto eingehen.

Aus diesen Werten ist zu erkennen:

Das Unternehmen hat einen Jahresüberschuss nach Steuern von 8 Mio. EUR erwirtschaftet.

Abschreibungen und die Bildung von Rückstellungen sind nicht zahlungswirksam. Damit musste die Baumhaus GmbH Auszahlungen von lediglich 79 Mio. EUR in ihrer Cashflowrechnung berücksichtigen.

Die Erhöhung der Forderungen aus Lieferungen und Leistungen zieht nach sich, dass von den Umsatzerlösen von 100 Mio. EUR nur 99 Mio. EUR zahlungswirksam waren.

Der operative Cashflow beträgt also 99 Mio. EUR (Cash in) — 79 Mio. EUR (Cash out) = 20 Mio. EUR.

Jahresüberschuss und Cashflow weichen also deutlich voneinander ab. Die Baumhaus GmbH hat am Ende des Geschäftsjahres, resultierend aus ihrer operativen Tätigkeit, 20 Mio. EUR mehr in der Kasse, als zu Beginn. Dabei wurden alle tatsächlich durchgeführten Zahlungen berücksichtigt.

Wie bereits in Kapitel „Ermittlung des Cashflows", „Indirekten Ermittlung" dargelegt wurde, haben auch zahlungswirksame Veränderungen des Umlaufvermögens einen Einfluss auf den Cashflow. Diese Verschiebungen drücken sich in der Veränderung des Working Capital aus.

! **ACHTUNG: Net Working Capital**

Bei dieser Betrachtung kommt das sog. Net Working Capital zur Anwendung. Es berechnet sich:

Net Working Capital =
Umlaufvermögen (ohne liquide Mittel)
— kurzfristige nicht zinstragende Verbindlichkeiten

(Das sind die Verbindlichkeiten aus Lieferungen und Leistungen, also die durch das eigene Unternehmen wegen Ausnutzung der Zahlungsziele noch nicht bezahlten Rechnungen.)

Damit kann man den operativen Cashflow bestimmen:

- Direkte Methode:

OCF = operative Einzahlungen − operative Auszahlungen

- Indirekte Methode:

OCF = Jahresüberschuss
    + Abschreibungen
    + Veränderungen der Rückstellungen
    − Veränderungen des Net Working Capitals

! ACHTUNG: Erhöhung des Net Working Capitals

Eine Erhöhung der Rückstellungen erhöht den operativen Cashflow, während eine Erhöhung des Net Working Capital den operativen Cashflow reduziert. Deshalb die unterschiedlichen Vorzeichen in der obigen Gleichung.

Wenn Sie das Beispiel der Baumhaus GmbH genauer betrachten, werden Sie feststellen, dass der Zinsaufwand als eine operative Auszahlung betrachtet wird. Da es als eine weitere Komponente des Cashflows auch den Finanzierungscashflow gibt, könnte man annehmen, dass Zinszahlungen ihm zuzurechnen seien. Das ist jedoch nicht der Fall.

Das operative Geschäft wird mit dem deutschen Begriff eigentlich gut beschrieben: Es handelt sich um die „gewöhnliche Geschäftstätigkeit". Und zur gewöhnlichen Geschäftstätigkeit gehört nun einmal der Aufwand für die Finanzierung dazu.

TIPP: Unternehmen, die reine Finanzgeschäfte tätigen

Sollte ein Unternehmen, auch wenn es nicht aus dem Finanzsektor stammt, reine Finanzgeschäfte tätigen, kann man das nicht mehr in dieser Absolutheit sagen. Solche Finanzgeschäfte wären dann Finanzanlagen über das reine „Parken" von Geld hinaus oder auch rein spekulative Geschäfte. Werden jedoch Risiken aus realen Prozessen beispielsweise über Termingeschäfte abgesichert, wäre der dafür erforderliche Aufwand wieder dem operativen Geschäft zuzurechnen. Bei solch einem Absicherungsgeschäft könnte es sich beispielsweise um die Sicherung eines Wechselkurses für künftige Erträge in Fremdwährung (z. B. in US-Dollar) handeln.

Sie merken es schon: Die genaue Abgrenzung ist nicht ganz einfach. Letztlich ist es aber auch nicht bedeutsam, ob der eine oder andere Euro Zinsaufwand dem operativen Bereich oder dem Finanzbereich zugerechnet wird. Es kommt auf die große Linie an.

Der operative Cashflow sollte die Hauptquelle der Zahlungen sein. Das verleitet dazu, die anderen beiden Komponenten einfach unter den Tisch fallen zu lassen, was aber fatale Folgen für die Liquiditätssteuerung haben kann.

13.3.2 Investitionscashflow

Beim Investitionscashflow (oder Cashflow aus Investitionstätigkeiten) handelt es sich um sämtliche Zahlungen, die mit der Beschaffung von Anlagevermögen zusammenhängen.

▶ **BEISPIEL: Investitionscashflow**

Die Mittelstandsbank eG möchte einen mobilen Vertrieb aufbauen und benötigt dazu drei neue Pkw. Einer ihrer Kunden ist Autohändler, und so bekommt sie ein für sie vorteilhaft kalkuliertes Angebot für drei Mittelklassefahrzeuge im Gesamtumfang von 75.000 EUR. Hinzu kommt noch die Mehrwertsteuer i. H. v. 19 Prozent. Die Gesamtsumme, die zu zahlen ist, beträgt also 89.250 EUR. Diese Summe ist für die Genossenschaftsbank als Investitionscashflow zu berücksichtigen.

Etwas anders sieht es aus, wenn die Fahrzeuge zu den gleichen Konditionen an das Beratungsunternehmen Guther & Rat GmbH verkauft werden. Dieses Unternehmen ist mehrwertsteuerpflichtig (anders als eine Bank) und muss deshalb nur den Nettobetrag von 75.000 EUR als Investitionscashflow berücksichtigen. Die zu zahlende Umsatzsteuer, die später als Vorsteuer geltend gemacht wird, ist dem operativen Geschäft zuzuordnen.

Aus dem Beispiel ist ersichtlich: Der Investitionscashflow ist in aller Regel negativ. Positiv zu Buche schlägt nur der Verkauf von Anlagevermögen. Wird also einer der angeschafften Pkws wieder verkauft, zieht das einen positiven Investitionscashflow nach sich. Der Verkauf von Anlagevermögen wird als „Desinvestition" bezeichnet.

Zu unterscheiden sind die Begriffe „Bruttoinvestitionen" und „Nettoinvestitionen". Bei der Berechnung des Cashflows aus Investitionen betrachtet man immer die *Brutto*investitionen.

! **ACHTUNG: Nettoinvestitionssumme**

Die Nettoinvestitionssumme ist die Differenz aus (Brutto)Investitionen (+) und den Abschreibungen (−).

Übersteigen die Bruttoinvestitionen die Abschreibungen in ihrem Wert, erhöht sich das Anlagevermögen des Unternehmens. Werden die Abschreibungen nicht durch Neuinvestitionen ausgeglichen, verringert sich der Wert des Kapitalstocks. Eventuelle Desinvestitionen sind hier wie Abschreibungen zu betrachten, sie verringern das vorhandene Anlagevermögen.

13.3.3 Finanzierungscashflow

Die dritte Komponente der Cashflowbetrachtung ist der Cashflow aus Finanzierungsmaßnahmen. Hierbei handelt es sich um alle Zahlungen, die mit der Außenfinanzierung des Unternehmens zusammenhängen. Damit enthält er sowohl Elemente der Eigen- als auch der Fremdfinanzierung.

Der Cashflow aus Finanzierungsmaßnahmen berechnet sich:

	Neuaufnahme von Krediten (Fremdfinanzierung)
—	Tilgung von Krediten (Reduzierung der Fremdfinanzierung)
+	Kapitalerhöhung(en) (Eigenfinanzierung)
—	Gewinnausschüttungen (Reduzierung des Eigenkapitals)
=	Cashflow aus Finanzierungsmaßnahmen

Tab. 9: Zusammensetzung des Finanzierungscashflows

Beim Finanzierungscashflow kann nicht vorhergesagt werden, ob er typischerweise positiv oder negativ ist. Wenn Gewinnausschüttungen und Kredittilgungen größer sind, als Kreditaufnahmen und Kapitalerhöhungen zusammen, verlässt Liquidität das Unternehmen, der Finanzierungscashflow ist negativ. Logischerweise gilt auch das Umgekehrte: Hohe Kreditaufnahmen und/oder Kapitalerhöhungen können zu einem Cash-Zuwachs im Unternehmen führen.

13.3.4 Zusammenhang zwischen den einzelnen Komponenten

Wenn man nicht ausschließlich die operative Seite des Wirtschaftens betrachtet, muss man sämtliche relevanten Ein- und Auszahlungen berücksichtigen. Der Gesamtcashflow — also der Überschuss sämtlicher Einzahlungen über sämtliche Auszahlungen in einer Periode — ist die Summe der drei vorgestellten Komponenten des Cashflows.

Ausgangspunkt der Betrachtungen ist der operative Cashflow. Er entsteht als Überschuss der Einzahlungen über die Auszahlungen, die mit der eigentlichen betrieblichen Tätigkeit einhergehen. Dieser Überschuss kann verwendet werden, und zwar, um

- neue Investitionen zu finanzieren. Ob und wie das möglich ist, hängt u. a. von der generellen Finanzierungsstrategie des Unternehmens ab.

- Gewinnausschüttungen zu finanzieren. Wenn Gewinne ausgeschüttet werden, müssen sie in liquider Form vorliegen, schließlich erfolgt eine Überweisung auf die Privatkonten der Eigentümer bzw. Aktionäre.
- Schulden zu tilgen. Auch die Rückführung von Krediten ist mit Auszahlungen aus dem Unternehmen verbunden.
- den Bestand an liquiden Mitteln zu erhöhen. Wenn aus dem operativen Bereich mehr Mittel ins Unternehmen fließen, als für andere Bereiche benötigt werden, erhöht das den Bestand an liquiden Mitteln.

Der operative Cashflow zeigt an, wie hoch die Innenfinanzierungskraft eines Unternehmens ist. Da die Veränderungen der Bestände im operativen Cashflow bereits enthalten sind, kann man aus seiner Höhe ableiten, ob ein Unternehmen in der Lage ist, seine Investitionen „aus eigener Kraft", also ohne Zuführung von Kapital von außen, durchzuführen.

TIPP: Kapitalbindung

Prüfen Sie in Ihrem Unternehmen einmal, wo das meiste Kapital gebunden ist. Im Durchschnitt aller deutschen Unternehmen ist die Kapitalbindung im Umlaufvermögen (Vorräte, Forderungen) deutlich höher, als die Kapitalbindung im Anlagevermögen. Selbstverständlich gibt es in den einzelnen Branchen große Unterschiede. Das macht die Bedeutung des Working Capitals und seiner Veränderungen als „Kapitalbinder" deutlich.

Freier Cashflow

Eine wichtige Zwischensumme im Zusammenhang mit der Finanzierung von Investitionen ist der freie Cashflow (Free Cashflow — FCF). Er ist die Summe aus dem operativen Cashflow und dem Investitionscashflow. Was sagt er aus?

Der freie Cashflow gibt den finanziellen Spielraum des Unternehmens an, der *nach der Durchführung der Investitionen* noch besteht.

> **BEISPIEL: Unterschiedliche Finanzierung von Investitionen**

Die Art und Weise, wie Investitionen finanziert werden, kann recht unterschiedlich sein. Betrachtet man die einzelnen Cashflowkomponenten von VW und Porsche in einem Zeitraum von 1995—2005[2], findet man ein sehr differenziertes Finanzierungsverhalten vor.

- Im Volkswagenkonzern gibt es im gesamten Zeitraum die folgende finanzielle Strategie: Der Cashflow aus Investitionen ist höher, als der operative Cashflow. Die fehlenden Mittel wurden durch Finanzierungsmaßnahmen beschafft. Ob es sich dabei um Fremd- oder Eigenmittel gehandelt hat, ist erst einmal nicht bedeutsam. Wichtig ist: Das Finanzierungsverhalten ist dadurch geprägt, dass von außen Kapital zugeführt wurde, um die Investitionen zu finanzieren.

- Die Finanzierungsstrategie von Porsche ist eine völlig andere: Beginnend mit einem sehr bescheidenen Erfolg im Jahr 1995 wurden die zum Teil erheblichen Investitionsmaßnahmen — u. a. die Errichtung des Porschewerks in Leipzig — aus dem laufenden operativen Cashflow bezahlt.

Die unterschiedlichen Entwicklungen von Jahresüberschuss und operativem Cashflow der beiden Unternehmen stellen die folgenden Abbildungen vor.

---

[2] Die späteren Verwerfungen im Zusammenhang mit den wechselseitigen Übernahmeversuchen waren in diesem Zeitabschnitt noch nicht relevant und absehbar.

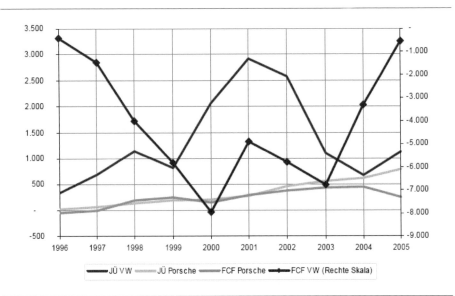

Abb. 8: Entwicklung des Jahresüberschusses und des freien Cashflows bei Porsche und VW

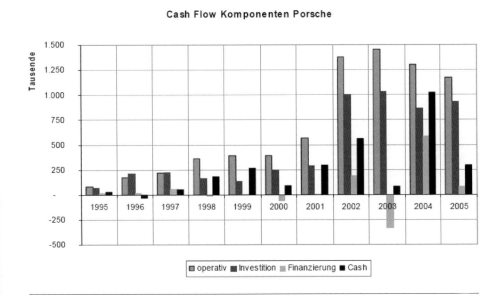

Abb. 9: Zusammensetzung des Cashflows bei Porsche

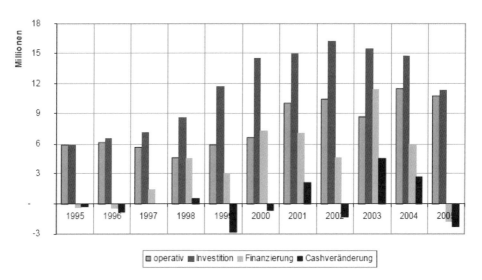

Abb. 10: Zusammensetzung des Cashflows bei VW

Da, wie wir bereits ausgeführt haben, der Investitionscashflow in der Regel negativ ist, reduziert er die finanziellen Mittel, die operativ erwirtschaftet wurden. Der freie Cashflow steht also zur Verfügung, um

- Gewinne auszuschütten und/oder
- Fremdkapital zurückzuführen.

Dabei ist die Rückführung von Fremdkapital zumeist von vertraglichen Abmachungen abhängig. Sie muss also erfolgen, auch wenn der freie Cashflow eventuell nicht dafür ausreicht. In solchen Fällen kann ein Ausgleich nur erfolgen, indem neue Finanzmittel aufgenommen werden.

▶ **BEISPIEL: Umschuldung**

Die S&R GmbH hat zur Finanzierung ihrer Materialvorräte einen Kredit i. H. v. 50.000 EUR aufgenommen, der nun zur Rückzahlung fällig ist. Die vorhandenen liquiden Mittel reichen dazu nicht aus, die Geschäftsführung kann lediglich 20.000 EUR aufbringen. Zur Umschuldung wird ein neuer Kredit i. H. v. 30.000 EUR aufgenommen.

Die einzelnen Finanzierungscashflows wären:

Cash out: 50.000 EUR Rückzahlung des Altkredits,

Cash in: 30.000 EUR Neuaufnahme Kredit,

Saldierter Finanzierungscashflow: − 20.000 EUR.

● **TIPP: Umschuldung**

Nicht immer ist eine Umschuldung so einfach möglich. Gegebenenfalls besteht die Bank auf der vertragsgemäßen Rückzahlung des Altkredits, ohne ein neues Angebot zu machen. Das ist meistens dann der Fall, wenn sie aufgrund der nicht planmäßigen Tilgung zu hohe Risiken für eine Fortsetzung ihres Engagements sieht.

Wenn dem so ist, kommt auf die Unternehmung ein massives Liquiditätsproblem zu.

Es gibt zwei Ausprägungen des freien Cashflows:

- den Unternehmenscashflow und
- den Eigentümercashflow.

Die Bezeichnungen deuten den Unterschied bereits an: Der Unternehmenscashflow ist der Zahlungsüberschuss, der einem Unternehmen zufließt (nach Investitionen). Der Spielraum, den die Eigentümer haben, ist allerdings ein anderer: Hier werden die Veränderungen des Fremdkapitals zusätzlich berücksichtigt. Das heißt:

- Die Rückführung von Schulden verringert den Eigentümercashflow gegenüber dem gesamten freien Cashflow, der dem Unternehmen zufließt.
- Die Aufnahme von Fremdkapital erhöht demzufolge den finanziellen Spielraum der Eigentümer.

TIPP: Gesetzliche Restriktionen

Zu beachten sind allerdings gesetzliche Restriktionen. So ist es beispielsweise nicht ohne Weiteres möglich, Gewinnausschüttungen aus Krediten zu finanzieren. Nur dann, wenn entsprechende Gewinnrücklagen vorhanden sind, kann die erforderliche Liquidität auch aus Fremdkapital zur Verfügung gestellt werden.

13.3.5 Steuerung der Cashflows

Das Wissen um die hier genannten Zusammenhänge ermöglicht im Rahmen der Gesamtfinanzierung die Steuerung der Cashflows.

ACHTUNG: Absolute Höhe der Cashflowkomponenten

Die absolute Höhe der einzelnen Komponenten des Cashflows wird im Wesentlichen determiniert durch die realen betrieblichen Prozesse. *Wo kein Zahlungsüberschuss entstanden ist, kann man auch keinen herbeirechnen.* Was man aber kann, ist, sich zu überlegen, wie beispielsweise Investitionen finanziert werden sollen oder ob und in welcher Höhe Gewinnausschüttungen möglich sind.

Bezogen auf die Investitionstätigkeit sollte man darauf achten, dass die Investitionen zumindest über einen mittelfristigen Zeitraum von einigen Jahren aus dem operativen Geschäft finanziert werden sollten.

TIPP: Investitionen übersteigen den operativen Cashflow

Das ein oder andere Jahr, in dem die Investitionen den operativen Cashflow übersteigen, ist nicht problematisch. Am Beispiel des VW-Konzerns wird das deutlich (siehe Kapitel „Zusammenhang zwischen den einzelnen Komponenten"). Über Jahre waren die Investitionen größer, als der operative Cashflow. Wie ging es weiter? Die wachsenden Investitionen in den Jahren 2006 und 2007 konnte VW durch die stark angestiegene Innenfinanzierungskraft, also durch einen deutlichen Zuwachs des operativen Cashflows, finanzieren.

Ist das Unternehmen nicht in der Lage, die Investitionen aus dem operativen Cashflow zu decken, ist es auf einen mehr oder weniger permanenten Zufluss von Finanzmitteln von außen angewiesen. Das spiegelt sich in einem hohen Cashflow aus Finanzierungstätigkeiten wider.

! ACHTUNG: Es kommt nicht automatisch zu einem Rückgang des Gewinns!

Eine Situation, wie sie eben geschildert wurde, muss nicht automatisch mit einem Rückgang des Gewinns einhergehen. Die Kapitalzufuhr führt ja zu Investitionen, sodass sich das Vermögen des Unternehmens nicht verringert — das Kapital wird lediglich in neuem Anlagevermögen „angelegt".

● TIPP: Jahresüberschuss und Cashflow

Es ist eminent wichtig, *beide* Komponenten des Erfolgs zu betrachten, den Jahresüberschuss und den Cashflow in seinen Komponenten. Der einseitige Blick auf den Jahresüberschuss, aber auch die alleinige Fixierung auf den Cashflow zeugen jeweils von einer eingeschränkten Problemsicht.

Kommt in einer Phase hoher Investitionen eventuell noch ein Rückgang des operativen Cashflows hinzu, was in der aktuellen Situation von wirtschaftlichen Krisen nicht unwahrscheinlich ist, kann die Situation dramatisch werden. Eigentümer und Banken sind nicht mehr bereit, weiter Kapital zur Verfügung zu stellen. Um die Liquidität zur erhalten, steuert das Management ggf. mit hohen Desinvestitionen gegen. In einem großen Konzern geschieht das häufig durch den Versuch, Unternehmensteile zu verkaufen, wie das u. a. bei General Motors in den Jahren der Krise 2007—2009 der Fall war (der geplante, dann allerdings nicht zustande gekommene Verkauf von Opel). Desinvestitionen, zumal in einer Notlage, führen schnell zu Gewinneinbrüchen.

Die zweite Richtung, in die die Überlegungen gehen sollten, ist die Frage nach der Verwendung des Gewinns. Ausschüttungen entziehen dem Unternehmen Substanz, was besonders in Zeiten eines negativen freien Unternehmenscashflows problematisch sein kann.

Ein negativer Cashflow aus Finanzierungen dagegen bedeutet, dass das Unternehmen in der Lage ist, Kapital zurückzugeben. Das heißt: Die Kredittilgungen und die Gewinnausschüttungen übersteigen in ihrer Summe die Neukreditaufnahme (bzw. die Neuzuführung von Eigenkapital im Rahmen von Kapitalerhöhungen).

Fazit

Der Erfolg eines Unternehmens entsteht auf verschiedenen Ebenen. Aufwand und Ertrag bilden den Jahresüberschuss (Gewinn) eines Unternehmens ab. Die zugehörige Rechnung ist die Gewinn- und Verlustrechnung. Sie drückt die Veränderung des gesamten Vermögens eines Unternehmens aus.

Eine weitere Ebene ist die Betrachtung der Zahlungsmittel, der Liquidität. Die entsprechende Rechnung ist die Cashflowrechnung.

Der Cashflow setzt sich aus drei Komponenten zusammen: dem operativen Cashflow, dem Cashflow aus Investitionstätigkeiten (der zumeist negativ ist) und dem Cashflow aus Finanzierungen. operativer Cashflow und Investitionscashflow bilden gemeinsam den freien Cashflow. Er spiegelt den finanziellen Spielraum der Unternehmung wider, der nach den Investitionen verbleibt. Er kann verwendet werden, um Kapital zurückzugeben (in Form von Gewinnausschüttungen einerseits und von Kredittilgungen andererseits).

Diese Kapitalbewegungen nach außen sind der Finanzierungscashflow. Ist er negativ, heißt das, dass Kapital abfließt. Zum anderen bildet ein positiver Finanzierungscashflow den Kapitalzufluss von außen ab, wenn der freie Cashflow negativ ist, also die Investitionen nicht aus dem operativen Cashflow getätigt werden können.

Um sinnvoll agieren zu können, müssen beide Rechnungen, die Gewinn- und Verlustrechnung und die Cashflowrechnung, parallel betrieben werden.

Der Cashflow ist die Quelle der Innenfinanzierung. Das begründet seine Bedeutung für die Sicherung der Liquidität.

14 Planung der Liquidität

14.1 Grundsätzliche Überlegungen

Für das Überleben auf dem Markt ist es essenziell, die Liquidität permanent zu erhalten. Das ist ein sog. Zeitpunktproblem. Es reicht nicht aus, im Durchschnitt liquide zu sein. Nein! Es gilt *zu jedem Zeitpunkt* des Jahres, und das Jahr für Jahr, seinen Zahlungsverpflichtungen termingerecht und betragsgenau nachzukommen.

▶ **BEISPIEL: Zeitpunktproblem**

Wenn Sie im Supermarkt einkaufen, müssen Sie an der Kasse beispielsweise 53,12 EUR bezahlen. Wenn Sie nur 20 EUR im Geldbeutel und keine Kreditkarte dabei haben, hilft es Ihnen nur wenig, wenn Sie wissen, dass Sie „im Durchschnitt 100 EUR im Portemonnaie" haben.

Das zu lösende Problem besteht darin, die folgende Ungleichung über das ganze Jahr zu erfüllen:

	Einzahlungen der Periode
—	Auszahlungen der Periode
+	finanzielle Mittel zu Beginn der Periode
≥	0

Tab. 10: Ungleichung der Liquiditätsplanung

Nun ist es aber schwierig, wenn nicht sogar unmöglich, Zahlungen über einen längeren Zeitraum exakt vorherzusagen. Zahlungen können

- eigenbestimmt oder fremdbestimmt,
- von realen Prozessen abhängig oder unabhängig

sein. All das muss unter einen Hut gebracht werden.

Eigenbestimmte Zahlungen

Bei den eigenbestimmten Zahlungen bestimmt das Unternehmen selbst, wann die Zahlung ausgeführt oder zumindest ausgelöst wird. Das ist beispielsweise dann der Fall, wenn eine Überweisung getätigt wird. Ist nicht genügend Liquidität vorhandenen, kann einzeln disponiert werden, ob ggf. eine Zahlung hinausgeschoben werden kann. Die Frage, ob so ein Hinausschieben mit den vertraglichen Vereinbarungen konform geht, wird hier erst einmal außer Acht gelassen.

Fremdbestimmte Zahlungen

Im Fall der fremdbestimmten Zahlungen steht die Zahlung zwar grundsätzlich fest, aber es liegt nicht in der Hand des Unternehmens, wann sie durchgeführt wird. Dieses Problem taucht sowohl bei Auszahlungen als auch bei Einzahlungen auf. So ist eine genaue Terminierung bei Lastschriftzahlungen nicht immer möglich. Oft ist nur ein Zeitraum ausgemacht, wann abgebucht wird, nicht aber ein genauer Tag.

> ▶ **BEISPIEL: Fremdbestimmte Zahlungen**
>
> Die S&R GmbH wird regelmäßig durch die Firma Hintermann und Söhne KG beliefert. Aufgrund des gegenseitigen Vertrauens wurde vereinbart, dass die Hintermann und Söhne KG fällige Rechnungen per Lastschrift einziehen darf. In letzter Zeit nimmt es der dortige Finanzmitarbeiter nicht mehr so genau: Statt zum Fälligkeitstermin werden die entsprechenden Beträge oft erst drei bis vier Wochen später vom Konto der S&R GmbH abgebucht.

Ein Liquiditätsproblem ergibt sich für die S&R GmbH aus einem solchen Vorgehen nicht, im Gegenteil, die Liquidität ist höher, als ursprünglich angenommen. Die Finanzabteilung der S&R GmbH treibt etwas anderes um: Sie stellt fest, dass man mit dem Geld noch einige Tage anderweitig hätte arbeiten können. Im einfachsten Fall hätte die S&R GmbH ein Festgeld für einige Tage angelegt. Diese möglichen Zinserträge entfallen nun. So führt das verspätete Abbuchen zu sog. Opportunitätskosten, nämlich dem „erzwungenen" Verzicht auf Zinserträge.

! **ACHTUNG: Opportunitätskosten**

Opportunitätskosten (auch Alternativkosten) sind keine Kosten im eigentlichen Sinne, sondern entgangene Erlöse, weil man eine bestimmte Möglichkeit nicht wahrnehmen konnte.

Problematischer wird es schon, wenn eine Abbuchung zu einem Termin kommt, zu dem man noch nicht damit gerechnet hat. Das kann passieren, wenn man schlichtweg vergessen hat, dass hier noch eine Zahlungspflicht bestand, aber auch, wenn der Vertragspartner früher als üblich oder früher als vereinbart abbucht.

Ebenfalls problematisch für den Erhalt der Liquidität ist es, wenn Kunden trotz eines vereinbarten Zahlungstermins nicht pünktlich zahlen. Verspätete Zahlungen, die Sie in Ihrer Planung bereits berücksichtigt haben, können die Liquidität Ihres Unternehmens gefährden.

Abhängig oder unabhängig von realen Prozessen

Abhängige Zahlungen hängen beispielsweise mit dem Kauf von Material, der Zahlung von Löhnen und Gehältern oder auch mit dem Verkauf von Produkten und Dienstleistungen zusammen.

Unabhängige Zahlungen sind Zahlungen aus rein finanziellen Transaktionen wie z. B. die Auszahlung oder Rückzahlung von Krediten, aber auch Steuerzahlungen.

Diese Unwägbarkeiten machen es in der Planung der Liquidität notwendig, Reserven zu berücksichtigen. Solche Reserven können u. a. sein:

- „echte" Liquiditätsreserven in Form von Bankguthaben oder schnell veräußerlichen Wertpapieren,
- genehmigte, aber aktuell nicht ausgenutzte Kreditlinien.

TIPP

Werden Wertpapiere als Liquiditätsreserve gehalten, muss darauf geachtet werden, dass sie auch jederzeit verkauft werden können. Das ist bei börsennotierten Wertpapieren in der Regel der Fall. Allerdings kann es aufgrund der aktuellen Marktsituation zu Einbußen hinsichtlich des gegenwärtigen Kurses kommen. Das gilt auch für festverzinsliche Papiere, nämlich immer dann, wenn sie nicht bis zum Ende der Laufzeit gehalten werden.

Reserven gibt es nicht umsonst. Vorgehaltene Liquidität ist in der Regel niedriger verzinst, als Mittel, die im Unternehmen eingesetzt werden. Es entstehen sog. Kosten der Ungenauigkeit.

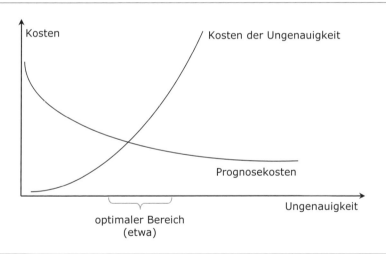

Abb. 11: Kosten der Ungenauigkeit (nach Horvath: Controlling. München 1998)

TIPP: Genauigkeit der Planung

Das optimale Maß hinsichtlich der Genauigkeit der Planung zu finden, ist schwer, weil die Kosten der Ungenauigkeit und die echten Prognosekosten nur annähernd bestimmt werden können.

14.2 Die zeitlichen Ebenen der Planung

Die eben geschilderte Problematik der Liquiditätssicherung führt dazu, dass eine auf das Jahr bezogene Planung nicht ausreicht. So ist es beispielsweise ohne Weiteres denkbar, dass ein Unternehmen sowohl zu Beginn der Planungsperiode als auch zu ihrem Ende über ausreichende Liquidität verfügt, es aber im Verlauf des Jahres zu einem Mangel an Zahlungsmitteln kommt.

> **!** **ACHTUNG: Liquiditätsplanung**
> Liquiditätsplanung ist eine *kurzfristig* orientierte Planung.

Was unter „kurzfristig" verstanden wird, hängt in hohem Maße davon ab, wie genau die Zahlungsströme vorausgesagt werden können und wie hoch die vorhandenen Liquiditätsreserven sind.

Unter praktischen Gesichtspunkten geht man von den folgenden Überlegungen aus:

- Auch der Planungsvorgang an sich ist mit Aufwand verbunden. Selbst Routine durch häufige Wiederholung ersetzt nicht das Überlegen, welche Werte der Planung zugrunde gelegt werden müssen.
- Der Nutzen, der aus einer genaueren Planung in Form geringerer Kosten der Ungenauigkeit entsteht, muss größer sein, als der zusätzliche Planungsaufwand.
- Bei einem normalen Geschäftsablauf kann man davon ausgehen, dass eventuelle Zahlungsschwierigkeiten, die innerhalb eines Monats ausgeglichen werden können, nicht zu einer substanziellen Gefährdung des Unternehmens führen.
- Aus diesen Gründen wird es als ausreichend angesehen, wenn die Liquiditätsplanung auf der Monatsebene durchgeführt wird. Eine kürzerfristige Planung, beispielsweise auf der Wochenebene, ist nur dann erforderlich, wenn aufgrund der Geschäftsbeziehungen keinerlei Überziehungen usw. auftreten dürfen und die Reserven an liquiden Mitteln sehr gering sind.
- Planungen, die lediglich auf einer Vierteljahresbasis vorgenommen werden, sind nur dann zu empfehlen, wenn die Liquidität des Unternehmens keine stark beschränkende Größe ist. Das wäre beispielsweise dann der

Fall, wenn liquide Mittel in ausreichendem Maße schnell und komplikationslos aus dem Privatvermögen zur Verfügung gestellt werden können.

> ▶ **BEISPIEL: Grobe Liquiditätsplanung**
>
> Herr Adler ist als freiberuflicher Dozent tätig. Sein Privatvermögen ist beträchtlich angewachsen, allein aufgrund der Tatsache, dass er bei seinen bundesweiten Reisen von Seminar zu Seminar kaum in der Lage ist, Geld auszugeben oder kostspieligen Hobbys nachzugehen.
>
> Er plant seine Liquidität nur sehr grob und gleicht beispielsweise eine unerwartet hohe Kreditkartenrechnung für das Betanken seines Fahrzeugs durch einen Transfer vom Privatkonto aus.

14.3 Sukzessive Planung der Finanzbudgets

Materielle Budgets als Ausgangspunkt

Die Basis des Finanzbudgets bilden die materiellen Budgets. Wie bereits im Kapitel zur Kapitalbedarfsplanung ausgeführt wurde, beginnt man mit den Überlegungen zur Absatz- und (daraus resultierend) zur Umsatzplanung. Als Ergebnis der Umsatzplanung entstehen Pläne

- zur Produktion (Produktionsbudget)
- zum Personal (Personalbudget) und
- zu den notwendigen Beschaffungen.

> ❗ **ACHTUNG: Restriktive Größen**
>
> Die vorhandenen oder aufzubauenden Kapazitäten sind restriktive Größen. Es bringt nichts ein, Produktions- und Absatzmengen zu planen, die auf dem vorhandenen Maschinenpark oder mit dem vorhandenen Personal einfach nicht realisiert werden können.

Aus dieser materiellen Budgetierung entwickelt man dann den Finanzplan.

Finanzielle Budgets

Aus den vorgenannten materiellen Budgets resultiert der Plan für die Auszahlungen im operativen Bereich. Je nach der Menge, die laut Plan produziert werden soll, müssen die entsprechenden Auszahlungen für Material und Personal geplant werden.

! **ACHTUNG: Materialmengen vs. Personalaufwendungen**

Während die Materialmengen zumindest annähernd mit den zu produzierenden Mengen zusammenhängen (variabler Aufwand) ist beim Personalaufwand ein hoher fixer Anteil, also ein Aufwand, der sich mit der zu produzierenden Menge nicht ändert, festzustellen.

Man erhält also

- Einzahlungen aus dem Absatz der eigenen Produkte und
- Auszahlungen für Material und Personal.

Es reicht keineswegs aus, diese Cashflows als Summe zu planen. Die Planung muss aufgegliedert werden, und zwar nach

- den einzelnen Monaten (Planungszeiträumen) und
- den einzelnen Produkten/Produktgruppen (evtl. auch noch weiter untergliedert nach bestimmten Märkten).

● **TIPP: Wagnisse**

Da Planungen von Ungenauigkeiten begleitet werden, müssen in die Berechnungen auch Wagnisse einkalkuliert werden. Einige Beispiele bietet die nachfolgende Tabelle:

Wagnis	geht ein in
Schwinden von Beständen durch Verderb, Diebstahl usw.	Materialaufwand
Ausschuss/Nacharbeit	Materialaufwand, Personalaufwand
Arbeitszeitausfall	Personalaufwand
Vertriebsausfall (Forderungsausfall, Verluste aus Währungsschwankungen)	sonstiger Aufwand

Fehlgeschlagene Entwicklungen oder Fehleinschätzungen von Investitionen werden in diesem Zusammenhang nicht direkt geplant. Bilanziell müssen sie aus dem Jahresergebnis abgegolten werden. Bezüglich der Liquidität bietet es sich an, eine Position „Unvorhergesehenes" vorzuhalten.

Damit man ein ausgewogenes Budget erhält, muss man die Cashflows für Investitionen, für den Kapitaldienst (Finanzcashflow) und für die Steuern (operativer Cashflow) mit berücksichtigen. Dann kann geklärt werden, ob die Finanzierung des Leistungsprozesses und der Investitionen gesichert ist.

Geht das Gesamtfinanzbudget nicht auf, muss, beginnend bei den materiellen Budgets, neu geplant werden, bis ein ausgewogener Liquiditätsplan vorliegt.

14.4   Liquiditätsstrategien

Der Liquiditätsbedarf über den gesamten Planungszeitraum ist immer Schwankungen unterworfen. Es ist praktisch nicht möglich, die vorhandene Liquidität exakt dem schwankenden Bedarf anzupassen. Es gibt deshalb zwei grundlegende Strategien, wie die Liquidität gesteuert werden kann, und zwar

- die restriktive Liquiditätspolitik und
- die flexible Liquiditätspolitik.

14.4.1   Restriktive Liquiditätspolitik

Die restriktive Liquiditätspolitik zielt darauf ab, das Working Capital so gering wie möglich zu halten. Im Extremfall kommt es zu einem negativen Net Working Capital, weil man versucht, Teile des Working Capitals über die unverzinsten kurzfristigen Fremdmittel, nämlich die Verbindlichkeiten aus Lieferungen und Leistungen, zu finanzieren. Das Ganze sieht etwa so aus:

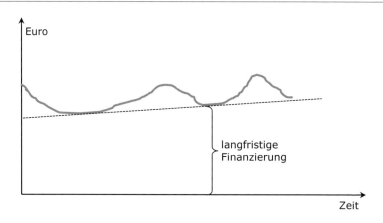

Abb. 12: Restriktive Liquiditätspolitik

Die leicht ansteigende Gerade stellt den, mit der geplanten Umsatzentwicklung leicht ansteigenden, ständigen Kapitalbedarf dar. Darüber liegt der prognostizierte Liquiditätsbedarf, wie er sich im Laufe des Planungszeitraums voraussichtlich entwickeln wird.

Restriktive Politik heißt nun: Nur der über den gesamten Planungszeitraum ständig vorhandene Kapitalbedarf ist ständig vorzuhalten und langfristig zu finanzieren. Liquiditätsspitzen, also der Bedarf, der über den ständigen Kapitalbedarf hinausgeht, werden durch kurzfristige Maßnahmen finanziert. Das kann beispielsweise über die Inanspruchnahme eines Kontokorrentkredits erfolgen.

Diese Politik hat die folgenden Auswirkungen:

- Der Bestand an Liquidität ist gering.
- Ebenfalls gering sind die Lagerbestände.
- Ein vergleichsweise hoher Teil des Umlaufvermögens wird kurzfristig finanziert.
- Damit sind die Finanzierungskosten insgesamt niedrig, was zu einer Verbesserung des Gesamtergebnisses führt.

Das Risiko einer solch restriktiven Politik besteht vor allem in Folgendem:

- Es besteht die Gefahr von Liquiditätsengpässen.
- Die Finanzierung der erforderlichen Spitzenliquidität ist nur zu vergleichsweise ungünstigen Konditionen möglich.
- Aufgrund der Tendenz, keine Vorräte zu halten, besteht eine Abhängigkeit von den Zulieferern oder es ergeben sich Probleme bei der eigenen fristgerechten Lieferung.

14.4.2 Flexible Liquiditätspolitik

Das Gegenstück zur restriktiven Liquiditätspolitik ist die flexible Liquiditätspolitik. Hier wird die Finanzierung so ausgerichtet, dass sowohl der langfristige Kapitalbedarf als auch die erwarteten Liquiditätsspitzen langfristig finanziert werden. Vorübergehend nicht benötigte Liquidität wird angelegt.

Die Vorteile:

- Es ist immer ausreichend Liquidität vorhanden.
- Das Unternehmen ist bereit, auch größere Bestände zu finanzieren.
- Die Finanzierungsstruktur ist sicherer als bei der restriktiven Liquiditätspolitik. Ein hoher Teil des Umlaufvermögens ist langfristig finanziert.

Die Nachteile:

- Die Finanzierungskosten sind höher.

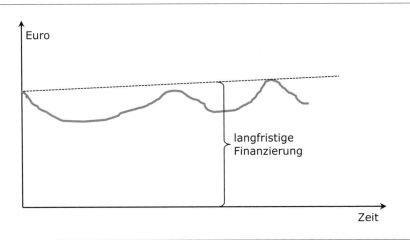

Abb. 13: Flexible Liquiditätspolitik

Welche Politik ist empfehlenswert?
Eine eindeutige Antwort auf diese Frage gibt es nicht. Wie so oft, liegt die Wahrheit irgendwo in der Mitte. Bei der Planung der Liquidität wird man wahrscheinlich eine Zwischenlösung wählen.

Rein rechnerisch lässt sich aus dem erwarteten Verlauf der Liquidität und des Kapitalbedarfs ein wirtschaftliches Optimum ermitteln. Man verschiebt die Gerade aus der obigen Abbildung zwischen den beiden Extremen „komplette langfristige Finanzierung einschließlich der Spitzen des Kapitalbedarfs" (flexible Politik) und „langfristige Finanzierung lediglich in Höhe des *jederzeit* vorhandenen Kapitalbedarfs und Finanzierung des darüber hinausgehenden Bedarfs ausschließlich mit kurzfristigen Mitteln" (restriktive Politik). Für jede Ausprägung dieser Finanzierung wird berechnet:

- Summe des kurzfristig zu finanzierenden Kapitalbedarfs x Zinssatz für kurzfristige Finanzierungen;
- Summe der Geldanlagen, die entstehen, weil langfristige Finanzierungsmittel nicht benötigt werden („Täler") x Opportunitätszinssatz. Der Opportunitätszinssatz ist die Differenz zwischen den langfristigen Finanzierungszinsen und den Zinsen für die Zwischenanlage.

> **BEISPIEL: Opportunitätszinssatz**
>
> Der Zinssatz für langfristige Finanzierungen liegt bei 4,0 Prozent p. a. Gelder können kurzfristig für 0,5 Prozent p. a. angelegt werden. Damit liegt der Opportunitätszinssatz bei 3,5 Prozent. Das bedeutet: Durch die langfristige Finanzierung der „Täler" muss man 3,5 Prozent Finanzierungskosten aufwenden, die sonst nicht angefallen wären.

Dort, wo beim Verhältnis zwischen kurz- und langfristiger Finanzierung die gesamten so berechneten Finanzierungskosten am geringsten sind, liegt das rechnerische Optimum.

Wo liegt das Problem?

- Die Zahlungen (und damit der Kapitalbedarf) sind nicht exakt vorhersagbar.
- Auch die Zinssätze sind nur Anhaltswerte, weil sie je nach Zeitpunkt und Höhe der Inanspruchnahme variieren.

Damit ist die obige Rechnung eher theoretischer Natur. Die tatsächliche Gestaltung der Finanzierung wird sich vor allem auf Erfahrungs- und Erwartungswerte stützen. Dabei spielen die folgenden Gesichtspunkte eine Rolle:

- Wie genau sind die vorhergesagten Zahlungsströme prognostiziert?
- Besteht die Wahrscheinlichkeit, dass zusätzlicher Kapitalbedarf entsteht?
- Wie hoch sind die Zusatzkosten, wenn über die ursprüngliche Planung hinaus Kapitalbedarfsspitzen kurzfristig finanziert werden müssen?
- Was sind die Auswirkungen, wenn auf Grund mangelhafter Finanzplanung bestimmte Vermögensgegenstände nicht oder nur verspätet finanziert werden können (Lieferausfälle, Verlust von Aufträgen usw.)?

14.5 Aufbau eines Liquiditätsplans

Vorab: Eine Vorschrift oder generelle Anweisung zum bestmöglichen Aufbau eines Liquiditätsplans gibt es nicht. Allen Varianten ist eigen, dass die einzelnen liquiditätsverändernden Positionen in der ersten Spalte einer Tabelle aufgeführt werden. In den weiteren Spalten werden dann die geplanten Entwicklungen der einzelnen Monate eingetragen.

TIPP: Detailgrad des Liquiditätsplans

Wie detailliert ein Liquiditätsplan aufgestellt wird, hängt vor allem von den zur Verfügung stehenden Informationen ab. Generell sollte aber immer ein zeitlicher Vorlauf von 12 Monaten gegeben sein, damit noch die Chance besteht, auf Engpässe, die sich abzeichnen, zu reagieren.

Der Aufbau des Liquiditätsplans sollte die einzelnen Komponenten des Cashflows berücksichtigen. Wie er strukturiert sein könnte, zeigt das folgende Beispiel:

BEISPIEL: Liquiditätsplan

	Monat			
Bezeichnung	1	2	3	...
Anfangsbestand Bank				
Einzahlungen aus Forderungen				
Einzahlungen aus Umsatz bar				
Einzahlungen aus Abschlagszahlungen				
Einzahlungen aus sonst. Erträgen				
Einzahlungen aus Zinserträgen				
Einzahlungen aus MwSt. auf Umsätze				
sonstige operative Einzahlungen				
Summe operative Einzahlungen				
Auszahlungen Personalaufwand (einschl. Sozialabgaben)				
Auszahlungen Material				
Auszahlungen bezogene Leistungen				
Auszahlungen Zinsen				

Auszahlungen MwSt. an Finanzamt			
Auszahlungen für Provisionen			
Auszahlungen für Werbung			
Auszahlungen für Mieten und sonstige Raumkosten			
Auszahlungen sonstiger operativer Aufwand			
Summe operative Auszahlungen			
Saldo (= operativer Cashflow)			
Auszahlungen für Investitionen			
Einzahlungen aus Desinvestitionen			
Saldo (= Investitionscashflow)			
Free Cashflow			
Einzahlungen aus Aufnahme Darlehen			
Einzahlungen aus sonstiger Fremdkapitalaufnahme			
Einzahlungen aus Erhöhung Eigenkapital			
Auszahlungen für Darlehenstilgung			
Auszahlung aus Rückführung sonstiger Fremdkapital-verpflichtungen			
Auszahlungen aus Gewinnausschüttung/Dividende			
Saldo (= Finanzierungscashflow)			
Gesamt-Cashflow (Periodenüberdeckung bzw. unter-deckung)			
Endbestand Bank			
Kreditlinie Kontokorrent			
Überziehung			

Zu den „sonstigen operativen Ein- oder Auszahlungen gehören beispielsweise die Steuerzahlungen, und zwar einerseits die sog. Kostensteuern (z. B. Kfz-Steuer, Grundsteuer usw., also Zahlungen aus Steuerarten, die letztlich als betriebliche Aufwendungen gelten) und andererseits die Steuern auf Einkommen und Ertrag (Körperschaftssteuer, Gewerbesteuer).

Aufgabe der Liquiditätsplanung ist es

- die entsprechenden Daten zu prognostizieren und in den Liquiditätsplan aufzunehmen und
- dafür Sorge zu tragen, dass nach Möglichkeit keine Überziehung der Kreditlinie auftritt.

Sollte die Liquiditätsplanung zu dem Ergebnis kommen, dass der Liquiditätsbedarf nicht gedeckt werden kann, sind bereits im Vorfeld entsprechende Maßnahmen zu ergreifen.

TIPP: Unterjährige Veränderungen einarbeiten

Festzustellen, dass das Geld knapp wird, ist die eine Seite. Gerade um noch Maßnahmen ergreifen zu können, sollte die Liquiditätsplanung rollierend immer mit einem Vorlauf von einem Jahr durchgeführt werden. Wichtig ist es aber auch, unterjährige Veränderungen, die bei der Planung noch nicht bekannt waren, mit in den Plan einzuarbeiten.

ACHTUNG: Insolvenz

Allein die Tatsache, dass zu einem bestimmten Zeitpunkt Illiquidität eintreten wird, begründet für die Geschäftsführung die Pflicht, Insolvenz anzumelden. Das „Prinzip Hoffnung" — dass es schon nicht ganz so schlimm kommen werde — gilt im Zweifel also nicht.

14.6 Reaktionsmöglichkeiten

Da vermutlich niemand das Ziel verfolgt, mit dem eigenen Unternehmen insolvent zu gehen, kommt es darauf an, sich zu überlegen, wie man auf eine drohende Illiquidität reagieren könnte.

14.6.1 Kreditlinie erhöhen

Zumeist besteht der erste Gedanke darin, den möglichen Finanzierungsrahmen zu erhöhen, indem man versucht, bestehende Kreditlinien auszuweiten oder neue Kreditlinien aufzumachen.

> **! HINWEIS**
>
> Unter Kreditlinie versteht man eine variabel nutzbare Möglichkeit, Fremdkapital aufzunehmen. Die Normalform dieser Kreditaufnahme ist ein Kontokorrentkredit. Er macht es möglich, Liquiditätsengpässe auszugleichen, ohne vorher mit dem Kreditgeber den konkreten Verwendungszweck abstimmen zu müssen.

Was spricht für die Erhöhung der Kreditlinie?
Die Erhöhung des Kreditrahmens „verschafft Luft". Der Kontokorrentkredit kann variabel in Anspruch genommen und vor allem auch variabel zurückgezahlt werden. Damit entgeht man der Falle, dass man dann, wenn wieder Liquidität zur Verfügung steht, einerseits zwar die Mittel hat, den Kredit zu tilgen, andererseits aber nicht die vertragliche Möglichkeit, es auch wirklich zu tun.

Was spricht gegen die Erhöhung der Kreditlinie?
Abgesehen von der Tatsache, dass man seine Hausbank erst einmal davon überzeugen muss, den Verfügungsrahmen zu erhöhen, ist die Finanzierung über Kontokorrentkredite exorbitant teuer. Die Bank lässt sich die hohe Flexibilität mit einem hohen Zinssatz bezahlen.

Der Wechsel zu einer anderen Bank oder der Versuch, zusätzlich bei einem anderen Kreditinstitut einen Kontokorrentkredit zu bekommen, ist nicht unproblematisch. Zum einen ist der Aufwand, den man treiben muss, die entsprechenden Unterlagen zusammenzustellen, und der Zeitaufwand für Kreditverhandlungen nicht zu unterschätzen. Zum anderen sind für zusätzliche Kredite in aller Regel auch zusätzliche Sicherheiten erforderlich. Sind sie nicht vorhanden, wird die Kreditverhandlung zu einer ambitionierten Aufgabe.

● **TIPP: Finanzieller Spielraum**

Allein die Tatsache, dass man einen größeren finanziellen Spielraum zur Verfügung hat, verleitet schnell dazu, ihn auch auszunutzen. Das kann schnell dazu führen, dass man die notwendige finanzielle Disziplin verliert.

14.6.2 Zahlungen verschieben

Prüfen Sie, ob die von Ihnen für bestimmte Termine vorgesehenen Zahlungen wirklich erforderlich sind. Oft hat man die Möglichkeit, durch eine gezielte Verschiebung von Zahlungszielen im vorgesehenen Rahmen der Liquidität zu bleiben.

Eine Verschiebung von Zahlungen kann bedeuten:

- **Vorziehen von Einzahlungen**
In dieses Gebiet fällt der ganze Bereich der Zahlungsbedingungen. Durch Anreize (Skontomöglichkeiten u. Ä.) kann man versuchen, Kundenzahlungen früher zu erhalten. Auch die Frage, wie intern die Rechnungserstellung geregelt ist, gehört in dieses Gebiet.

▶ **BEISPIEL: Vorziehen von Einzahlungen**

Bisher hat der Malermeister Umbra seine Rechnungen immer am Monatsende geschrieben und ein Zahlungsziel von 30 Tagen gewährt. Und manchmal, wenn die Aufträge gar zu sehr drückten, hat es mitunter bis zu 2 Monate gedauert, bis er seinen Kunden die Rechnung gestellt hat.
Ein Vergleich mit anderen Betrieben ließ ihn erkennen, dass es branchenüblich ist, ein Zahlungsziel von 10 Tagen vorzugeben.
Eine Umstellung auf eine 14-tägige Rechnungsstellung und die Verkürzung des Zahlungsziels haben seine Liquidität spürbar erhöht.

Ob sich solche Maßnahmen durchsetzen lassen, hängt von den allgemeinen Gegebenheiten des Markts ab. Die Erfahrung lehrt aber, dass die meisten Kunden bereit sind, auch bei etwas ungünstigeren Bedingungen zu bestellen, wenn nicht gerade der Eindruck entsteht, dass die Zahlungsbedingungen zu deutlich von den Marktgepflogenheiten abweichen.

Auch die Frage, ob und wie intensiv Forderungen verfolgt werden und ob ggf. über ein funktionierendes Mahnwesen Forderungen eingetrieben werden, gehört zur Frage des Vorziehens von Einzahlungen.

- **Hinausschieben von Auszahlungen**

Hier soll nicht dem vorsätzlichen Verletzen von vertraglichen Pflichten das Wort geredet werden. Aber vielleicht kann die eine oder andere Möglichkeit bereits vertraglich vereinbart werden:

— keine oder nur geringere Anzahlungen leisten,
— eine Verlängerung der Zahlungsziele vereinbaren und diese auch ausnutzen,
— Ratenzahlungen usw.

14.6.3 Zahlungen unterlassen und Einzahlungen generieren

Besonders im Bereich der Gemeinkosten gibt es immer wieder Ansatzpunkte, um zu sparen. Gemeinkosten sind zwar fix in Bezug auf die Veränderung von Produktionsmengen, das heißt aber nicht, dass sie sich nicht beeinflussen lassen.

TIPP: Gemeinkosten

Überprüfen Sie einmal, inwieweit die einzelnen Bestandteile der Gemeinkosten tatsächlich zur Wertschöpfung beitragen. Stellen Sie alle Gemeinkosten zur Disposition, die nicht offensichtlich erforderlich sind, um Ihre Unternehmensziele zu erreichen.

BEISPIEL: Beeinflussung von Gemeinkosten

Die S&R GmbH hat für ein Dia-Festival in ihrer Stadt regelmäßig einen Beitrag von 2.500 EUR im Jahr geleistet. Dafür tauchte das Logo der Firma auf dem Plakat der Veranstaltungsreihe und auf dem Eröffnungs-Dia auf. Dieses Engagement beruhte auf der stillen Sehnsucht von Herrn Rauch,

Amerika einmal auf dem Motorrad zu durchqueren. Da seine Zeit das nicht zuließ, sponserte er wenigstens die Dia-Schau.
Wenn die Existenz des eigenen Unternehmens auf dem Spiel steht, sollte man solche Aktivitäten unterlassen.

Generell sollte geprüft werden, ob die Fixkosten, die im Unternehmen selbst verursacht werden, auch den erbrachten Leistungen entsprechen.

Ein weiterer Ansatzpunkt besteht darin, zusätzliche Einzahlungen zu generieren. Das kann beispielsweise dadurch erfolgen, dass man Leistungen, die man bisher großzügig nicht in Rechnung gestellt hat, nun korrekt abrechnet. Oder man verkauft nicht betriebsnotwendiges Vermögen.

▶ BEISPIEL: Verkauf nicht betriebsnotwendigen Vermögens

Im Lager der Schwarzpulver AG liegen Ersatzteile für eine Maschine, die man längst schon nicht mehr nutzt.
Das bisherige Firmengrundstück liegt nach dem Umzug in ein Gewerbegebiet brach.

Auch der Verkauf von nicht betriebsnotwendigem Vermögen kann nur einmal erfolgen — man verkauft sozusagen das Tafelsilber. Gerade in Notlagen besteht die Gefahr, dass dafür nur Preise erzielt werden können, die dem tatsächlichen Wert nicht entsprechen. Dagegen steht die Gefahr, durch Illiquidität insolvent zu gehen. Die Umstände müssen also genau abgewogen werden.

● TIPP: Es gibt keinen Königsweg

Es gibt keinen Königsweg, der immer zum Erfolg führt. Was man konkret tun kann, hängt immer von den Bedingungen im Unternehmen ab und muss im Einzelfall abgewogen werden.

15 Komplexe Finanz- und Cashflowplanung am Beispiel

Das folgende Zahlenbeispiel soll deutlich machen, wie man bei der Finanz- und Cashflowplanung vorgehen kann. Es wurde in einigen Punkten gegenüber den Ausführungen in den vorherigen Kapiteln vereinfacht. Diese Vereinfachung erleichtert es, die Denkansätze und die Vorgehensweise nachzuverfolgen.

Der Ausgangspunkt ist die Bilanz des Unternehmens:

Aktiva		Passiva	
Sachanlagen	285.000 EUR	gezeichnetes Kapital	25.000 EUR
Finanzanlagen	20.000 EUR	Gewinnrücklagen	20.000 EUR
		Darlehen	320.000 EUR
Vorräte	65.000 EUR	Rückstellungen	20.000 EUR
Forderungen aus Lieferungen und Leistungen	40.000 EUR	Verbindlichkeiten aus Lieferungen und Leistungen	25.000 EUR
Kassenbestand	15.000 EUR	sonstige Verbindlichkeiten	15.000 EUR
Summe	425.000 EUR	Summe	425.000 EUR

Tab. 11: Bilanz

Die aktuellen Daten der Gewinn- und Verlustrechnung kann man der folgenden Tabelle entnehmen, ebenso wie die Planung für das kommende Jahr.

	Ist	Plan
Umsatz	1.100.000 EUR	1.232.000 EUR
Auflösung Rückstellungen	20.000 EUR	—
Materialaufwand	330.000 EUR	350.000 EUR
Personalaufwand	165.000 EUR	168.000 EUR
Abschreibungen	40.000 EUR	40.000 EUR
Zinsen und ähnliche Erträge	5.000 EUR	5.000 EUR
Zinsen und ähnliche Aufwände	35.000 EUR	35.000 EUR
Steuern von Einkommen und Ertrag	200.000 EUR	225.000 EUR
sonstige Steuern	80.000 EUR	80.000 EUR
Jahresüberschuss	275.000 EUR	339.000 EUR

Tab. 12: Gewinn- und Verlustrechnung

Darüber hinaus sind die folgenden finanziellen Vorgänge geplant:

Dividendenzahlung:	75.000 EUR
Nettoinvestitionen:	50.000 EUR
Darlehenstilgung:	250.000 EUR

Für die Planung geht die entsprechende Fachabteilung von den folgenden Zusammenhängen aus:

- Veränderung der Vorräte im Verhältnis von 0,5 zur Umsatzentwicklung,
- Veränderung der Forderungen aus Lieferungen und Leistungen proportional zur Umsatzentwicklung, sonstige Bilanzpositionen sollen unverändert bleiben,
- vorhandene Liquidität dient zum Ausgleich,
- Veränderungen der Forderungen und der Vorräte werden aus dem Kontokorrentkredit finanziert,
- Nettoinvestitionen sollen zu 60 Prozent aus Investitionskrediten finanziert werden.

Zu bemerken ist noch: Der Jahresüberschuss, der in der Istrechnung erwirtschaftet wurde, wurde noch nicht in die Bilanz eingearbeitet. Wir gehen davon aus, dass der Jahresüberschuss in Form liquider Mittel vorhanden ist (was in der Realität nicht unbedingt der Fall sein muss).

Außerdem soll es keinen Gewinn- oder Verlustvortrag geben und über die Verwendung des Jahresüberschusses wurde zunächst nicht entschieden, sodass er dem Bilanzgewinn entspricht. Damit ergibt sich das folgende Bild:

Als erster Schritt ist also die Bilanz um den Jahresüberschuss zu ergänzen. Damit ergibt sich die folgende tatsächliche Istbilanz:

Aktiva		Passiva	
Sachanlagen	285.000 EUR	gezeichnetes Kapital	25.000 EUR
Finanzanlagen	20.000 EUR	Gewinnrücklagen	20.000 EUR
		Darlehen	320.000 EUR
Vorräte	65.000 EUR	Rückstellungen	20.000 EUR
Forderungen aus Lieferungen und Leistungen	40.000 EUR	Verbindlichkeiten aus Lieferungen und Leistungen	25.000 EUR
Kassenbestand	290.000 EUR	sonstige Verbindlichkeiten	15.000 EUR
		Bilanzgewinn	275.000 EUR
Summe	700.000 EUR	Summe	700.000 EUR

Tab. 13: Um den Jahresüberschuss ergänzte Bilanz

Nun geht es daran, die Planbilanz zu erstellen, die die oben genannten Vorgänge berücksichtigen soll. Der geplante Jahresüberschuss wird zunächst nicht berücksichtigt, weil er ja erst im Laufe des Jahres anfällt.

Zuerst werden die Positionen bestimmt, die **bekannt** sind:

- Sachanlagen alt: 285.000 EUR ./. Abschreibungen 40.000 EUR + Nettoinvestitionen 50.000 EUR = Sachanlagen neu: 295.000 EUR
- Vorräte: Steigerung um 6 Prozent (da der Umsatz um 12 Prozent steigt)
- Forderungen aus Lieferungen und Leistungen: Steigerung um 12 Prozent

- Gewinnrücklagen alt: 20.000 + Jahresüberschuss 275.000 ./. Ausschüttung 75.000 = Gewinnrücklagen neu: 220.000 EUR (dafür wird der Bilanzgewinn aufgelöst)
- Darlehen alt: 320.000 EUR ./. Tilgung 250.000 EUR + Aufnahme neuer Kredit 30.000 EUR = Darlehen neu: 100.000 EUR
- sonstige Verbindlichkeiten: Erhöhung um 8.700 EUR (nämlich Zuwachs des Kontokorrentkredits um die Veränderung der Vorräte und der Forderungen).
- Alle anderen Positionen sollen angabegemäß unverändert bleiben.

Mit diesen Angaben kann die Kapitalflussrechnung *begonnen* werden:

Kapitalverwendung (Erhöhung von Aktiva und Verringerung von Passiva):	
Erhöhung der kurzfristigen Forderungen	4.800 EUR
Erhöhung der Vorräte	3.900 EUR
Erhöhung des Anlagevermögens	10.000 EUR
Rückzahlung des Darlehens[*)]	250.000 EUR
Verringerung des Bilanzgewinns	275.000 EUR
Zwischensumme Kapitalverwendung	*543.700 EUR*

Kapitalherkunft (Erhöhung der Passiva und Verringerung der Aktiva):	
Erhöhung der Gewinnrücklagen	200.000 EUR
Erhöhung des Kontokorrentkredits (sonst. Verb.)	8.700 EUR
Aufnahme eines Investitionskredits (60 % von 50000)[*)]	30.000 EUR
Zwischensumme Kapitalherkunft	*238.700 EUR*
vorläufige Deckungslücke	*305.000 EUR*

[*)] Diese beiden Positionen ließen sich auch als „Veränderung Darlehen zusammenfassen".

Die vorläufige Deckungslücke wird durch einen Rückgang der liquiden Mittel (290.000 EUR) geschlossen. Es verbleiben 15.000 EUR, die durch die Zuführung von Eigenkapital (Erhöhung gezeichnetes Kapital) gedeckt werden. Beide Positionen sind als „Kapitalherkunft" anzugeben.

Damit sind sämtliche Positionen der neuen Planbilanz erklärt.

> **!** **ACHTUNG: Die geplante Gewinnausschüttung ist nicht möglich!**
>
> Inhaltlich unlogisch ist, dass einerseits 75.000 EUR Gewinn ausgeschüttet werden und andererseits das Eigenkapital um 15.000 EUR erhöht wird. Das lässt sich folgendermaßen interpretieren: Unter den gegebenen Bedingungen ist die geplante Gewinnausschüttung nicht möglich.

Damit kommt man zu folgender Planbilanz:

Aktiva		Passiva	
Sachanlagen	295.000 EUR	gezeichnetes Kapital	40.000 EUR
Finanzanlagen	20.000 EUR	Gewinnrücklagen	220.000 EUR
		Darlehen	100.000 EUR
Vorräte	68.900 EUR	Rückstellungen	20.000 EUR
Forderungen aus Lieferungen und Leistungen	44.800 EUR	Verbindlichkeiten aus Lieferungen und Leistungen	25.000 EUR
Kassenbestand	0 EUR	sonstige Verbindlichkeiten	23.700 EUR
Summe	428.700 EUR	Summe	428.700 EUR

Tab. 14: Iterierte Planbilanz

Wie wir gleich sehen werden, ist das aber noch nicht die endgültige Planbilanz. Was noch verändert werden muss, ergibt sich aus den nun folgenden Schritten.

Wenden wir uns als Nächstes der Berechnung der Cashflows zu:

operativer Cashflow (in TEUR)

	Umsatzerlöse	+ 1232
—	Materialaufwand	− 350
—	Personalaufwand	− 168
—	Zinsergebnis	− 30
—	Steuern	− 305
=		+ 379

Investitionscashflow (in TEUR)

Nettoinvestitionen	− 50
= freier Cashflow	+ 329

Finanzierungscashflow (in TEUR)

Aufnahme Investitionskredit	+ 30
Tilgung Darlehen	− 250
(gekürzte) Dividendenzahlung	− 60 [*]
=	− 280

[*] Geplant sind 75, aber Zuführung EK von 15.

Der Gesamtcashflow liegt damit bei + 49, was vor allem aus dem hohen operativen Cashflow herrührt.

Nun stellt sich eine Frage: Wieso ist nach der ersten Rechnung eine Kürzung der Dividende bzw. eine zusätzliche „Eigenkapitalspritze" notwendig, obwohl die gesamten Zahlungsmittel um 49.000 EUR wachsen?

Dieser Widerspruch erklärt sich aus den getroffenen Annahmen, die hier aber nicht separat aufgeführt wurden:

Wir sind stillschweigend davon ausgegangen, dass die Nettoinvestition zu Beginn des Jahres getätigt wird. Gleiches gilt für die Rückzahlung des Darlehens und die Erhöhung der Bestände. Das dafür erforderliche Kapital wäre also mit Jahresbeginn zur Verfügung zu stellen. Andererseits impliziert die Rechnung, dass die im Planjahr erwarteten Umsätze und vor allem der Jahresüberschuss erst am Ende des Jahres zur Verfügung stehen. Beide Annahmen entsprechen nicht der Realität. Demzufolge ist eine Liquiditätsrechnung auf Monatsbasis durchzuführen, die die Verteilung der Zahlungszeitpunkte (sowohl der Aus- als auch der Einzahlungen) ermittelt. Bei einer entsprechenden Steuerung der Zahlungsströme kann man davon ausgehen, dass die Finanzierung trotz Ausschüttung ohne Eigenkapitalzufuhr möglich ist.

Wenn wir nun unterstellen, dass es uns gelingt, diese Überschneidungen im Laufe des Jahres zu lösen, können wir auch den geplanten Jahresüberschuss in unsere Überlegungen mit einbeziehen.

Die Kapitalherkunft von ursprünglich 238.700 EUR erhöht sich in diesem Fall um den Jahresüberschuss von 339.000 EUR auf insgesamt 577.700 EUR. Das ergibt eine Überdeckung von nunmehr 34.000 EUR und führt zu

- einer Erhöhung der liquiden Mittel auf 324.000 EUR und dazu, dass
- eine Eigenkapitalerhöhung nicht mehr erforderlich ist.

Damit kommen wir dann auf die folgende Planbilanz, die alle hier vorgestellten Annahmen berücksichtigt:

Aktiva		Passiva	
Sachanlagen	295.000 EUR	gezeichnetes Kapital	25.000 EUR
Finanzanlagen	20.000 EUR	Gewinnrücklagen	220.000 EUR
		Darlehen	100.000 EUR
Vorräte	68.900 EUR	Rückstellungen	20.000 EUR
Forderungen aus Lieferungen und Leistungen	44.800 EUR	Verbindlichkeiten aus Lieferungen und Leistungen	25.000 EUR
Kassenbestand	324.000 EUR	sonstige Verbindlichkeiten	23.700 EUR
		Jahresüberschuss	339.000 EUR
Summe	727.700 EUR	Summe	727.700 EUR

Tab. 15: Iterierte Planbilanz, die alle vorgestellten Annahmen berücksichtigt

! **ACHTUNG: Querverbindungen bei der Finanzplanung**

Versuchen Sie, diese Rechnung nachzuvollziehen, auch wenn sie recht kompliziert zu sein scheint. Sie macht deutlich, was für eine Vielzahl von Querverbindungen bei der Finanzplanung zu berücksichtigen ist.

16 Cash-Management-Systeme

16.1 Aufgaben

Zu den wesentlichen Aufgaben des Liquiditätsmanagements gehört auch die Gestaltung des Zahlungsverkehrs des Unternehmens. Das umfasst

- die Auswahl der internen Systeme des Zahlungsverkehrs und
- die Disposition auf den Konten der Unternehmung.

Der Zahlungsverkehr wird heute generell elektronisch abgewickelt. Welches System das Unternehmen dabei nutzt, ist abhängig von den Angeboten der Hausbank und den dort vorhandenen Möglichkeiten, auch Konten, die bei anderen Banken geführt werden, einzubinden.

Die unterschiedlichen Systeme in ihren Eigenheiten hier vorzustellen und gegeneinander abzuwägen, würde den Rahmen dieses Buches sprengen.

TIPP: Sicherheit

Dass die Datenverbindungen über eine sichere Verbindung und nach einem Verfahren, das gut gegen Angriffe von außen abgesichert ist, erfolgt, sollte selbstverständlich sein.

Wesentlich ist die Disposition über die Konten. Die generellen Ziele dabei sind:

- Überschüsse auf den einzelnen Konten sollten möglichst zinsgünstig angelegt werden.
- Unverzinste Liquiditätsbestände sollten so gering wie möglich gehalten werden.
- Umgekehrt müssen eventuelle Unterdeckungen auf einzelnen Konten zu möglichst geringen Zinssätzen finanziert werden.
- Die Summe der zu finanzierenden Beträge sollte so minimal wie möglich sein.

> **!** **ACHTUNG: Rentabilität des Zahlungsverkehrs**
>
> Es gilt also, die *Rentabilität des Zahlungsverkehrs* an sich zu erhöhen.

Es gibt diverse theoretische Modelle, die sich damit befassen, wie hoch der optimale Kassenbestand eines Unternehmens sein sollte. Wie immer bei theoriebasierten Modellen müssen dabei eine Reihe (zum Teil wirklichkeitsfremder) Voraussetzungen erfüllt werden. Für die praktische Anwendung sind diese Modelle nur bedingt geeignet.[3] Interessant sind aber die Einflussgrößen auf die Modellrechnungen.

Entscheidend für das Bestimmen eines sinnvollen Kassenbestandes sind u. a. die folgenden Überlegungen: Wie hoch sind

- die Schwankungen des Cashflows?
- die Unsicherheiten bei der Planung des Cashflows?
- die Zinsen, die zu zahlen sind?
- die Opportunitätskosten (entgangene Überschüsse aus der nicht durchgeführten Geldanlage)?
- die Transaktionskosten, vor allem in Form der Bankgebühren?

> **!** **ACHTUNG: Hauptaufgabe des Cash-Managements**
>
> Die Hauptaufgabe des Cash-Managements besteht darin, durch geschickte und vorausschauende Disposition bei jederzeitiger Sicherung eines reibungslosen operativen Betriebes einen möglichst geringen Cash-Bestand vorzuhalten.

---

[3] Bei Interesse: Zu nennen wären z. B. das Baumol-Modell, das von einem konstanten Outflow und keinem Inflow ausgeht oder das Miller-Orr-Modell mit Inflow und Outflow und einem Zufallscashflow, bei dem es gilt, ein Maximum und einen gewünschten Bestand zu ermitteln.

16.2 Modelle der Cash-Disposition

Die hier vorgestellten grundsätzlichen Möglichkeiten beruhen auf den folgenden Voraussetzungen:

- Das Unternehmen verfügt über mehrere Konten,
  - bei einer Bank oder
  - bei mehreren Banken.
- Die Konten können rechtlich selbstständigen Unternehmen in einem Konzernverbund oder auch einem in einem Konzern gehören.

TIPP: Kleinere und wenig aufgeteilte Unternehmen

Für kleinere und wenig aufgeteilte Unternehmen sind die Modelle zur Cash-Disposition nur bedingt geeignet. Da die Software, auf der sie beruhen, in aller Regel kostenpflichtig ist, kann es bei kleinen Unternehmen oder bei nur geringen Kontobewegungen teilweise sinnvoller sein, die jetzt vorgestellten Dispositionen manuell auszuführen und auf eine programmgestützte Variante zu verzichten.

16.2.1 Netting

Netting bedeutet: Forderungen und Verbindlichkeiten von Vertragspartnern werden gegenseitig aufgerechnet. Lediglich der übersteigende Betrag, also der Saldo, wird tatsächlich zur Zahlung angewiesen.

ACHTUNG: Netting

Das Netting berührt nicht das Saldierungsverbot in der Bilanz. Die Grundsätze der ordnungsgemäßen Buchführung verbieten es, bestehende Forderungen und Verbindlichkeiten gegenseitig aufzurechnen und nur den Saldo in der Bilanz auszuweisen. Das bedeutet aber nicht, dass man im Zahlungsausgleich die jeweiligen Beträge auch zwingend einzeln überweisen muss.

Netting kann grundsätzlich sowohl innerhalb eines Unternehmens (wenn denn tatsächlich Überweisungen von einem Konto auf das andere vorgenommen werden) als auch zwischen einzelnen rechtlich abgeschlossenen Bereichen eines Unternehmens oder Konzerns, aber auch zwischen rechtlich unabhängigen Unternehmen vorgenommen werden. Die Voraussetzung ist immer eine entsprechende Vereinbarung. Praktisch durchgeführt wird das Netting zumeist unter Inanspruchnahme einer passenden Software.

Technisch anspruchsvoller wird das Netting, wenn es sich nicht mehr nur um zwei, sondern um mehrere Nettingpartner handelt. In diesem Fall muss eine Matrix der gegenseitigen Zahlungsverpflichtungen erstellt werden. Im Ergebnis werden dann die Nettozahlungen zwischen den beteiligten Partnern ausgeführt.

Ziel des Nettings
Das mit dem Netting verfolgte Ziel besteht darin, die Anzahl der Zahlungsvorgänge zu reduzieren. Anstatt beispielsweise mehrere Hundert Einzelzahlungen durchzuführen, werden immer am Ende des Nettingzeitraums nur die saldierten Beträge überwiesen. Auf diese Weise können die Transaktionskosten gesenkt werden, vor allem dann, wenn es zwischen den Partnern eine Vielzahl von Einzelüberweisungen gegeben hätte.

● **TIPP: Nettingzeitraum**

Der Nettingzeitraum kann frei gewählt werden. Es ist z. B. möglich, das Netting täglich, einmal wöchentlich oder zum Monatsultimo durchzuführen. Die Wahl ist vor allem davon abhängig, wie viele Zahlungsvorgänge durchschnittlich anfallen.

16.2.2 Cash-Pooling

Auch das Ziel des Cash-Poolings besteht darin, die Kosten des Zahlungsverkehrs zu reduzieren. Hier geht es allerdings nicht um die Anzahl der Zahlungsvorgänge und die damit verbundenen Gebühren, sondern um die Zinsen, die auf unterschiedlichen Konten entstehen.

▶ **BEISPIEL: Cash-Pooling**

Die Tochterunternehmen der S&R AG verfügen bei ihren jeweiligen Hausbanken über Konten, über die der tägliche Zahlungsverkehr abgewickelt wird. Auch die Konzernzentrale hat Konten, die für diverse Transaktionen genutzt werden. Jeden Abend ergeben sich unterschiedliche Kontostände, mal im Plus, mal im Minus.

Da die Zinsen für kurzfristige Überziehungen recht hoch sind und im Gegensatz dazu Guthaben erst ab einer bestimmten Höhe, und das auch nur mit mageren 0,5 Prozent verzinst werden, entschließt sich der Vorstand, einen Weg zu suchen, das zu verbessern. Er kommt auf das Verfahren des Cash-Poolings.

Was ist der Gegenstand des Cash-Poolings?
Man definiert ein sog. Mutterkonto, auf dem die Salden der einzelnen „Töchterkonten" zusammengeführt werden.

● **TIPP: Kontenstruktur**

Ob es sinnvoll ist, neben den Töchter- auch noch Enkelkonten einzurichten oder die Pyramide noch weiter auszubauen, hängt von den individuellen Gegebenheiten ab.

Zum Zeitpunkt des Poolings werden die Salden der Töchterkonten auf dem Mutterkonto zusammengeführt. Das heißt:

- Positive Beträge werden auf das Mutterkonto überwiesen.
- Negative Beträge werden zu Lasten des Mutterkontos aufgefüllt.
- Auf diese Weise ist der Kontostand sämtlicher Töchterkonten nach dem Netting gleich Null, und es fallen keinerlei Zinsen an. Lediglich auf dem Mutterkonto wird der entsprechende Betrag (positiv oder negativ) mit dem vereinbarten Zinssatz vergütet oder belastet.

Cash-Pooling wird von den meisten Kreditinstituten als Service angeboten. Dabei spielt es grundsätzlich keine Rolle, ob die Konten alle bei der gleichen Bank oder bei verschiedenen Banken geführt werden. Der Ausgleich erfolgt über das automatische Ziehen von Lastschriften bzw. über automatische Überweisungen vom Mutterkonto auf die Konten der Töchter.

Welche Vorteile bietet das Cash-Pooling?

Das Problem, einerseits hohe Kontokorrentzinsen zahlen zu müssen und andererseits Guthaben kaum vergütet zu bekommen, wird umgangen. Die Zinsdifferenz belastet das Unternehmen nicht mehr. Aufgrund der wahrscheinlich höheren Summen (bei Guthaben) lassen sich oft günstigere Konditionen vereinbaren. Das heißt: Der Guthabenzinssatz ist höher, als bei einer Vielzahl von Einzelkonten.

Darüber hinaus ist das Cash-Pooling recht individuell gestaltbar. Das betrifft zum einen die Pooling-Zeitpunkte und zum anderen die Festlegung von Schwellen.

▶ **BEISPIEL: Festlegung von Pooling-Zeitpunkten und Schwellen**

Für Sicherheitsleistungen ins Ausland benötigt die Tochterfirma B einen Mindestbetrag von 5.000 EUR auf ihrem Konto. Also wird die Schwelle für das Pooling auf diesen Betrag festgelegt und das Konto immer auf diesen 5.000 EUR belassen.

❗ **ACHTUNG: Steuerrechtliche Betrachtung von Intercompany-Zahlungen**

Steuerrechtlich gilt es u. a. zu beachten, dass die sog. Intercompany-Zahlungen, also Zahlungen innerhalb eines Konzerns aber zwischen rechtlich selbstständigen Einheiten sehr streng unter dem Maßstab der verdeckten Gewinnausschüttung betrachtet werden. Es entstehen dadurch Forderungen und Verbindlichkeiten innerhalb des Konzerns. Werden sie nicht mit marktgerechten Zinsen unterlegt, liegt der Verdacht nahe, dass Gewinne des einen Unternehmens in ein anderes verschoben werden sollen, um dort ggf. mit Verlusten verrechnet zu werden.

Nachteile des Cash-Poolings

Mit dem Cash-Pooling werden den einzelnen Unternehmensteilen Befugnisse über die Finanzmittel entzogen — das kann allerdings auch gewollt sein. Der Ausgleich zwischen den einzelnen Konten macht es zudem schwierig, die Herkunft und die Verwendung der Zahlungsmittel genau zuzuordnen.

Einen Nachteil haben auch Kreditinstitute zu verkraften, die ausschließlich Töchterkonten führen, deren Bestand am Abend immer mit Null zu Buche schlägt. Sie führen den (für Kreditinstitute oft defizitären) Zahlungsverkehr durch, ohne einen Ausgleich über die Berechnung von Zinsen zu erlangen. Diesen Nachteil lassen sie sich meistens über hohe Gebühren honorieren. Demzufolge sollte man als Unternehmen prüfen, ob die Vorteile des Cash-Poolings eventuelle Nachteile durch eine hohe Gebührenbelastung ausgleichen.

TIPP: Einrichten eines Cash-Pools

Beim Einrichten eines Cash-Pools sollte man mit offenen Karten spielen und alle beteiligten Institute mit in die Planungen einbeziehen. Es könnte sonst sein, dass eine Bank — überrascht vom plötzlich geänderten Zahlungsverhalten — ihr Verhältnis zu Ihnen als Kunde überdenkt bis hin zu einer möglichen Kündigung der Kontobeziehung.

Je verzweigter die Finanzbeziehungen innerhalb eines Konzerns sind, desto größer ist der Aufwand, den der Zahlungsverkehr auch innerhalb des Konzerns erfordert. Desto größer sind aber auch die Möglichkeiten, durch eine geschickte Gestaltung der Zahlungsdisposition die Liquiditätsbestände zu optimieren und den Zahlungsverkehr an sich rentabel zu gestalten.

Die hier vorgestellten Varianten Netting und Pooling sind zwar die am häufigsten verwendeten Systeme, die tatsächlichen Möglichkeiten können aber auch weit darüber hinausgehen, bis hin zur konzerneigenen Bank.

Fazit zu Teil „Planung und Sicherung der Liquidität"

Die Sicherung der ständigen Zahlungsfähigkeit ist eine zwingende Grundvoraussetzung für jede Unternehmung. Sie sichert ihr Überleben. Deshalb ist der Liquiditätssicherung in letzter Konsequenz Vorrang gegenüber der Rentabilität einzuräumen.

Die Basis zur Sicherung der Liquidität ist der Cashflow. Bei der Steuerung der Zahlungsströme und bei ihrer Analyse reicht es nicht aus, ausschließlich den operativen Cashflow, also den Einzahlungsüberschuss aus dem operativen

Geschäft, zu betrachten. Darüber hinaus einbezogen werden müssen der Cashflow aus Investitionen und der Finanzierungscashflow.

Die Liquiditätsplanung ist ein Vorgang, der sukzessive abläuft und praktisch alle anderen Bereiche des Unternehmens mit einbezieht. Bereits bei der Planung ist dabei darauf zu achten, dass Liquiditätsengpässe gedeckt werden können.

Der Charakter der Planung als Zukunftsrechnung bringt es aber auch mit sich, dass künftige Zahlungsströme nicht exakt vorausgesagt werden können. Deshalb müssen, je nach dem Risiko von künftigen Abweichungen, entsprechende Reserven in die Liquiditätsplanung eingebaut werden.

Nicht zuletzt ist auch die Organisation und Durchführung des Zahlungsverkehrs mit Aufwand verbunden und sollte möglichst rationell gestaltet werden. Auch auf diese Weise kann die Rentabilität des Unternehmens gesteigert werden.

Sie haben nun die Finanzplanung, das Finanzmanagement und die Sicherung der Liquidität in verschiedenen Facetten kennengelernt. Die Ausführungen sollen vor allem die praktische Anwendbarkeit in den Mittelpunkt stellen. Ganz ohne theoretisches Rüstzeug geht aber auch das nicht.

Ich wünsche Ihnen bei der Umsetzung in Ihrem Unternehmen viel Erfolg!

Zum Abschluss noch zwei Bücher, die ich aus dem breiten Angebot der Literatur zur Finanzierung herausgegriffen habe. In Ihnen können Sie vieles vertiefend nachlesen, was hier nur angerissen werden konnte:

- Bösch: Finanzwirtschaft. 2. Aufl. München 2012.
- Zantow/Dinauer: Finanzwirtschaft der Unternehmung. 3. Aufl. München 2011.

Stichwortverzeichnis